2020
공시생 라이프
A to Z

2020 공시생 라이프 A to Z

발행일	2019년 11월 13일

지은이	별별선생		
펴낸이	손형국		
펴낸곳	(주)북랩		
편집인	선일영	편집	오경진, 강대건, 최예은, 최승헌, 김경무
디자인	이현수, 김민하, 한수희, 김윤주, 허지혜	제작	박기성, 황동현, 구성우, 장홍석
마케팅	김회란, 박진관, 조하라, 장은별		
출판등록	2004. 12. 1(제2012-000051호)		
주소	서울시 금천구 가산디지털 1로 168, 우림라이온스밸리 B동 B113, 114호		
홈페이지	www.book.co.kr		
전화번호	(02)2026-5777	팩스	(02)2026-5747

ISBN	979-11-6299-926-4 13320 (종이책)	979-11-6299-927-1 15320 (전자책)	

이 도서의 국립중앙도서관 출판예정도서목록(CIP)은 서지정보유통지원시스템 홈페이지(http://seoji.nl.go.kr)와
국가자료공동목록시스템(http://www.nl.go.kr/kolisnet)에서 이용하실 수 있습니다.
(CIP제어번호: CIP2019044960)

2020
공시생 라이프
A to Z

별별선생 지음

공무원 시험, 알고 덤벼야 이긴다!
읽기만 해도 출발선이 달라지는 공시 입문 필독서

북랩 book Lab

질문 하나

왜 우리는 5천 원짜리 물건을 사면서도
리뷰를 열 개씩 읽으면서,
50만 원짜리 강의를 들을 때는 그러지 않을까?

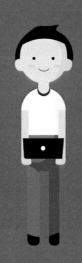

질문 둘

선생님에 대한 리뷰가 가장 필요한 건 학생인데,
수업마다 걷어 간 선생님 리뷰는 왜 학원만 알고 있는 걸까?

Prologue

누구나, 무엇이든, 꾸준히 온 힘을 다해 노력하기만 하면 이룰 수 있다는 말을 우리는 종종 하기도 하고 듣기도 한다.

그러나 그것은 사실이 아니다. 애초에 되지 않을 일이 있고, 아무리 해도 할 수 없는 사람이 있다. 더 솔직히 말하자면, 우리 대부분은 최선을 다해도 자기 분야에서 최고가 될 수 없다. 사실 대개는 알고 있는 이야기다.

「 지금 알고 있는 걸 그때도 알았더라면 」

하지만 삶의 팍팍함에 비교하자면 공부의 그것은 훨씬 그 정도가 덜한 편이다. 대부분의 시험이 그러하듯, 열심히 후회 없이 하면 공무원 시험은 그에 상응한 결과가 나오기 마련이다. 그래서 집필진 모두가 태어나서 처음으로 "최선을 다했다"고 말한 7개월이 지나자 9급에 수석 합격했고, 10개월이 지나자 7급에 차석 합격했으며, 주변 많은 사람들이 준비 단계부터 면접 요령 따위를 물어볼 때 나름 해 줄 수 있는 말이 생겨난 것인지도 모른다.

이 과정에서 발견된 한 가지 놀라운 사실은 **수험생들이 궁금해하는 것이 대부분 비슷하다**는 점이었다. 다음은 200여 명의 수험생 또는 수험 준비생과의 대화에서 60% 이상의 사람들이 공통적으로 궁금해한 질문 중 극히 일부분을 발췌한 것이다.

"그래서 학원은 어딜 가야 하는 거예요?
"학원이 어디 어디가 있어요?"
"다 1타라는데, 어떤 선생님 강의 들으면 돼요? 너무 많아요."
"무슨 과목부터 공부해야 하나요?"
"다음 학기에 휴학하고 공부할 건데, 지금은 뭘 해야 하나요?"

그렇게 얼마간의 상담을, 이야기를 듣고 또 해 주는 과정에서 든 생각.

'와… 이 사람들도 (나처럼) 가만히 두면 큰일 나겠구나.'
'나처럼 혼자 뻘짓하겠구나.'

물론, 학원 상담을 가면 소위 '상담실'로 불리는 작은 방 한곳에서 많은 도움을 주려 한다. 나가는 길에는 공무원 가이드북이라는 자체 제작 책도 한 권씩 안겨 주고는 한다. 이 책에는 사람들이 흔히 궁금해할 공무원 시험의 현황과 공부 방법, 합격 수기들 따위가 적혀 있곤 했고 나도 돌아오는 지하철 안에서 이걸 바이블처럼 열심히 읽었던 기억이 있다.

1년여의 시간이 지난 후 돌아보면, 그 방에는 구조적으로 다룰 수 없는 정보가 너무나도 많았다. 아니, 대체 "무슨 학원들이 있어요?"에 대한 정보조차 다루지 않는, 아니 다룰 수 없는 책이 무슨 가이드북일 수 있을까. 그래서 이를 보다 못한 몇몇의 사람들이 모였다. 6개월 만에 합격한 이도 있고, 몇 번의 방황 끝에 5년 만에 합격한 이도 있으며, 7·9급에서 수·차석을 한 사람도 있고, 커트라인을 간신히 넘겨 면접으로 역전했다고 소문내고 다니는 사람 모두가 한마음 한뜻으로 뭉쳤다.

『 누구나 궁금해하는 정보를 너무나도 쉽게 알 수 있게끔 』

어느 한 교육 기관의 놀이터가 아니라, 어느 무엇도 숨기지 않기 때문에 더 신뢰할 수 있는 공간이 될 수 있게끔. 그래서, 별별선생과 함께 보다 많은 사람이 자신의 꿈을 찾고 그것을 위해 노력하고 달성할 수 있게끔 하기 위해.

우리는 이 책을 통해 다른 많은 수험 가이드북에서 다루는 기본적인 정보는 최소화하는 대신, **정말 수험생들이 알고 싶어 하는 정보를, 우리가 직접 겪었던 내용을 바탕으로 공유**하기 위해 노력했다. 마치 2015년 가을의 나에게 (그리고 이제 처음 공시의 세계로 발들일 누군가에게) 지금의 내가 조언한다는 마음으로.

앞서 말한 것처럼, 애초에 되지 않을 일이 있고, 아무리 해도 할 수 없는 사람이 있다. 더 솔직히 말하자면, 우리 대부분은 최선을 다해도 자기 분야에서 최고가 될 수 없다. 그러나 최고가 될 수 없다고 해서 도전하고 노력할 가치가 없는 것은 아니다. '최고'나 '최악'이라는 것은 옆에서 지켜보는 사람이 붙인 꼬리표일 뿐이며, 진심으로 최선을 다할 때만 비로소 맛볼 수 있는 행복이야말로 우리 삶의 가장 기름진 연료이기 때문이다.

별별선생이 그 길의 한가운데에서
당신들을 응원한다.

2019년 11월
별별선생 집필진

Index

너의 1타 강사가
나의 1타 강사는
아닐 수도 있잖아

나만의 1타 강사를 찾는
꿀팁을 알려주는 만화

아 아~
이건 아니지~
이건 아니야...

야 무슨 일 있냐?
얼굴이 벌레 씹은
표정인데?

어...
별이 왔냐...

왜
그러는데?

아니그게...
학원에서 1타쌤이라고
추천해줘서
이쌤으로 갈아 탔는데
영~ 나랑 안맞는거
같아!

근데 너희
강사님은
어떠냐?

언제까지 친구, 학원 추천으로 강사 선택할래?

이제는 강사 찾기전에 별별선생 부터 찾기!

지금 바로
검색해보세요!

NAVER

| 별별선생 ▼ | 검색 |

blog startcacherblog.kr

f /startcacher

@iamstartcacher

보통은 이렇게 알고 있다

국가직, 지방직, 서울시 시험지는 다르지만 대비 방법 등은 큰 차이가 나지 않는다.
서울시의 경우라도 합격선은 높지만 대비 방법은 대동소이하다.
또한, 암기만 열심히 하면 되는 시험이라 열심히 외우기만 하면 된다.

이런 말은 해 주지 않는다

국가직, 지방직, 서울시의 시험 경향은 다르다.
서울시의 경우 서울시만의 특별한 대비 방법이 있고 문제 스타일 또한 다르다.
그리고 공무원 시험은 암기만 해서는 한 문제 차이로 떨어지기 십상이다.
자신이 준비할 공무원 시험의 경향에 따라 공부법을 달리 해야 한다.

들어가기 전에

일단 공무원이 무엇이고, 어떤 직렬이 있으며, 어떤 과정을 통해 뽑는지에 대해 알아보자. 이는 굳이 별별선생 가이드북이 아니더라도 다른 많은 수험 준비서에서 쉽게 볼 수 있는 내용이지만, 정말 공무원 시험을 아예 몰랐던 사람이라면 낯설 수 있기 때문에 간략하게 언급하기로 한다.

공무원 시험의 최신 경향, 향후 공무원 시험의 변화 방향 등 공무원 시험 초심자라면 많은 이들이 궁금해할 법한 정보들을 담았다.

중간중간에 별별선생에서 만든 카드 뉴스들도 소개되어 있는데 별별선생 홈페이지에 들어가면 더욱 자세한 내용을 확인할 수 있다.

1. 공무원이란

[명사] 국가 또는 지방 공공 단체의 사무를 맡아보는 사람. 사무 범위에 따라 국가 공무원과 지방공무원으로 나누며, 선임 및 근무 방법에 따라 일반직과 별정직으로 나눈다.

* 출처: 국립국어원 표준국어대사전

1) 국가직 공무원 vs. 지방직 공무원

공무원은 크게 국가직 공무원과 지방직 공무원으로 나뉜다. 국가직 공무원은 국가의 사무를 처리하는 공무원으로 주로 중앙부처와 중앙부처 산하 소속 기관에 배치된다. 지방직 공무원은 지방자치단체에 소속되어 지방자치 사무를 처리한다.

2) 우리가 일반적으로 생각하는 공무원 - 7·9급 공무원

공무원은 행정부(국가직·지방직), 입법부(국회직), 사법부(법원직)별로 따로 채용하는데, 이 중에서 행정부가 가장 채용 규모가 크고 우리가 일반적으로 생각하는 '공무원'의 범주라고 생각하면 된다.

3) 행정직군 공무원

일반행정, 세무, 사회복지, 관세,
검찰사무 등 직렬에 따라 다양한
일을 수행한다. 직렬별로 업무 내용
과 배치 부처가 달라지므로 자신의
적성을 잘 고려하여 신중하게 선택
해야 한다.

4) 기술직군 공무원

말 그대로 전문 기술이 필요한 분
야에서의 공무원이다. 대체적으로
행정직군 공무원보다 합격선은 낮
은 편이나, 공학과 관련된 내용은
전공자가 아닌 이상 진입장벽이 높
기 때문에 마냥 만만하게 볼 수는
없다. 해당 분야의 전공자나 자격
증이 있는 사람이 상대적으로 훨씬
유리하다.

2. 공무원의 장단점

많은 사람들이 이 질문에 대한 답을 면접 직전이 되어서야 부랴부랴 생각하곤 한다. 하지만 적지 않은 시간과 비용이 드는 길일뿐더러 한 번 문턱을 넘고 나면 수십 년 일하게 될 평생직장, 준비하기 전 최소한 뭐가 좋고 안 좋은지 정도는 알아야 하지 않을까. 만약 우리에게 "공무원이 좋은가?"라고 묻는다면 그래도 "좋은 것 같다"에 좀 더 무게를 싣고 싶다. (죄만 짓지 않는다면) 정년 보장이라는 안정감이 주는 가치는 특정 성향의 사람들에게 있어서는 그 어떤 것과도 비교할 수 없다고 생각하기 때문이다.

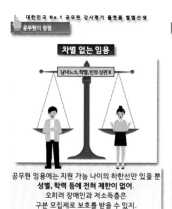

대한민국 No.1 공무원 강사평가 플랫폼 별별선생
공무원의 장점

차별 없는 임용

남녀노소, 학벌, 빈부 상관 X

공무원 임용에는 지원 가능 나이의 하한선만 있을 뿐 **성별, 학력 등에 전혀 제한이 없어.** 오히려 장애인과 저소득층은 구분 모집제로 보호를 받을 수 있지.

대한민국 No.1 공무원 강사평가 플랫폼 별별선생
공무원의 장점

신분 보장과 정년

별이 군(25) 공무원
법이 어르신(60) 공무원

그리고 공무원은 **법에 의해 신분을 보장**받아서 법적인 잘못만 저지르지 않으면 실직할 일이 없어. **큰 잘못만 없다면 60세까지 정년 보장**되어 안정적이야.

대한민국 No.1 공무원 강사평가 플랫폼 별별선생
공무원의 장점

넓은 후생복지

육아 휴직 3년

자기 계발의 기회 보장
국비로 해외 유학
자기 계발을 위한 휴직 보장
국내 학업 기관이나 자기 계발 기회 보장

복지 포인트 제도
맞춤형 후생복지
보수 이외의 부가적인 편익 제공(복지 포인트)
건강 관리, 자기계발, 여가 활동, 가정 친화 등

공무원에 대한 처우가 열악하다고? 그건 옛말이야 공무원의 복지 수준은 계속해서 향상되고 있어 그 중 육아휴직 3년은 엄청난 이점이라 할 수 있지

대한민국 No.1 공무원 강사평가 플랫폼 별별선생
공무원의 장점

확대된 승진 기회

총합	승진소요최저연수	
	개선	기존
	16년(-6)	22년
4급→3급	3년(-2)	5년
5급→4급	4년(-1)	5년
6급→5급	3.5년(-0.5)	4년
7급→6급	2년(-1)	3년
8급→7급	2년(-1)	3년
9급→8급	1.5년(-0.5)	2년

법정 연수가 6년이나 단축
이론상으로는 30대에 3급 공무원이 될 수 있음(실제로는 더 걸림)

마지막으로 승진 기회가 확대되고 있어! **2012년부터 승진소요최저연수가 많이 단축되어서** 하위 공무원이라도 열심히 일하면 고위 공무원이 될 가능성이 높아졌지.

대한민국 No.1 공무원 강사평가 플랫폼 별별선생
공무원의 단점

낮은 보수

차는 언제 사고 집은 언제 사나...

보수
9급 공무원 기준 초봉 **140만 원**
7급 공무원 기준 초봉 **160만 원**

수당
보수 외에 수당과 실비 변상
많이 받으려면 그만큼 저녁과 주말을 반납해야.

우선, **보수가 적어.** 9급 공무원 초봉은 140만 원대. 수당이 붙는다고는 하지만 수당 받기도 쉽지 않아. 딱 먹고 살 수 있는 정도?

더 자세한 내용은 별별선생 홈페이지에서…

3. 공무원 시험의 종류와 직렬

공무원 시험은 모든 시험 중 아마 종류와 직렬이 가장 복잡한 시험일 것이다. 주관하는 기관에 따라서 시험 과목과 문제 스타일이 다르고, 급수와 직렬, 채용 형태에 따라서도 준비해야 할 것들이 다르기 때문에 최소한 자신이 어떤 시험을 준비할지에 대해서는 명확하게 이해하고 있어야 한다. 올해는 이 직렬을 아예 안 뽑는다거나 알고 보니 행정법은 이 직렬의 선택과목이 아니라든가 하는 것을 미리 파악하는 건 필수다. 이런 것들을 미리 알아보지 않고 아무 생각 없이 공부하다가는 큰 낭패를 볼 수도 있다.

사이버국가고시센터(www.gosi.kr)에 공지된 2019년 국가공무원 채용 계획에 따르면 2019년 기준으로 인사혁신처에서 채용할 직렬 및 직류는 다음 페이지 표와 같다. 보이는 것처럼, '행정직'이 전부가 아니다. 직렬에 따라 하는 일도, 후에 근무하게 될 직장도, 준비해야 할 과목도 다 다르기 때문에 처음 공무원 시험을 준비하고자 한다면 어떤 직렬을 택할 것인지 충분히 숙고하여 결정해야 한다.

< 국가직 7급 공무원 2019 신규 채용 예정 직렬 >

직렬	직류	시험 과목	주요 근무 예정 기관
행정직	일반행정	국어, 한국사, 헌법, 행정법, 행정학, 경제학	전 부처
	인사조직	국어, 한국사, 헌법, 행정법, 행정학, 인사조직론	인사혁신처 등
	고용노동	국어, 한국사, 헌법, 노동법, 행정법, 경제학	고용노동부
	교육행정	국어, 한국사, 헌법, 행정법, 교육학, 행정학	교육부
	회계	국어, 한국사, 헌법, 행정법, 회계학, 경제학	전 부처
	선거행정	국어, 한국사, 헌법, 행정법, 행정학, 공직선거법	중앙선거관리위원회
세무직	세무	국어, 한국사, 헌법, 세법, 회계학, 경제학	국세청 등
관세직	관세	국어, 한국사, 헌법, 행정법, 관세법, 무역학	관세청
통계직	통계	국어, 한국사, 헌법, 행정법, 통계학, 경제학	통계청 등
감사직	감사	국어, 한국사, 헌법, 행정법 회계학, 경영학	감사원
교정직	교정	국어, 한국사, 헌법, 행정법, 교정학, 형사소송법	법무부
검찰직	검찰	국어, 한국사, 헌법, 행정법, 형법, 형사소송법	검찰청
출입국관리직	출입국관리	국어, 한국사, 헌법, 행정법, 국제법, 형사소송법	법무부
공업직	일반기계	국어, 한국사, 물리학개론, 기계공작법, 기계설계, 자동제어	고용노동부, 중소벤처기업부 등
	전기	국어, 한국사, 물리학개론, 전자기기학, 회로이론, 전기기기	
	화공	국어, 한국사, 화학개론, 화공열역학, 전달현상, 반응공학	
농업직	일반농업	국어, 한국사, 생물학개론, 재배학, 식용작물학, 토양학	농림축산식품부 등
임업직	산림자원	국어, 한국사, 생물학개론, 조림학, 임업경영학, 조경학	산림청 등
시설직	일반토목	국어, 한국사, 물리학개론, 응용역학, 수리수문학, 토질역학	국토교통부, 해양수산부 등
	건축	국어, 한국사, 물리학개론, 건축계획학, 건축구조학, 건축시공학	
방재안전직	방재안전	국어, 한국사, 재난관리론, 안전관리론, 도시계획, 방재관계법규	행정안전부 등
전산직	전산개발	국어, 한국사, 자료구조론, 데이터베이스론, 소프트웨어공학, 정보보호론	전 부처
방송통신직	전송기술	국어, 한국사, 물리학개론, 통신이론, 전기자기학, 전자회로	과학기술정보통신부 등
외무영사직	외무영사	필수: 국어, 한국사, 헌법, 국제정치학, 국제법 선택(1): 독일어, 프랑스어, 러시아어, 중국어, 일본어, 스페인어	외교부

〈 국가직 9급 공무원 2019 신규 채용 예정 직렬 〉

직렬	직류	시험 과목	주요 근무 예정 기관
행정직	일반행정	필수(3): 국어, 영어, 한국사 선택(2): 행정법총론, 행정학개론, 사회, 과학, 수학 (전국단위/지역구분/우정사업본부/병무청/경찰청 구분 모집)	전 부처
	고용노동	필수(3): 국어, 영어, 한국사 선택(2): 노동법개론, 행정법총론, 행정학개론, 사회, 과학, 수학	고용노동부
	교육행정	필수(3): 국어, 영어, 한국사 선택(2): 교육학개론, 행정법총론, 행정학개론, 사회, 과학, 수학	교육부
	선거행정	필수(4): 국어, 영어, 한국사, 공직선거법 선택(2): 행정법총론, 형법	중앙선거관리위원회
세무직	세무	필수(3): 국어, 영어, 한국사 선택(2): 세법개론, 회계학, 행정학개론, 사회, 과학, 수학	국세청 등
관세직	관세	필수(3): 국어, 영어, 한국사 선택(2): 관세법개론, 회계원리, 행정학개론, 사회, 과학, 수학	관세청
통계직	통계	필수(3): 국어, 영어, 한국사 선택(2): 통계학개론, 경제학개론, 행정학개론, 사회, 과학, 수학	통계청 등
직업상담직	직업상담	필수(3): 국어, 영어, 한국사 선택(2): 노동법개론, 직업상담·심리학개론, 행정학개론, 사회, 과학, 수학	고용노동부
교정직	교정	필수(3): 국어, 영어, 한국사 선택(2): 교정학개론, 형사소송법개론, 행정학개론, 사회, 과학, 수학	법무부
보호직	보호	필수(3): 국어, 영어, 한국사 선택(2): 형사소송법개론, 사회복지학개론, 행정학개론, 사회, 과학, 수학	법무부
검찰직	검찰	필수(3): 국어, 영어, 한국사 선택(2): 형법, 형사소송법, 행정학개론, 사회, 과학, 수학	검찰청
마약수사직	마약수사	필수(3): 국어, 영어, 한국사 선택(2): 형법, 형사소송법, 행정학개론, 사회, 과학, 수학	검찰청
출입국관리직	출입국관리	필수(3): 국어, 영어, 한국사 선택(2): 행정법총론, 행정학개론, 사회, 과학, 수학	법무부
철도경찰직	철도경찰	필수(3): 국어, 영어, 한국사 선택(2): 형사소송법개론, 형법총론, 행정학개론, 사회, 과학, 수학	국토교통부
공업직	일반기계	국어, 영어, 한국사, 기계일반, 기계설계	조달청, 중소벤처기업부 등
	전기	국어, 영어, 한국사, 전기이론, 전기기기	
	화공	국어, 영어, 한국사, 화학공학일반, 공업화학	
농업직	일반농업	국어, 영어, 한국사, 재배학개론, 식용작물	농림축산식품부 등
임업직	산림자원	국어, 영어, 한국사, 조림, 임업경영	산림청 등
시설직	일반토목	국어, 영어, 한국사, 응용역학개론, 토목설계	국토교통부, 해양수산부 등
	건축	국어, 영어, 한국사, 건축계획, 건축구조	
방재안전직	방재안전	국어, 영어, 한국사, 재난관리론, 안전관리론	행정안전부 등
전산직	전산개발	국어, 영어, 한국사, 컴퓨터일반, 정보보호론	전 부처
	정보보호	국어, 영어, 한국사, 네트워크보안, 정보시스템보안	전 부처
방송통신직	전송기술	국어, 한국사, 물리학개론, 통신이론, 전기자기학, 전자회로	과학기술정보통신부 등

Tip.

직렬을 고를 때 고려해야 할 것들?

우리 별별선생은 직렬을 선택할 때 고려할 만한 것들로 다음 3가지 정도를 생각해 보았다.
"아직 무슨 직렬을 해야 할지 잘 모르겠어요" 하는 사람들에게 부디 도움이 되기를 바란다.

▶ 점수 커트라인에 따른 선택

직렬에 따라 합격선(커트라인)이 천차만별이다. 일반적으로 9급의 경우 일반행정직의 합격선이
높고 교정직이 낮게 나타나는 편인데, 높은 직렬과 낮은 직렬이 적게는 30점, 많게는 50점 이상
차이가 벌어지기도 한다. 따라서 자신의 학습 역량을 고려하여 직렬을 고르는 것도 좋은 방법이
될 수 있다.

▶ 지역에 따른 선택

- 국가직: 지역에 관계없이 응시 가능하다.
- 지방직: 응시 자격이 다음과 같다. 다음 2개의 조건 중 어느 하나만 만족하면 된다.
· 시험 당해 연도 1월 1일부터 최종시험일부터 계속하여 본인의 주민등록상 주소지가 되어 있는 자
· 시험 당해 연도 1월 1일 현재 본인의 주민등록상 주소지가 되어 있는 기간이 모두 합하여 3년
  이상인 자
- 서울시: 서울을 주소지로 있는 사람 외에 지방에 주소를 두고 있는 사람도 지원 가능하다.
  단, 서울에 주소를 두고 있는 사람은 지방직 시험에 응시할 수 없다.

▶ 자신의 전공에 맞는 선택

자신의 대학 전공을 고려해 보는 것도 방법이다. 공무원 시험의 전공과목은 대학교 전공의 원론
수준에서 출제되므로 해당 학문을 전공했다면 아무래도 눈에 익은 내용들이 많을 테니 공부를
시작하는 것이 한결 쉬워질 수도 있다. 하지만 실제 공직 사회를 둘러보면 자신의 전공과 전혀 무
관한 직렬을 준비하고도 짧은 시간 안에 합격을 이뤄낸 사람들도 많다는 사실! 반드시 전공에 맞
춰서 직렬을 선택할 필요는 없다.
다음은 각 전공별로 관련될 만한 직렬이다.

학과	관련 직렬
경영학과, 기타 회계 관련 전공	회계직, 세무직, 감사직
행정학과, 경제학과	일반행정직
교육학과	교육행정직
법학과	검찰직, 마약수사직, 철도경찰직, 교정직, 보호직, 법원직 등
정치외교학과, 어문계열(제2외국어) 전공	외무영사직
사회복지학과 및 기타 복지 관련 전공	사회복지직

국가직, 지방직, 서울시,
다 그게 그거라고?

■ 국가직

각 중앙정부 부처(기재부, 행자부, 산자부 등) 소속 공무원이 된다. 시험은 인사혁신처에서 주관한다.

9급의 경우 전국단위 모집과 지역구분 모집이 있는데 전국단위로 응시하여 합격할 경우 말 그대로 '전국 순환근무'를 하게 된다. 지역구분 모집의 경우 응시원서를 작성할 때 지역을 선택하게 되는데 합격하게 되면 최초에 자신이 선택했던 지역권 안에서 순환근무를 하게 된다. 대체로 '서울, 인천, 경기' 지역의 커트라인이 높은 편이다. 또, 병무청, 경찰청, 우정사업본부의 경우 별도로 모집한다.

9급의 경우는 대부분 지방의 소속기관으로 발령받는 반면 7급으로 합격하면 지방의 소속기관으로도, 중앙청사에 위치한 본청으로 발령받을 수도 있는데, 보통 중앙청사에 7급으로 가게 되면 '말단 막내 직원'이 될 가능성이 많고 지방 소속 기관이면 8급, 9급을 지휘하는 중간 관리자 역할을 맡게 될 수 있다.

■ 지방직

합격하면 각 지방자치단체 소속 공무원이 되며, 주로 주민센터나 구청, 시청에서 근무하게 된다. 7급 입직의 경우 시청이나 구청에서 근무할 가능성이 높다.

행정자치부에서 주관하지만, 시험 문제는 인사혁신처에서 출제한다. 과거에는 각 지방자치단체에서 문제를 독립적으로 만들었기에 시험지가 지방마다 다 달랐고 해당 지역과 직접적으로 관련된 문제가 나오는 경우가 있었다. (간혹 옛날 기출문제를 보다 보면 그 지역 사람이 아닌 이상 전혀 감을 잡을 수 없는 문제가 있다. 예를 들면 '××시에 존재하지 않는 고려시대 유적은?'과 같은 문제들이다.) 지금은 전국의 모든 지역이 동일한 시험지로 같은 날짜에 시험을 진행하기 때문에 특정 지역만의 특징이 묻어나는 문제는 찾아보기 힘든 편이다. 문제 난이도를 따져보자면 국가직보다 쉽게 나올 때도, 어렵게 나올 때도 있지만 대체로 문제 형태는 국가직과 비슷하다.

지방직 일반행정직 7급의 경우 경제학, 지역개발론, 지방자치론 3과목 중 하나를 선택해서 응시할 수 있다. 7급을 준비하는 사람들 중 '난 죽어도 경제학은 못 하겠다' 하는 사람들이 국가직을 포기하고 아예 지방직에만 올인하는 경우가 더러 있는데, 다 각자의 선택이다. 지방자치론의 경우 행정학의 '지방자치' 단원과 겹치는 내용이 많아 공부하기 훨씬 수월하기는 하지만, 교재나 강의가 많이 없어서 선택권이 좁은 것이 단점이다.

■ 서울시

합격하면 서울시 소속 공무원이 된다. 9급의 경우 자치구 소속으로 일선 주민센터나 구청 등지에서 근무하게 되고, 7급의 경우 대부분 서울시청으로 가게 된다.

평생 서울에서 근무한다는 장점이 있고 다른 지방직과 달리 주소지와 무관하게 응시 자격이 주어져서 그만큼 경쟁자도 많았지만, 2019년부터는 지방직 공무원 시험과 동일한 날짜에 치러지게 되어 응시자는 지방직과 서울시 시험 둘 중 어떤 시험을 치를지 선택해야 한다.

지금까지 서울시의 시험 문제는 압도적인 난이도를 자랑해 왔다. 다른 지자체와는 다르게 서울시에서 자체적으로 문제를 출제했으며 국어의 경우 독해의 비중이 적고 상대적으로 문법, 어휘와 같은 '암기해야 할 내용'의 비중이 높은 편이었다. 특히 다른 시험에선 거의 다뤄지지 않는 문학사 관련 문제가 서울시 시험에는 꼭 한 문제 이상 나오는데, 때로는 '다음 중 서울시에 있는 문학관이 아닌 것은?'과 같이 서울시와 연관된 문제가 나오기도 했다. 한국사 난이도 또한 상당하기 때문에 고득점을 받기가 매우 어려웠다.

그러나 2020년부터는 타 시·도와 동일한 날짜에 필기시험을 시행하는 임용시험의 일부 과목은 인사혁신처에서 문제를 출제할 예정이기에, 문제의 경향이 예년과는 달라질 가능성이 있다.

■ 국회직

8급 행정직과 9급(속기직, 사서직, 경위직, 방호직, 전산직)을 별도로 채용한다. 국회직 9급의 경우 응시하는 데 별도의 자격이 필요하므로 관심 있는 사람은 국회채용시스템(gosi.assembly.go.kr)을 참고하길 바란다.

국회직 8급의 경우, 8급이라고 해서 7급보다 못하다고 생각한다면 큰 오산, 한국사를 치르지 않는다고 하여 공부하기가 수월할 거라 생각했다면 큰 오산이다. 집필진들의 경험으로는 현존하는 공무원 시험 중 가장 어려운 시험이 국회직 8급 시험이 아닐까 싶다. 기본적으로 선지나 지문이 긴 편이라 시간이 모자라기 쉽고, 국어의 경우 한자나 고전문학 문제의 난이도가 꽤 높으며 영어 문제는 한국말로 쓰여 있어도 배경지식이 없는 이상 쉽게 읽기 어려울 것 같은 내용들이 지문으로 등장하는 경향이 있다. 행정학도 세부적인 내용을 암기하고 있어야만 풀 수 있는 문제들이 많고 경제학 문제들도 만만치 않다. 이런 까닭으로 국회직 8급의 경우 다른 공무원 시험에 비해 상대적으로 과락률이 높은 것으로 알려져 있다.

대신 합격하게 되면 국회의사당이 여의도에 있는 이상 평생 서울에서 근무를 할 수 있고, 승진이 다른 공무원에 비해 제법 빠르다는 장점이 있다.

4. 공무원 시험의 절차

공부법에 대한 것만 방법이 있는 건 아니다. 당연히 시험에 대한 절차도 알아야 한다. 필기를 붙고 나서야 면접의 존재를 알게 되는 사람도 있다. 면접 과정은 알기 전에는 매우 복잡하고 어려워 보이지만, 알고 나면 전혀 어렵지 않다. 별별선생에서 잘 정리해 두었으니 참고하자. 굳이 사이버국가고시센터 홈페이지에서 요강을 찾아보지 않아도 된다.

전체 시험의 절차는 보통 4단계로 이루어지는데 **원서 접수 → 필기 시험 → 면접 시험 → 최종 합격** 순서야. 각각에 대해서 자세히 알아보자.

원서 접수 시기는 각 시험별로 달라. 원서 접수 시기를 알려면 시험 공고를 확인해야 해. 보통 다음 연도 **공채 시험 일정 90일 전**에알려 줘.

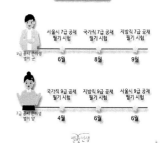

원서 접수 시기가 다르니 필기 시험일자도 시험에 따라 다르겠지? 즉, 우리는 **1년에 3번의 공무원 시험 응시 기회**를 가진다고 할 수 있어.

만약 **2017년 8월**에 9급 공무원 시험을 보겠다고 다짐했다면, **국가직 9급 공채 시험**이 가장 빨라. 이후에는 서울시, 지방직 공채도 응시할 수 있지.

필기 시험
이제 필기 시험에 대해서 자세히 알아 보자!

	7급	9급
시험 과목	7과목(필수 7) 과목당 20문제	5과목(필수 3 + 선택 2) 과목당 20문제
시험 시간	120문제 / 120분 (2017년부터 영어 과목은 토익, 텝스, 지텔프 대체)	100문제 / 100분

7급과 9급의 시험 과목 수가 다르기 때문에 시험 시간도 그에 따라 달라. 보통 선발 예정 인원에서 **130~150% 정도가 필기 시험에서 합격**해.

더 자세한 내용은 **별별선생 홈페이지에서…**

Tip. 가산점에 대해서는 정확히 어떻게 알면 될까요?

국가직은 6급 이하 공개채용경쟁시험에서 컴퓨터활용능력, 워드프로세서, 정보처리기사 등의 정보화 관련 자격증 가산점을 폐지했다. 반면 **지방직·서울시 등은 위 자격증의 가산점이 여전히 유효하다.** 그리고 국가직·지방직·서울시는 직렬별 자격증 가산점(기사, 기능사, 회계사, 변호사 등)을 그대로 유지하고 있다.

가산특전 대상자 및 가산 비율표

구분	가산비율	비고
취업지원대상자	과목별 만점의 10% 또는 5%	- 취업지원 대상자 가점과 자격증 가산점은 각각 적용 - 자격증 가산점은 최대 2개까지 인정(공통 1, 직렬별 1)
자격증 소지자 공통적용 가산점(전산직 제외)	과목별 만점의 0.5% 또는 1% (1개의 자격증만 인정)	
직렬별 가산점	과목별 만점의 3% 또는 5%	

※ 분야별로 각각 1개씩 인정되므로 최고 16%까지 인정될 수 있음

※ 2017년 국가직 시험부터 공통적용 가산점은 폐지됨

공통적용 가산점: 통신·정보처리 및 사무관리 분야 자격증 - 2017년부터 폐지(국가직)

직무 분야	채용 계급	자격증 등급별 가산 비율			
통신·정보처리 분야	일반직 7급	정보관리기술사 컴퓨터시스템응용기술사 정보처리기사 전자계산기조직응용기사	1%	사무자동화산업기사 정보처리산업기사 전자계산기제어산업기사	0.5%
	일반직 9급	정보관리기술사 컴퓨터시스템응용기술사 정보처리기사 전자계산기조직응용기사 사무자동화산업기사 정보처리산업기사 전자계산기제어산업기사	1%	정보기기운용기능사 정보처리기능사	0.5%
사무관리 분야	일반직 6급 이하	컴퓨터활용능력 1급	1%	워드프로세서 컴퓨터활용능력2급	0.5%

기술직군

구분	가산 대상 자격증	가산 비율
7급	기술사, 기능장, 기사, 시설직(건축)의 건축사	5%
	산업기사	3%
9급	기술사, 기능장, 기사, 산업 기사, 시설직(건축)의 건축사	5%
	기능사, 농업직(일반 농업)의 농산물품질관리사	3%

행정직군

직렬	가산 대상 자격증	가산 비율
행정직(일반행정)	변호사, 변리사	5%
행정직(교육행정)	변호사	
행정직(회계)	공인회계사	
세무직	변호사, 공인회계사, 세무사	
관세직	변호사, 공인회계사, 관세사	
감사직	변호사, 공인회계사, 감정평가사, 세무사	
교정직/보호직/철도경찰직	변호사, 법무사	
검찰직/마약수사직	변호사, 공인회계사, 법무사	
통계직	사회조사분석사 1급, 사회조사분석사 2급 (단 7급은 3% 가산)	

만약 합격하면
그다음 절차는 어떻게 되나요?

최종 합격을 하면, 채용후보자 등록 기간이 있다.
채용후보자 등록에는 약 일주일의 기간이 주어지며
사이버국가고시센터(gosi.go.kr)의 '채용후보자 - 채용후보자 등록' 메뉴에서 하면 된다.

2022년,
9급 공무원 시험에서 선택과목 사라진다

인사혁신처는 지난 2019년 6월 공무원 시험에서 사회, 과학, 수학 등 고교 과목을 없애기로 하는 내용의 입법예고안을 발표했다. 이러한 내용은 2022년부터 적용된다. 따라서 사회, 과학, 수학과 같은 고교 과목을 선택하여 9급에 응시하고자 하는 사람은 어떻게 해서든(!) 2021년 안에 합격해야만 할 것이다.

직렬	직류	시험 과목	2022년 변화될 시험 과목
행정직	일반행정	선택(2): 행정법총론, 행정학개론, 사회, 과학, 수학	**행정법총론, 행정학개론**
	고용노동	선택(2): 노동법개론, 행정법총론, 행정학개론, 사회, 과학, 수학	**노동법개론, 행정법총론**
	교육행정	선택(2): 교육학개론, 행정법총론, 행정학개론, 사회, 과학, 수학	**교육학개론, 행정법총론**
세무직	세무	선택(2): 세법개론, 회계학, 행정학개론, 사회, 과학, 수학	**세법개론, 회계학**
관세직	관세	선택(2): 관세법개론, 회계원리, 행정학개론, 사회, 과학, 수학	**관세법개론, 회계원리**
통계직	통계	선택(2): 통계학개론, 경제학개론, 행정학개론, 사회, 과학, 수학	**통계학개론, 경제학개론**
직업상담직	직업상담	선택(2): 노동법개론, 직업상담/심리학개론, 행정학개론, 사회, 과학, 수학	**노동법개론, 직업상담/심리학개론**
교정직	교정	선택(2): 교정학개론, 형사소송법개론, 행정학개론, 사회, 과학, 수학	**교정학개론, 형사소송법개론**
보호직	보호	선택(2): 형사소송법개론, 사회복지학개론, 행정학개론, 사회, 과학, 수학	**형사소송법개론, 사회복지학개론**
검찰직	검찰	선택(2): 형법, 형사소송법, 행정학개론, 사회, 과학, 수학	**형법, 형사소송법**
마약수사직	마약수사	선택(2): 형법, 형사소송법, 행정학개론, 사회, 과학, 수학	**형법, 형사소송법**
출입국관리직	출입국관리	선택(2): 행정법총론, 행정학개론, 사회, 과학, 수학	**국제법개론, 행정법총론**
철도경찰직	철도경찰	선택(2): 형사소송법개론, 형법총론, 행정학개론, 사회, 과학, 수학	**형사소송법개론, 형법총론**

2021년,
국가직 7급 공무원 시험에 PSAT 도입

2021년부터 국가직 7급 공무원 채용 시험은 형태가 완전히 바뀔 예정이다.

지금까지는 국어, 한국사, 영어(영어능력검정시험으로 대체)와 함께 전공과목 4과목을 사지선다 객관식 시험으로 평가하였으나 2021년부터는 한국사가 한국사능력검정시험으로 대체되고 시험은 PSAT과 전공과목으로 이루어지게 된다. (단, 영어능력검정시험이 그러하였듯 아직 지방직과 관련해서는 확정된 것이 없다.)

PSAT은 '공직적격성평가'로 '언어논리', '자료해석', '상황판단' 영역에서의 사고력을 측정하는 시험이며 현재 5급 공채시험 1차 및 지역인재 7급, 민간경력자 채용시험 등에서 활용되고 있다.

또 2021년부터 지방직, 서울시 채용 시험에서 영어 과목이 영어능력검정시험으로 대체된다.

5. 공무원 시험의 최신 경향

사이버국가고시센터에서는 모든 공무원 시험에 대한 통계를 발표하고 있다. 경쟁률과 합격선부터 시작해, 남녀 성비, 연령별 합격 인원, 점수 구간별 인원 분포 등 많은 통계 자료가 있다. 시작하기 전에 한번쯤 훑어보면 확실히 공무원 시험을 전반적으로 이해하는 데 도움이 된다.

사이버국가고시센터(www.gosi.kr) - 자료실 - 시험 통계

가장 큰 경향은 수능을 닮아 가고 있다는 것이다. 수능은 '대학수학능력시험'의 약어로, 대학에서 수학할 수 있는 능력, 즉 '향후 능력치에 대한 잠재력'을 측정하는 시험이라는 특징을 가진다. 따라서 암기한 내용을 뱉어내는 식의 문제보다는 종합적인 사고력, 독해력 등을 평가하는 데 초점이 맞추어져 있다. 예컨대, 수능 국어 영역에서는 문법을 물어보더라도 보통 제시문을 주는 편이다(제시문을 읽고 관련 문법 지식을 추론하여 답을 고르게 하는 방식). 따라서 수험자는 해당 문법 지식을 모르더라도 제시문으로 답을 추론하여 골라낼 수 있다. 영어 영역 역시 영문법을 그다지 꼼꼼히 알고 있지 않더라도 본인의 영어 감각이 어느 정도 수준이 된다면 대충 앞뒤 문맥과 의미만으로 문법 문제의 답을 골라내는 게 가능하다. 수능에서는.

공무원 시험은 전통적으로는 이와 정반대였다. 전형적인 '암기 요구 시험'으로서, 알면 맞히고 모르면 무조건 틀리는 식의 문제들이었다. 하지만 최근 들어 점점 수능을 닮아 가는 경향을 보이기도 한다. 암기 요구형 단순 지식 문제들보다는 독해 문제의 비중이 더 늘어나는 것이 그 예. 다음 페이지를 보면, 국어와 영어에서 점점 독해 지문의 길이가 늘어나고 있는 것을 확인할 수 있다. 전반적으로 국어나 영어의 경우는 독해의 비중이 늘어나고 지문의 길이가 늘어나고 있는 추세이니만큼 독해 연습을 충분히 해야 할 듯하다.

하지만 그래도 공무원 시험의 베이스는 '암기'다. 수능을 닮아 가는 특징을 보인다고 해서 암기 영역을 절대 가볍게 생각해서는 안 된다.

2017년 지방직 9급 국어 지문 길이

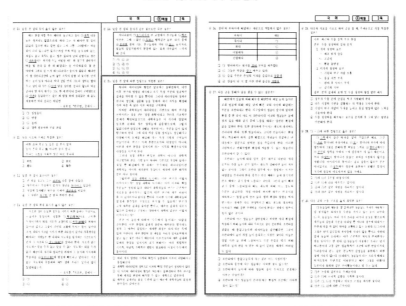

2007년 국가직 9급 영어

2019년 국가직 9급 영어

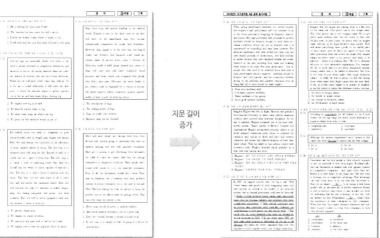

지문 길이 증가

한국사의 경우 자료 해석의 비중이 커지고 있다(2016년 지방직 9급의 경우 100% 자료 분석 문제었다).

16년 지방직 9급 한국사

행정법 역시 자료 해석 문제가 증가되고 있다(사례형 문제 → 고난도 유형).

문 6. 다음 사례에 대한 판례의 입장으로 옳지 않은 것은?

고속국도 관리청이 고속도로 부지와 접도구역에 송유관 매설을 허가하면서 상대방인 甲과 체결한 협약에 따라 송유관 시설을 이전하게 될 경우 그 비용을 甲이 부담하도록 하였는데, 그 후 「도로법 시행규칙」이 개정되어 접도구역에는 관리청의 허가 없이도 송유관을 매설할 수 있게 되었다.

① 협약에 따라 송유관 시설을 이전하게 될 경우 그 비용을 甲이 부담하도록 한 것은 행정행위의 부관 중 부담에 해당한다.
② 甲과의 협약이 없더라도 고속국도 관리청은 송유관매설허가를 하면서 일방적으로 송유관 이전 시 그 비용을 甲이 부담한다는 내용의 부관을 부가할 수 있다.
③ 「도로법 시행규칙」의 개정 이후에도 위 협약에 포함된 부관은 부당결부금지의 원칙에 반하지 않는다.
④ 「도로법 시행규칙」의 개정으로 접도구역에는 관리청의 허가 없이도 송유관을 매설할 수 있게 되었기 때문에 위 협약 중 접도구역에 대한 부분은 효력이 소멸된다.

문 16. 다음 사례에 대한 설명으로 옳지 않은 것은?

유흥주점영업허가를 받아 주점을 운영하는 甲은 A시장으로부터 연령을 확인하지 않고 청소년을 주점에 출입시켜 「청소년보호법」을 위반하였다는 사실을 이유로 한 영업허가 취소처분을 받았다. 甲은 이에 불복하여 취소소송을 제기하였고 취소확정판결을 받았다.

① A시장은 甲이 청소년을 유흥접객원으로 고용하여 유흥행위를 하게 하였다는 이유로 다시 영업허가취소처분을 할 수는 있다.
② 영업허가취소처분은 지나치게 가혹하다는 이유로 취소확정판결이 내려졌다면, A시장은 甲에게 연령을 확인하지 않고 청소년을 출입시켰다는 이유로 영업허가정지처분을 할 수는 있다.
③ 청소년들을 주점에 출입시킨 사실이 없다는 이유로 취소확정판결이 내려졌다면, A시장은 甲에게 연령을 확인하지 않고 청소년을 출입시켰다는 이유로 영업허가취소처분을 할 수는 없다.
④ 청문절차를 거치지 않았다는 이유로 취소확정판결이 내려졌다면, A시장은 적법한 청문절차를 거치더라도 甲에게 연령을 확인하지 않고 청소년을 출입시켰다는 이유로 영업허가취소처분을 할 수는 없다.

Tip. 휴학은 어떤 식으로 하면 되나요?

가장 중요한 것은, 시험을 치는 시점에는 반드시 휴학을 한 상태여야 한다는 점이다. 시험 전 한 달 간의 공부가 가장 중요하지만, 애석하게도 **각 시험의 한 달 전은 대학교 중간·기말과 겹친다.** 그래서 온전히 공부에 모든 힘을 쓸 수 없다. 휴학하지 않으면 안 되는 이유다. 각 시험별 휴학 계획은 어떻게 세워야 할지 설명하겠다.

<u>2019년 기준, 시험에 투자하는 기간은 1년 6개월로 가정한다면</u>

휴학 방법에는 크게 두 가지 옵션이 있다. 하나는 **반년(한 학기) 휴학**, 다른 하나는 1년 휴학이다. 전자인 반년 휴학의 경우, 휴학을 반년밖에 안 하기 때문에 학교를 다니는 1년의 시간 동안 당연히 학점을 적게 들으면서 공부를 해야 할 것이다. 반면에, 1년 전체 휴학을 한다면 1년 동안 공부에 매진할 수 있기 때문에, 학교를 다니는 동안 최대한 학점을 많이 신청하여 졸업 시기가 너무 늦춰지지 않게 해야 한다. 아래의 도식을 보면서 이해하도록 하자.

국가직 9급(2020년 4월 필기시험)
Plan ①
2019년을 1년 통째로 다니기 & 공부 병행(학점은 최소로만 이수)
2019년 2학기 종강 후(12월 말), 2020년 1학기를 휴학하여 4월에 시험을 치고 면접까지 준비

재학	재학	휴학
2019년 1학기	2019년 2학기	2020년 1학기

Plan ②
2019년 1학기만 다니기 & 공부 병행(학점은 최대로 이수)
2019년 2학기 + 2020년 1학기 휴학하여 공부(총 1년 휴학), 4월에 시험을 치고 면접까지 준비

재학	휴학	휴학
2019년 1학기	2019년 2학기	2020년 1학기

지방직 9급 및 서울시 9급(2020년 6월 필기시험)
Plan ①
2019년 1, 2학기(1년 통째로) 모두 다니기 & 공부 병행(학점은 최소로만 이수)
2020년 1학기 휴학하여 6월까지 공부(면접 준비 때문에 휴학까지 할 필요 없음. 2학기는 등록할 것)

재학	재학	휴학
2019년 1학기	2019년 2학기	2020년 1학기

Plan ②
2019년 1학기 다니기 & 공부 병행(학점은 최대로 이수)
2019년 2학기, 2020년 1학기를 모두 휴학하여 6월까지 공부하기

재학	휴학	휴학
2019년 1학기	2019년 2학기	2020년 1학기

서울시 7급(2020년 6월 말) **및 국가직 7급**(2020년 8월 말)
지방직 및 서울시 9급과 동일한 방식으로 공부할 것

지방직 7급(2020년 10월)
Plan ①
2019년 1학기~2020년 1학기(총 3학기) 모두 다니기(학점은 최소로만 이수) & 공부 병행
2020년 2학기까지 휴학

재학	재학	재학	휴학
2019년 1학기	2019년 2학기	2020년 1학기	2020년 2학기

Plan ②
2019년 1, 2학기 모두 다니기(학점은 최대로 이수) & 공부 병행
2020년 1, 2학기 모두 휴학

재학	재학	휴학	휴학
2019년 1학기	2019년 2학기	2020년 1학기	2020년 2학기

지금은 학교를 다니고 있는 중인데, 다음 학기에 휴학(or 졸업)해서 공무원 공부를 시작하려 합니다. 미리 공부하고 싶은데 뭐부터 해 놓는 것이 좋을까요?

9급의 경우
중·고등·수능용 영어 어휘가 완벽하게 준비되지 않았다면, 그것을 가장 먼저 해 놓는 것이 좋다. 또한, 장기적인 암기가 필요한 고유어 및 한자를 시작해도 된다. 인강을 먼저 들어보고 싶다면, 국어나 영어를 먼저 수강하여 휴학(or 졸업) 후 국어, 영어 문제 풀이 연습에 시간을 많이 쓸 수 있게 해야 한다.

7급의 경우
9급과 마찬가지로 영어 어휘, 고유어 및 한자를 미리 공부하고 강의를 미리 듣고자 할 때는 국어 및 영어 강의 수강을 하면 된다. 이 외에도 경제학 강의를 먼저 시작하는 것이 필요하다. 대부분의 7급 수험생들이 경제학을 가장 어려워하며, 일정 점수 이상으로 올리는 데 가장 많은 시간이 소요되는 것 또한 경제학이다. 그래서 시간적 여유가 된다면 경제학 공부도 병행하는 것이 좋다.

보통은 이렇게 알고 있다

본인이 하고 싶은 공부와 직렬이 있기 마련이며, 전공과 본인의 선호도 역시 개인마다 다르다.
이런 부분들을 고려해 과목을 정하면 된다.
내가 선택할 수 있는 과목을 늘어놓고,
그중 마음에 안 드는 과목을 하나씩 빼나가는 소거법을 통해,
내가 공부할 과목을 결정할 수 있다.

이런 말은 해 주지 않는다

17%에 달하는 수험생이 공부 도중 과목을 바꾸게 된다.
대개는 과목을 선택할 때 충분한 심사숙고를 하지 않은 경우다.
바꾸지 않는 사람들 모두가 일주일 이상의 고민을 한 것은 아니지만,
적어도 일주일 이상 고민하여 과목을 정한 사람들은
단 한 명도 수험 기간 도중 과목을 바꾸지 않았다.

Part 1
시험 과목 선택

1. 공통과목의 주요 특징

1) 국어

- ● 문법 (3)
- ● 어휘 및 한자 (2)
- ● 비문학 (9)
- ● 문학 (6)

국가직 9급 단원별 출제 분포도(2019)

(1) 국가직/지방직9급

국어 문법 및 한글 맞춤법의 영역의 경우 전통적으로 20문제 중 10여 문제가 출제되어 왔으나 최근 3~5개로 감소하여 문법의 비중이 줄어들었다. 비문학은 2010년에 4문제가 출제되었지만, 2019년에 9문제로 늘어나는 등 비중이 급격히 증가하였다.

(2) 서울시

국가직, 지방직과 다르게 국어 문법 영역이 여전히 약 10문제 이상 출제되고 있으며 비문학의 비중 또한 1~2문제 정도로 매우 적다.

(3) 공부할 내용들

가장 중요한 것은 문법이다. 수능에서는 문법 지식이 없더라도 주어진 지문을 해석하고 추론해서 답을 골라낼 수 있는 형태의 문제가 나오는 것과 달리 공무원 시험에서는 직접적으로 '네가 이 문법 지식을 아느냐 모르느냐'를 묻는 전형적인 '암기 요구형' 문제가 나온다. 즉, 공무원 시험 문법 문제는 알면 100% 맞힐 수 있지만 모른다면 (찍기의 신이 강림하지 않는 이상) 무조건 틀릴 수밖에 없는 문제들인 것이며, 이는 다시 말하면 공부하면 100% 맞고 들어간다는 말이다.

또 어휘와 한자 또한 출제가 계속되는 추세이기 때문에 이 또한 결코 등한시할 수 없다.

현직 경험을 되돌아봤을 때 개인적으로는 문법과 한자 지식은 나중에 공무원이 되었을 때에도 많이 필요한 부분이기 때문에 이왕 공부하는 것, 시험 준비를 할 때 확실하게 다져놓는 것을 추천한다.

2) 영어

국가직 9급 단원별 출제 분포도(2019)

국어와 다르게 영역별 문제 수의 구성은 변화하지 않았다. 어휘와 생활영어는 6개, 문법은 4~5개, 독해는 약 10개로 유지되고 있다. 다만, 문제 자체의 특징이 변화하였다. 어휘와 생활영어의 경우, 과거 시험에서 이미 출제된 어휘를 다시 출제하거나 어휘의 수준을 낮춘 경향을 보인다. 문법 또한 지엽적인 문법보다는 기본적인 문법 지식을 토대로 출제하고 있다. 독해의 경우, 지문 길이와 난이도의 증가가 두드러진 특징이라 할 수 있다.

(1) 공부할 내용들

독해에서 시간을 벌기 위해서라도 어휘, 문법은 확실하게 해 놓을 필요가 있다. 특히 문법 문제는 문제를 보자마자 최소 3초 안에 답을 골라낼 수 있을 정도로 확실하게 다져놓기를 권한다. 공무원 시험 영어 과목에서 문법 문제는 나오는 것들이 정해져 있다. 문장을 해석해서 앞뒤 문맥을 살펴보고 감으로, 느낌으로(?) 문법 문제를 맞히려고 해서는 안 된다(문법 문제를 푸는 데 문장을 해석하는 시간 여유를 부리면 안 된다는 말이다). 영어 문법에 대한 정확한 이해와 암기를 바탕으로, 수학 공식을 다루듯이 기계적으로 답을 맞혀야 한다. 그렇게 해서 독해에 투자할 시간을 벌어야 한다.

독해 훈련도 무시할 수 없다. 단순히 영어 문장을 우리말로 바꾸는 해석 능력만이 아닌, 글 내용 자체를 파악하는 능력을 요구하는 문제 비중이 높아지고 있어 이에 대한 연습이 필요하다.

3) 한국사

국가직 9급 단원별 출제 분포도(2019)

문제 구성의 경우 전근대사 65~70%, 근현대사의 경우 35~40%를 차지하고 있다.

어느 한 단원에 편중되어 있지 않고, 고르게 출제되는 편이다. 최근에는 사료 제시형 문제가 많이 출제되고 있기 때문에 사료에 대한 이해 및 분석이 반드시 필요하다. 또한 연도를 파악해야 정답을 고를 수 있는 문제의 비중도 늘어나고 있으니 중요 사건의 연도를 기억하면서 공부하는 것이 좋겠다.

⑴ 공부할 내용들

한국사는 국어와 영어처럼 특정 부분의 비중이 증가한 것은 아니기 때문에 특정 영역에 대한 공부 시간을 늘려야 할 필요는 없다. 다만 자료 해석 연습을 할 필요가 있다. 이는 사료 분석 상의 듣기, 문제 풀이를 통한 연습, 모르거나 헷갈리는 사료의 단권화를 통해 대비할 수 있다.

2. 선택과목의 주요 특징과 경향

선택과목은 직렬에 따라 천차만별이다. 자신이 어떤 직렬을 선택하느냐에 따라 준비해야 하는 과목이 달라지므로 자신이 준비할 과목은 직접 기출문제를 통해 내용을 분석해 보도록 한다.

여기에서는 9급에서 비교적 많은 사람들이 선택하는 행정학, 행정법, 사회, 수학에 대해서만 간략하게 언급하겠다.

1) 행정학/행정법

단원 간 비중보다는 지문 및 선택지의 길이가 증가했다. 한 선지의 길이가 2~3줄이 넘어가는 등 읽어야 할 글의 양이 급격히 증가했다.

행정법의
변화

2007년   2019년

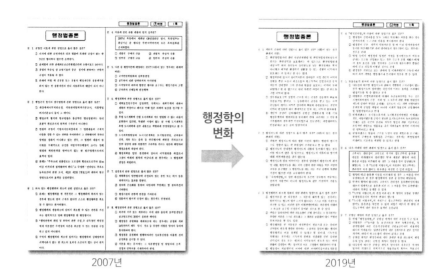

2007년   행정학의 변화   2019년

2) 사회

자료 해석의 문제의 비중이 높으며, 수능의 형태를 따라가고 있다. 강사들의 강의를 참고하여 빠른 풀이법을 배우거나 자신만의 풀이법을 개발하는 노력이 필요할 것이다.

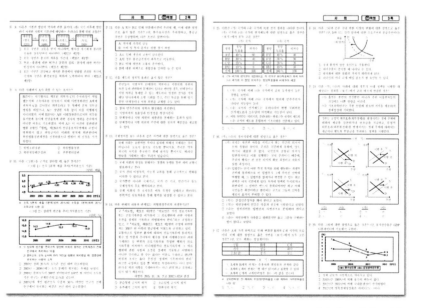

3) 수학

2016년부터 개정수학의 도입으로 행렬, 지수, 로그함수, 삼각함수 단원이 빠짐에 따라 수험생의 부담이 줄어들었다고 볼 수 있다. 전반적인 출제 경향을 보면, 전 단원이 골고루 출제되고 있는 편이며 과거 수능 2점, 3점 수준의 문제들이 주류였던 데 반해 현재는 그보다 난이도 높은 문제들이 출제되고 있다는 점을 알 수 있다. 특히 2016년 국가직 9급 수학은 상당한 난이도를 보였고 2018년 국가직 9급 수학은 계산이 다소 복잡한 문제도 출제되어 시간 배분이 어려웠다는 평이 많았다.

Tip. 선택과목, 어떻게 선택해야 할까요?

행정법 vs. 행정학

행정법과 행정학 둘 중 하나를 골라야 한다면 뭘 선택하는 것이 나을까? 행정법과 행정학에 대한 사람들의 이야기를 들어보면, 많은 이들이 행정학을 어렵게 느끼고 있음을 알 수 있다. 최후의 순간까지 행정학이 발목을 잡는 경우도 적지 않았다.

행정법이 행정학보다 공부하기가 더 수월하다면 그것은 아마 법학에서는 개념이나 내용의 추상성이 매우 적기 때문일 것이다. '중대하다', '일반적'이라는 말조차 판례에서는 맥락에 의해 구체적이고 고유한 의미를 지닌다.

또 행정법은 판례가 문장 그대로 문제에 출제되는 경우가 많고 출제되는 내용이 비교적 명확히 한정되어 있는 반면, 행정학은 어떨 때는 정말 생전 들어보지도 못한 내용이 나오기도 하고, 그런 시험 문제로 인해 멘붕(?)을 한번 겪고 나면 수험서 저 귀퉁이에 있는 정말 세세하고 자잘한 내용들까지 전부 암기해야만 할 것 같은 불안감에 쫓기게 되기도 한다.

그러나 그렇다고 해서 행정법을 마냥 만만하게 볼 수는 없다. 법학과 관련하여 아예 기본적인 교양 지식조차 갖추지 않은 사람이라면 행정법 교재를 처음 펼쳤을 때 '하얀 것은 종이요, 까만 것은 글자', '여긴 어디 나는 누구?'가 되기 십상이다. 법률 용어는 우리가 일상생활에서 사용하는 단어들과는 거리가 있고, 판례 또한 쉽사리 해석이 안 되는 난해한 문장들이 많아 처음 공부를 시작할 때 제대로 방향을 잡지 못하면 완전히 수렁에 빠져 버릴 수도 있다.

별별선생 집필진들의 경험에 비추어 팁을 주자면 행정학과 행정법 두 과목 모두 '기출문제'를 중심으로 공부 방향을 잡으면 공부가 한결 쉬워짐을 강조하고 싶다. 기출문제만으로 '고득점'을 받기는 어려울 수 있겠지만 80~85점대까지의 베이스를 만들어 놓는 데 기출문제만큼 좋은 자료가 없다.

수학은 신중하게 선택해야…

9급에서 선택과목의 점수 반영은 표준점수를 기준으로 한다. 표준점수는 그 해당 과목 응시자의 평균이 낮을수록, 표준편차가 낮을수록 고득점을 하게 된다. 결론적으로 수학이 표준점수가 가장 높은 경향을 보인다.

2016년의 국가직 9급의 경우 수학 85점이 행정법 90점과 맞먹는 표준점수를 보여 주었다. 그래서 표준점수를 높게 받을 수 있는 수학을 선택하고 싶은 수험생들이 있을 것이다.

하지만 최근 수학의 난이도가 높아지고 있고, 수능은 30문제를 100분 동안이나 풀지만, 공무원 수학은 20문제를 20분 만에 풀어내야 하는 부담이 있다. 게다가 한 문제를 풀어내는 데 시간이 오래 걸리기 때문에 다 풀지 못하고 OMR 카드를 제출해야 하는 상황에 처할 수도 있다. 따라서 자신의 수학 실력을 잘 판단하여 신중하게 선택해야 한다

사회 선택은 강추!

사회는 행정학, 경제학, 회계학 등과는 다르게 이름에 '학'이 들어가지 않는다. 이 말은 사회는 '학문'이 아니라는 뜻이다. '학문'이 아니기 때문에 상대적으로 용어의 난해함이나 내용의 난이도 자체가 낮은 편이다.

게다가 공무원 사회는 고교 교육과정의 일반사회(사회문화, 법과 정치, 경제)를 그대로 가져왔기 때문에 많은 사람들에게 익숙하며 무엇보다도 현재의 시험 수준이 수능보다 쉬운 것이 사실이다.

강의 분량 또한 행정법, 행정학(80강 이상)에 비해 상당히 적고(약 60강) 공부할 때 수능 및 평가원 모의고사 기출문제를 활용할 수 있다는 장점이 있는데, 평가원에서 출제하는 문제들은 전반적으로 질이 매우 높다. **그러나 수학이나 사회와 같은 고교 선택과목은 2022년부터 폐지되므로 그것 또한 감안해야 할 것이다.**

보통은 이렇게 알고 있다

우선 공무원 공부를 하겠다고 생각을 했으면
노량진에 방문하여 학원 상담을 받아보는 것이 효율적이다.
많은 정보를 한 번에 알아볼 수 있고,
좋은 선생님이 누군지도 이를 통해 빨리 파악할 수 있기 때문이다.
또한, 강사의 경우 소위 1타는 확실히 검증된 만큼
그러한 강사들을 위주로 선택하면 된다.
어차피 공부는 내가 하는 것이지 선생이 하는 게 아니다.

이런 말은 해 주지 않는다

90%가 넘는 공시생들이 강사 변경 경험이 있고,
51%에 달하는 학생들은 본인에게 맞는 강사에게 정착하는 데 6개월 이상이 걸린다.
상담실에 아무런 준비 없이 들어가면
종합반과 각종 서비스 등 보조 수단을 결제하게 될 가능성이 크다.
그날 등록해야만 준다고 하는 할인 적용은 생각만큼 중요하지 않다.
강사의 경우에도 무작정 1타 강사를 고르면 안 된다.
공부는 내가 하는 것이지만,
그 효율을 증진시키는 가장 중요한 엔진은 좋은 궁합의 선생님을 찾는 것이다.

Part 2
학원과
강사 선택

1. 학원과 강사 선택에 신중해야 하는 이유

    시중에는 수많은 학원과 수백 명의 강사, 그리고 수천 개의 강의가 존재한다. 그러한 정보 과잉 상태에서는 자신에게 알맞은 강의를 선택하여 시간적, 경제적 낭비를 줄이는 것이 중요할 것이다. 하지만 제대로 된 선택을 하는 것은 결코 쉽지가 않으며, 또 자신이 고른 강의에 대해 후회하는 시점은 강의를 완강했거나 상당수의 강좌를 들은 후이기 때문에 이미 시간이 많이 지난 상태이다. 그렇기 때문에 더더욱 강의 선택을 잘할 필요가 있다.

2. 학원 선택 방법

  학원(인강) 강의를 듣기로 결정했다면, 어떠한 학원과 강의를 고를지가 가장 고민이 될 것이다. 게다가 모든 학원들이 자신이 1등 학원이고, 최다 수강생을 보유하고 있다고 광고하기 때문에 수험생 입장에서는 더 혼란스러울 수밖에 없다. 일단 가장 먼저 스스로 해 볼 수 있는 행동은 '발품과 손품'을 파는 것이다. 즉, 노량진에 직접 가 보거나 인터넷으로 알아보는 등 직접 부딪치며 알아보는 것이다. 학원에 직접 가서 상담을 받아보고 학원 시설이나 환경을 파악하는 것도 도움이 된다. 하지만 어디까지나 학원 상담은 자신의 학원을 홍보하는 데 목적이 있다는 것을 명심해야 한다. 어쨌든, 학원 및 강의 선택이 수험 생활의 첫 단추이고 어쩌면 이 첫 단추가 자신의 인생에 적지 않은 영향을 미칠 수 있기 때문에, 더더욱 신중한 고민과 판단이 필요하다.

  이를 위해 자신이 직접 OT 강의를 듣고 판단할 수도 있지만 '별별선생'과 같은 강사 학원 전문 리뷰 사이트들의 리뷰들을 참고하여 판단하는 것도 큰 도움이 된다.

Tip.
학원 상담 전, 뭘 알아야 할까요? (feat. 호갱님)

별별선생 집필진들이 직접 노량진의 여러 학원에서 직접 상담을 받아 보았다. 그 결과 공통적으로 얘기하는 부분이 있었는데, 그에 대한 얘기를 해볼까 한다.

첫 번째, 종합반에 대해 알아야 한다. 종합반으로 먼저 기초를 닦고 공부 습관을 기르는 것도 좋은 방법일 수 있다. 하지만 종합반 수업에는 치명적인 단점이 있다. 우선, 2개월 종합반의 경우 공무원 강의의 필요량이 100이라 치면 60 정도밖에 수업해 주지 않는다는 것을 알아야 한다. 따라서 2개월 종합반을 듣는다면 어차피 다른 강의에서 또다시 처음부터 해야 함을 기억하자. 한편, 수험 진세 기간 동안 종합반을 다니고 싶은 학생들도 있을 것이다. 이 경우 장기 종합반을 듣게 되는데 장기 종합반(6개월~1년)은 거의 모든 커리큘럼을 다 포함시키기 때문에 굳이 듣지 않아도 되는 강의까지 모두 포함되어 있고, 그로 인해 혼자 공부할 시간이 많이 부족해지는 문제가 발생한다. 종합반에 관한 이야기는 다음 챕터인 '강의와 커리큘럼 선택'에 자세히 설명해 두었다. 꼭 참고하길 바란다.

두 번째, 환급에 대해 알아야 한다. 상담을 받으러 가서 인강에 대해 질문하면 프리패스(자유이용권과 비슷한 개념)에 대해 이야기해 줄 것이고 프리패스에는 환급이 있다는 사실도 언급할 것이다. 공무원 시험에 최종 합격하게 될 경우, 종합반 비용이나 인강 프리패스의 비용을 다시 돌려준다. 하지만 여기에는 함정이 몇 가지 있다. 먼저, 환급은 100% 해 주지 않는다는 점을 알아야 한다. 제세공과금이라고 일정 세금을 제외한 금액만큼 환불이 된다. 또한, 합격 후에 일정 기간 동안 환급 신청을 하지 않으면 환급해 주지 않는다. 게다가 환급 신청 기한이 가끔씩 바뀌는 경우가 있기 때문에 반드시 잘 확인해야 한다.

세 번째, 각종 학원마다 운영하는 서비스를 알아야 한다. 강의 외에 각종 서비스들이 있다. 무료 모의고사 응시, 자습실 통제, 무료 수험 상담, 시기별 맞춤 케어, 일일 성적 관리, 복습 테스트 자료 등의 보조 수단이 그 예에 해당한다. 종합반이나 프리패스에 대해 이야기를 하다 보면 상품들마다 위와 같은 각종 서비스들이 포함되어 있고 가격이 높은 상품은 더 많은 서비스들이 제공된다고 말할 것이다. 이러한 자료들이 분명히 공부에 도움이 된다. 하지만 공부는 강의를 제외하고는 오로지 독학뿐이다. 그렇기 때문에 공무원 공부에 대해 잘 모르는 초심자라면 상담 시 이러한 서비스들에 현혹되지 말아야 한다. 일단 집에 와서 심사숙고한 뒤 결제하자.

3. 주요 학원과 인강 사이트의 특징

다음에 소개된 학원들은 수험생이라면 한 번쯤은 다 들어봤을, 비교적 강사 수와 수강생 수가 많은 학원들이다. 물론 이외에도 좋은 학원, 그들만의 강점이 있는 학원들은 많다.

1) 공단기

역사가 다소 짧긴 하지만 2017년 이후 우수한 강사들을 대거 영입하였고 현재는 공무원 학원 중 가장 규모가 크다. 프리패스를 처음 시작한 곳이라 프리패스의 종류와 제공 서비스가 다양하다.

2) 남부고시

역사가 가장 오래된 학원이며, 선택과목에 상당한 강점을 보이고 있다. 하지만 공통과목도 이에 못지않게 우수한 강사들을 보유하고 있다.

3) 윌비스

영어 과목에서 강점을 보이는 학원이다. 또한 일반 행정직 공무원 외에 세무직, 검찰직, 경찰공무원, 기술직 부분에서 커리큘럼이 잘 구성되어 있다. 회계학, 형사소송법 등이 상당히 유명한 학원. 또한, 7급 수험생들이 선호하는 강사들이 다수 있다(예: 한국사 김윤수).

4) 아모르이그잼

법 과목에서 강의력이 좋은 강사들을 보유하고 있고, 특히 경찰공무원 준비에 전통적으로 유명한 학원이다. 또한 면접 강사 또한 새로 영입하여 면접 준비에도 내실을 기하고 있는 것이 특징이다.

5) 에듀피디

공무원 인강 사이트 중에서도 20년 이상 꾸준하게 자리매김하고 있는 역사와 전통이 눈에 띈다. 7, 9급 공무원, 군무원 행정직군은 물론 기술직까지 분야별 시험 과목을 다수 운영하고 있는 것이 특징. 그중 토목직, 건축직, 농업직, 통신직, 화공직 등의 기술직공무원과 우정직(계리직), 8급 간호직, 마이스터고·특성화고 공무원, 군무원 전공별 강의를 다양하게 제공하고 있다.

6) 해커스 공무원

이전부터 어학원으로 유명한 브랜드였지만 2015년부터 공무원 시장에 본격적으로 참여해 다른 학원의 유명 강사들을 많이 영입했다. 기본서를 무료로 배포하는 등 수험생들에게 서비스를 많이 제공한다.

7) KG 에듀원

'KG 패스원'으로 알려져 있던 학원이다. 국어, 한국사, 법 과목 영역에서 좋은 선생님들이 많이 있었고, 2019년을 기점으로 'KG 에듀원'으로 학원명을 변경하면서 사서직, 법원직, 검찰직 전문 공무원 학원이되었다.

기술직 준비생입니다.
기술직 전공과목의 강의는 많이 없던데
어느 학원에서 들어야 하나요?

윌비스와 지안에듀, 에듀윌, 에듀피디를 추천한다. 이 4개의 학원은 기술직 전공과목의 대부분을 개설하고 있으며 윌비스, 지안에듀, 에듀피디는 일반 공무원 학원에서 잘 다루지 않는 계리직 과목도 다루고 있기 때문에 소수직렬 및 기술직 수험생들에게 큰 도움이 될 것이다.

실강 녹화된 걸 인강으로 보니 집중이 안 됩니다.
혹시 인강만 전문으로 하는 학원도 있나요?

물론 있다. 학원이라고 하기보다는 인터넷 강의 퍼블리싱을 전문으로 하고 있는 '용감한컴퍼니'가 있는데, 용감한컴퍼니에서는 '모두의공무원', '모두의경찰', '모두의소방' 브랜드를 차례로 론칭하며, 9급, 경찰, 소방 공무원을 준비하는 학생들을 대상으로 인강을 전문적으로 제공하고 있다. 필수과목인 국어, 영어, 한국사는 물론 선택과목들도 부족함 없이 모두 다루고 있는데, 대표적으로 퍼블리싱하고 있는 인강 사이트는 덩허접공무원영어(www.dhjeng.com), 리라클영어(www.riracleeng.kr) 등이다.

인강 서비스	과목	강사
덩허접공무원영어	영어	이박사
리라클영어	영어	이리라
김승봉경찰팀	형법/형소법	김승봉
확인공무원국어	국어	문명
도끼한국사	한국사	김종우
가로세로한국사	한국사	이종길
임팩트행정법	행정법	한수성
스마트행정학	행정학	김덕관
컴팩트공무원사회	사회	김형준

2019년 7월 현재 제공 중인 서비스

4. 나만의 선생님 찾는 법

남들이 좋다고 하는 1타 강사를 고르는 것도 중요하지만, 나만의 좋은 선생님을 찾는 것도 중요하다. 우리 집필진들이 들었던 강사들의 장단점을 하나하나 언급할 수도 있겠지만, 그것은 적절치 않다고 본다. 학생들마다 좋아하는 강사가 다 다를 것이며 우리도 모든 강사를 알지 못하기 때문이다. 대신 '별별선생'의 리뷰 게시판을 보면 5,000명 이상의 수험생이 직접 쓴 리뷰들이 있다. 그곳을 참고하면 강사 선택에 큰 도움을 받을 것이다. 다음 소개된 글은 우리 별별선생 집필진들의 경험을 모아 정리한 이야기들이지만 반드시 이것만이 정답은 아니라는 것!

1) 국어: 교재 예시 풍부 + 업데이트 활발 + 반복을 많이 해 주는 선생님

국어 기출문제는 직전에 나왔던 문제들이 바로 다음 시험에 재탕되지는 않는다. 어느 정도 기간을 두고 재탕되기 때문에 오래전에 출제되었던 것들까지 교재에 잘 정리해 둔 강사들을 선택하는 것이 맞는다. 시중의 국어 교재를 살펴보면, 예시와 설명이 풍부한 교재들도 있지만 상당히 빈약한 교재들도 많이 있다. 그러므로 서점이나 책 미리보기를 통해 풍부한 예시가 담겨 있는 강사를 고르도록 하자.

업데이트가 활발히 진행되는가도 상당히 중요하다. 한 해 동안에도 표준어, 문법 등이 개정이 잦은 편이다. 그러한 개정 내용과 오탈자 등을 자신의 카페나 홈페이지에 활발히 업데이트해 주는 강사가 학생들에게 도움이 되는 강사이다. 왜냐하면, 대개 개정된 내용이 바로 다음 시험에 직접적으로 출제되는 경우가 많기 때문이다.

또 반복을 많이 해 주는 강사를 고르는 것이 좋다. '별별선생'의 리뷰를 보면 "반복을 많이 해 주신 덕에 수업 시간에 모두 외울 수 있어 좋았다"라는 내용을 심심찮게 찾아볼 수 있는데 집필진 중 한 명의 경험담에 의하면, 그는 처음에는 반복을 많이 해 주는 강사가 좋은 강사인 이유를 몰랐다고 한다. 지금까지 그런 강사에게서 수업을 들어 본 적이 없었기 때문이다. 그런데 한자와 한자성어를 공부하기 위해 어떤 강사의 한자 강의를 들었는데 그러한 강의를 직접 들어보니 반복을 잘해 주는 것이 얼마나 학생들에게 큰 도움이 되는지를 알게 되었다고 한다. 특히, 한자, 한자성어, 고유어 등은 혼자서 암기하기 힘들기 때문에 수업 시간에 강사가 반복적으로 강의해서 학생들의 암기 부담을 덜어 준다면 도움이 많이 된다. 한자 등 암기가 필요한 부분의 강의를 듣고자 한다면 '별별선생'의 리뷰를 참고하여 반복을 많이 해 주는 강사를 찾아보도록 하자.

2) 영어: 스킬에 강한 선생님 vs. 정리에 강한 선생님

영어 강사 중에는 스킬에 강한 선생님들이 있고 정리에 강한 선생님들이 있다. 전자의 경우 수능 시장에서 크게 명성을 떨쳐 왔던 선생님들이 공무원 시험에도 진출한 경우다. 수능 시험의 문제는 지문 자체의 난이도도 있지만 '문제 자체의 난이도'도 상당히 높다. "아니 해석만 다 되면 풀리는 거 아냐?", "문제 자체의 난이도가 뭐야?"라고 생각하는 사람들이 많을 텐데, 대개 영어 시험 문제라고 하면, 단어나 문장 구조가 복잡해서 해석이 힘들다고 해도 일단 해석만 된다면 답은 바로 보이는 문제들인 경우가 많다. 예컨대 토익 시험이 그러하다. 그런데 어느 순간 수능에서는, 지문 해석이 매우 어려운 문제들뿐만 아니라 지문 해석이 되고 모르는 단어가 하나도 없어도 답을 알 수 없는 문제들까지 출제되기 시작했다. 그래서 수능 강사들이 그러한 문제를 해결하기 위한 스킬들을 상당히 많이 개발해 온 편이고 고난도 해석 능력을 길러 주는 구문독해 강좌를 개설하는 등의 노력을 해 왔다.

빈대로 정리에 강한 선생님들이 있다. 공무원 시장에서 오랫동안 강의를 해 왔기 때문에 모든 공무원 기출문제를 다 꿰고 있고 기출 어휘와 문법 정리를 잘해 준다. 이러한 강사들의 경우, 기출문제 풀이 강의가 특히 도움이 된다고 볼 수 있다. 그래서 자신이 어느 정도 영어를 잘한다면(해석 능력에 문제가 없다면) 이러한 선생님들의 강의를 참고하여 최신 경향과 기출문제를 총정리하는 방법을 강력 추천한다. 이러한 특징을 가진 강사들은 모의고사도 과거 기출문제의 경향과 스타일을 바탕으로 출제하기 때문에 문제의 질이 좋은 편이다(우연인지는 모르겠지만, 실제로 질이 좋았고 세간의 평도 그러한 편이다).

3) 한국사: 강의가 긴 강사 vs. 강의가 짧은 강사

공무원 한국사 시장의 강사는 딱 두 부류로 나뉜다. 러닝 타임이 긴 강사와 짧은 강사(사실 중간 정도 길이의 강의도 있다). 두 종류의 강사들이 주장하는 내용이 확연히 다르다. 따라서 잘 판단하여 자신의 상황에 맞게 고를 수 있도록 해야 한다.

먼저, 러닝 타임이 긴 강사에 대해 설명하겠다. 7,000분이나 8,000분은 물론이고 심지어 9,000분 정도 되는 기본 개념 강의를 촬영하는 강사들이 있다. 강좌 수로 치면 최소 100강 정도 되는 것이다. 또한 기본서의 두께 또한 1,000페이지가 넘는다. 이러한 강의는 내용이 매우 깊고 지엽적인 부분까지 어느 정도 다루어 주는 편이다. 그래서 러닝 타임이 긴 강사의 강의를 들을 경우, 한국사 고득점에 유리하고 한국사를 전략 과목으로 가져갈 수 있는 장점이 있다. 그래서 9급 고득점, 7급 수험생들이라면 이렇게 긴 강좌를 듣는 것도 좋은 방법이다. 실제로 7급 수험생들이 상당수가 강의 수가 많은 강의를 선택하고 있고 합격생도 많은 편이다. 또한 배경 설명이 상세하기 때문에 한국사에 대해 베이스가 거의 없는 수험생들에게 도움이 되기도 한다.

하지만 한국사는 그 어떤 과목보다 암기가 많은 편이다. 국어나 영어, 법 과목은 방법, 원칙, 논리 등이 있어서 이해를 제대로 하면 암기해야 하는 양이 많이 줄어들지만 한국사는 흐름은 물론, 결국 '전부 암기'이기 때문에 100강이 넘는 강의를 자신이 소화할 수 있을 것인가에 대해 진지하게 생각해 보아야 한다. 한국사 공부의 범위를 넓혀서 공부를 하게 되면 한국사 암기에 많은 시간을 할애할 수밖에 없어 다른 과목에 악영향을 주게 된다. 보통의 수험생들은 '다른 과목 강의도 100강인데 한국사도 100강이면 뭐 똑같은 거 아니야?'라고 생각할 텐데 아니다. 한국사는 다르다. 암기의 수준 자체가 다르기 때문이다. 100강짜리를 소화하려다 다른 과목을 망칠 수 있다. 자신의 학습 능력을 고려하여 잘 판단하길 바란다. 자신이 생암기 100강을 소화할 수 있다면 YES, 아니면 NO다(참고로 별별선생에 강사별로 1회독에 필요한 강좌 수 및 평균 강의 시간도 나와 있으니 참고하자).

다음으로 러닝 타임이 짧은 강사를 보자. 모 강사는 3,600분, 총 60

강 만에 한국사를 완성시켜 주는 것을 모토로 하는 콤팩트한 강의를 추구한다. 효율적으로 강의를 하며 세세한 배경 설명 없이 핵심 위주로 강의한다. 교재 또한 그에 맞게 다른 강사에 비해 얇은 편이다. 한국사를 일정 점수만 받고 다른 과목에 더 투자를 하고 싶은 학생들에게 추천한다. 이러한 강좌의 주된 타깃은 9급이나 경찰 수험생들이다.

7급 수험생들에게는 이 강좌를 추천하고 싶지 않다. 자신이 듣고 싶다면 들어도 되지만 7급(특히 서울시, 국가직) 시험을 준비할 땐 부족한 면이 있는 것이 사실이기 때문이다. 하지만 만약 자신의 수험 기간을 짧게 계획했다면 이 강좌로 한국사를 빨리 끝내는 것도 좋은 방법이다.

보통은 이렇게 알고 있다

강의는 커리큘럼에 맞게 짜여 있어,
선생님을 정한 뒤 이를 순서대로 밟아 나가는 것이 가장 상식적이다.
또한, 자신 있는 사람은 독학으로 해도 된다?

이런 말은 해 주지 않는다

베이스가 높은 초시생, 생짜 초보, 재시생은 각각 거쳐야 할 커리큘럼이 다르다.
선생님 중에서도 본인이 더 강한 파트가 있고,
과목별로 중요한 커리큘럼이 다르기 마련이다.
이를 모른 채로 쭉 강의를 듣다 보면 시간을 효율적으로 관리할 수 없으며,
한번 시작하면 나중에는 습관이 들어 버리기 때문에
이와 같은 고민은 초반에 해야 한다.
독학의 경우, 내 가족이 한다면 도시락을 들고 따라다녀서라도 말리고 싶다.

Part 3
강의와
커리큘럼 선택

1. 강의 vs. 독학

대부분의 수험생들은 처음 공부를 시작할 때 강의의 도움을 받는다. 하지만, 강의의 도움 없이 혼자서 기본서를 읽고 문제를 풀어서 학습을 하는 수험생들도 있다. 일단 별별선생의 집필진들은 웬만하면 강의의 도움을 받는 것이 좋다고 생각한다.

1) 강의의 특징

무난하게 일반행정직을 기준으로 얘기하자면 이렇다.

일단, 행정학이나 행정법과 같은 과목들은 전공자가 아닌 이상 처음 접했을 때 굉장히 낯설 수 있다. (지금 이 글을 쓰고 있는 집필진은 '재결'이라는 말을 공무원 준비하면서 처음 들어봤다.) 이렇게 낯선 내용을 대하다 보면 뭐가 중요하고 뭐가 덜 중요한지 감을 전혀 못 잡기도 한다. 지금 이 문장을 쓰고 있는 집필진 본인은 처음에 공무원 시험에 대해 아무것도 몰랐을 적 헌법 교재를 혼자 독학으로 1회독한 적이 있었는데, 내가 열을 올려 달달 파던 내용 중에는 실제로 공무원 시험에서 다뤄지는 비중이 매우 적은, 그러니까 '별로 중요하지 않은' 내용들도 많았다. 완전히 헛공부한 셈이다.

공무원 시험을 빠르게 정복하는 열쇠는 '이해'로 때워야 하는 영역과 '단순 암기'로 때워야 하는 영역을 잘 발라내는 데 있다고 생각한다. 공부를 하다 보면 정말 그냥 어쩔 수 없이 기계적으로 암기를 해야만 하는 영역이 있고, 한 번 이해를 잘해 놓으면 내용이 자연스레 내 것이 되는 영역이 있다. 공부를 처음 하는 입장에서는 어떤 게 이해로 때울 부분이고 어떤 게 암기로 때울 부분인지 판단하기가 어렵다. 이때 강사들의 설명과 방향 제시가 큰 도움이 될 수 있다. 특히, 이해로 해결할 수 있는 부분의 경우 본인이 제대로 정확하게 이해를 해낼 수만 있다면, 암기해야 하는 양이 엄청나게 줄어드는 효과를 볼 수 있는데, 강의 수강을 하지 않는다면 이해 없이 꾸역꾸역 엄청난 양을 암기로 해결하려다가 되레 시간을 버릴 수 있다.

또 국어나 헌법 같은 과목은 매년 혹은 매월 새로 추가되거나 변화되는 내용이 생긴다. 어느 날 갑자기 표준어 규정이 달라질 수도 있고, 최신 판례는 매달 새로 쌓인다. 이런 자료는 혼자 업데이트하기가 힘들다. 강사들은 그때그때 변화하는 내용을 항상 체크해서 업데이트하기 때문에, 이런 부분은 강사의 도움을 받는 것이 큰 힘이 된다.

2) 독학의 특징

먼저, 강의를 듣지 않고 독학을 하게 되면 시간을 아낄 수 있다. 인강을 기준으로 했을 때, 9급의 경우 5과목의 기본 개념 강의 수만 해도 50~400강에 이른다. 보통 수업 하나를 듣는 데 60~70분이 소요된다는 것을 생각하면 이는 수개월 동안 강의만 꼬박 들어야 한다는 얘기가 된다(가끔 보면 수업 하나에만 140분이 넘어가는 강의들도 있다).

강의를 듣지 않고 혼자 독학을 하게 되면 이 시간을 아낄 수 있게 된다. 그리고 자신의 이해 능력이 어느 정도 받쳐준다면, 강사의 자세한 설명이 없이도 책으로만 내용을 습득할 수도 있다. 또, 기출문제를 강사의 도움 없이 분석함으로써 중요한 부분과 중요하지 않은 부분을 능동적으로 찾아서 스스로 취사선택하여 빠르게 공부할 수도 있다.

2. 실강 vs. 인강

1) 실강의 특징

(1) 장점

- 실제 강의를 들으므로 지루함을 덜 수 있고 상대적으로 집중력이 높아진다.
- 정해진 날짜, 정해진 시간에 맞추어 출석을 해야 하기 때문에 규칙적인 생활이 가능하고 진도가 밀리지 않는다.
- 종합반 및 관리반을 수강하게 될 경우 자신의 부족한 의지를 학원의 관리 시스템으로 어느 정도 극복할 수 있다.
- 주위에 공무원 공부를 하는 동료, 경쟁자가 많기 때문에 자극을 받을 수 있다.
- 피드백을 바로 받을 수 있다. 잘 모르는 내용들을 곧바로 강사에게 질문할 수 있고 수험 생활의 고민 등 상담이 필요한 부분에 대해 학원에 소속된 전문 상담사에게 상담을 받아 볼 수도 있다.

(2) 단점

- 강의료가 비싸다. 약 40% 정도 비싼 것으로 알려져 있다.
- 좋은 자리를 맡기 위해선 최소 수업 시작 1시간 이상 전에 가야 한다(!).
- 학원 수업이 한 번에 3~4시간으로 길기 때문에 자신의 공부 계획을 유동적으로 세우기 힘들다.
- 노량진 등 학원이 있는 장소로 가는 데 시간과 체력이 소모된다.

- 수업 중 집중력을 잃어 수업 내용을 놓치거나 이해를 못 했을 경우 그 부분을 다시 듣기 어렵다(학원에서 그 부분에 대한 인강을 일시적으로 열어 주기는 하지만 이 또한 시간이 소모되는 일이다).

2) 인강의 특징

(1) 장점

- 시간과 장소의 제약을 받지 않는다. 자신의 집이 지방이라 해서 굳이 노량진 등 으로 이사할 필요도 없다.
- 공부 계획을 유동적으로 세울 수 있다.
- 오랜 시간 수업에 집중하기 힘들다면 인강이 더 나을 수 있다. 실강의 경우 거 의 3~4시간을 꼬박 앉아서 수업을 들어야 하지만 인강을 들으면 집중이 안 될 때마다 끊어 갈 수 있으니 더 효율적인 공부가 가능하다.
- 반복·일시정지·배속이 가능하다. 그래서 이해되지 않는 부분, 다시 듣고 싶은 부분을 얼마든지 다시 들을 수 있다.
- 자신이 듣고 싶은 부분만 취사선택할 수 있고 들을 필요가 없다고 판단되는 부 분 등은 그냥 넘길 수도 있다.
- 집이나 독서실에서 수업을 들으므로 무엇보다 체력과 시간을 아낄 수 있다.

(2) 단점

- 자신의 의지가 부족하다면 강좌를 구매해 놓고도 듣지 않아 버릴 수도 있고, 강 의 중 딴짓을 할 수도 있고, 진도를 못 뺄 수도 있다.
- 가격이 실강보다 저렴한 데다가, 만약 프리패스를 구매한 후에 인강을 듣는다 면 굳이 필요 없는 강의까지도 무분별하게 듣다가 시간을 버릴 수 있다. (공부는 반드시 스스로 해야 하는 것임을 기억하자. 강의 듣는다고 공부가 절로 되는 것이 아니다. 혼자 스스로 공부하는 시간이 절대적으로 필요하다.)

Tip. 실강 중에 종합반이라는 게 있던데 그게 뭔가요?

보통 '종합반'이라고 하면 전 과목 수업이 묶여서 함께 진행되는 반을 말하는데, 학원에서는 수 개월에서 길게는 1년 치의 전 과목 커리큘럼을 제시하기도 한다. 이런 반에 들어가면 이론 입문부터 시작해 심화반, 모의고사, 파이널 강의까지 쭉 진행되는데, 대개는 자습실 자리와 사물함도 함께 제공해 준다. 여기서 담임 제도나 출결 관리 및 자습실 통제 등이 추가된 관리반 커리큘럼도 있다. 이른 아침에 학원에 출석해서 아침 자습을 하고, 수업을 듣고, 수업이 모두 끝나면 정해진 자리에서 저녁 늦게까지 자습을 하고 집으로 돌아가는 식인데, 쉽게 말해서 야간자율학습을 하는 고등학교 같은 시스템이라고 보면 된다. 학원에 따라 정해진 자리에서 일탈(?)하게 되면 벌점을 부과하기도 한다.

이런 관리형 종합반의 장점은 아무리 의지가 부족한 학생도 책상에 붙어있게끔 만들어 준다는 것이다. 공부 습관이 전혀 몸에 배어 있지 않은 수험생의 경우 도움이 될 수 있다.

하지만 그만큼 가격이 비싼 게 단점이다. 인터넷 프리패스가 1년간 듣는 데 약 60만 원에서 많게는 300만 원 가까이 드는데, 요새는 인터넷 프리패스도 결코 적은 가격이 아니지만 관리반의 경우 1개월에 60만 원이 넘는 학원도 있다.

또 강의가 굉장히 많이 진행되는데 그러한 강의를 다 듣고 나면 혼자 복습하고 공부할 시간이 날까 싶은 의문도 든다. 물론 강의를 안 듣고 혼자 자습실에서 공부를 할 수도 있지만, 강의를 듣지 않는다고 해서 그만큼 환불을 해 주진 않는다.

마지막으로 강사 선택권(?)을 생각해 봐야 한다. 이런 종합반 수업을 듣게 되면 어떤 과목은 학원에서 정해 준 강사의 수업만을 들어야 하고, 또 어떤 과목은 자기가 원하는 강사의 수업을 고를 수 있는데, 어쨌든 강사 선택에 제한이 있는 게 사실이다. 만약 학원에서 정해 준 강사가 마음에 들지 않거나 자신과 맞지 않는다면 적지 않은 시간을 헛공부에 쓰게 될 수도 있다.

인강으로 듣는다면, 프리패스 비교!

현재 공무원 인강 시장의 대세는 프리패스다. 프리패스란 모든 강사를 선택할 수 있고 모든 강의를 들을 수 있는 형태의 인터넷 강의 상품이다. 다음은 주요 공무원 학원의 프리패스 기간과 가격이다.

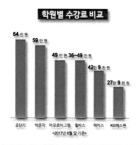

대한민국 No.1 공무원 강사평가 플랫폼 별별선생

학원별 수강료 비교

자, 일단 이게 학원별 **1년 프리패스 수강료**야.
공단기가 가장 비싸고 KG패스원이 가장 저렴하지.
하지만 가격만 보고 선택하면 안 돼.

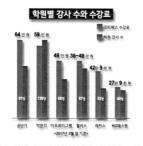

대한민국 No.1 공무원 강사평가 플랫폼 별별선생

학원별 강사 수와 수강료

가격도 중요하지만
프리패스는 원하는 선생님 과목 다 듣는 거니까
선생님이 총 몇 명이 있는지도 알아야 해!

학원	프리패스 종류	프리패스 종류
공단기	12개월 프리패스 (121만 원)	12개월/선택한 5과목 과목당 1명/ 그 외 부가 서비스 제공/환급 ×
	16개월 프리패스 (169만 원)	16개월/모든 강사 무제한 선택 가능/그 외 부가 서비스 제공/환급 ×
	평생 0원 프리패스 (267만 원)	기본 12개월, 무료 서비스로 합격할 때까지 무제한 수강 가능/모든 강사 무제한 선택 가능/교재비 12만 원 캐시 지급/그 외 부가 서비스 제공/합격 시 환급 ○
남부고시	9급 6개월 올패스 (49만 원)	6개월/전 과목 무제한 수강/그 외 부가 서비스 제공/환급 ×
	9급 실속형 올패스 (59만 원)	12개월/전 과목 무제한 수강/그 외 부가 서비스 제공/환급 ×
	9급 올패스 (69만 원)	12개월/전과목 무제한 수강/그 외 부가서비스 제공/합격 시 환급○
	7급 6개월 올패스 (59만 원)	6개월/전 과목 무제한 수강/그 외 부가 서비스 제공/환급 ×
	7급 실속형 프리패스 (69만 원)	12개월/전 과목 무제한 수강/그 외 부가 서비스 제공/환급 ×
	7급 올패스 (79만 원)	12개월/전 과목 무제한 수강/그 외 부가 서비스 제공/합격 시 환급 ○
	T-pass (20~50만 원)	강사의 1명의 모든 강좌 수강 가능/강사에 따라 기간, 금액이 다름
	Big3 Big5 (30만 원) (40만 원)	모든 강좌 중 3개(5개)를 자유롭게 선택해서 무제한 수강
윌비스	T-PASS (29~69만 원)	원하는 강사 전체 커리큘럼 모두 수강 가능/강사마다 금액, 수강 기간 다름/환급 ×

※ 2019년 7월 기준. 가격 및 서비스 구성은 학원 사정에 따라 변할 수 있음.

프리패스를 구입할까요, 단과 강의를 구입할까요?

대부분의 수험생들이 공부를 시작할 때 전 과목 기본 개념 강의를 한 번 돌리게 되는데, 이를 단과로 듣는다면 수업 하나당 가격이 대략 15~20만 원대이기 때문에 9급 기준으로 5과목이면 최소한 80~100만 원의 비용이 들게 된다. 따라서 개별로 단과를 듣는 것과 프리패스의 가격은 크게 차이가 없다. 하지만, 단과로 강의를 들은 후에 강사가 마음에 들지 않아 다른 강사로 바꾸려 한다면 별도로 15~20만 원의 비용이 다시 발생할 수 있기 때문에 프리패스를 선택한다면 그러한 경제적 부담에서 벗어날 수 있다는 장점이 있다.

하지만, 프리패스는 한 학원 내에서 강사를 고르는 것이기 때문에 과목마다 각기 다른 학원에 소속된 강사의 수업을 듣고 싶을 때엔 조금 곤란하다. 개인적인 경험을 말하자면, 이 글을 쓰고 있는 집필진은 개별적으로 단과 강의를 구매해 과목마다 다른 학원에 소속된 강사의 수업을 듣고 공무원 시험에 합격했었다. 물론 돈은 많이 깨졌지만, 당시에는 돈보다는 짧은 시간 안에 합격하는 게 더 중요하다 생각했기에 과감히 투자했다. 물론 프리패스를 구입하여 한 학원 내에서 모든 강의를 해결해 합격하는 사람들도 많다. 정답은 없다. 각자의 선택에 달려 있다.

따로 단과로 들을 만한 선생님은 누가 있을까요?

프리패스를 구매하는 것이 장기적으로 저렴하고, 일부 강의는 단과가 좋다는 것은 알겠는데, 어떤 선생님이 거금 20만 원을 주고 따로 구매할 만큼 좋은 선생님일까? 궁금해할 줄 알고 '별별선생'에서 이미 수험생들을 위해 알아보았다.

3. 커리큘럼의 종류

입문 강의 ▶ 기본+심화 강의 ▶ 압축 회독 강의 ▶ 단원별 기출문제 풀이 강의
▶ 진도별 모의고사 강의 ▶ 동형 모의고사 강의 ▶ 파이널 요약 강의

1) 입문 강의(이론 입문)

'입문 강의'란 대개 종합반에서 처음 1~2개월 동안 공시 준비에 갓
발을 들인 초시생들을 대상으로 진행되는 수업인 경우가 많다. 전체
시간은 인강 기준으로 '기본+심화' 강좌 수의 60% 정도로 이뤄져 있
다. 공무원 시험 공부가 대략적으로 어떤 것인지 파악하려 한다거나
시험 삼아 공부해 보려고 할 때에는 도움이 될 수 있다. 하지만, 본격
적으로 공무원 시험을 시작했다면 입문 강의는 그리 좋은 선택이 되
지 못한다. '기본+심화 강의'에서도 기초부터 다 설명해 주는데 굳이
입문 강의를 듣고 심화 강의를 또 들을 필요가 없기 때문이다. 까딱했
다간 시간 낭비가 될 수도 있다.

2) 기본+심화 강의(All in One 강의)

그렇기에 공무원 시험을 본격적으로 준비하고자 한다면 곧바로 '기
본+심화 강의'부터 시작할 것을 추천한다. 모 학원의 경우 '기본+심화

강의'를 '올인원(All in One) 강의'라고도 표현하는데, 말 그대로 모든 것을 한 강의에 담았다는 말이다. 생기초부터 심화 내용까지 전부 커버하는 강의로 공무원 공부에 있어서 가장 중요한 수업이라 할 수 있으며, 차후에 문제 풀이와 관련한 수업은 별도로 듣더라도 '이론'에 관해서만큼은 솔직히 이러한 '기본+심화 수업' 하나만 들어도 충분하다고 본다.

3) 압축 회독 강의

압축 회독 강의란, 말 그대로 방대한 '기본+심화 강의'를 약 50% 정도로 줄여서 핵심 내용 위주로 수업하는 강의를 말한다.

간혹 시간이 없는 수험생들이 '기본+심화 강의'를 건너뛰고 압축 회독 강의를 들으려 하는 경향이 있는데, 만약 베이스가 어느 정도 잡혀 있다면 이것도 좋은 방법이다. 다만 해당 과목에 관하여 사전 지식이 거의 없는 학생들이 이런 수업을 무작정 들었다가는 피를 볼 수 있으므로 자신의 현재 역량에 맞게 선택하는 것이 현명하다.

평소 우리 집필진들은 "기본 강의를 1번만 들어야 하나요, 2번 듣나요?"라는 질문을 많이 들어보았다. 기본 강의는 1번 만에 끝낼 수 있다면 1번 만에 끝내는 것이 좋다. 왜냐하면 혼자서 회독을 반복하면서 자신의 것으로 만드는 것이 가만히 앉아 수동적으로 강의를 듣는 것보다 공부 측면에 있어서 훨씬 효과적이기 때문이다.

하지만, 사람에 따라 기초 베이스가 너무 부족한 경우, 혹은 이해가 느린 경우 등 기본 강의를 1번만 듣는 것만으로는 추후에 혼자서 공부하는 것이 힘들 수도 있다. 이럴 경우 만약 기본 개념 강의를 한 번 더 다시 듣는 것이 필요하겠다 싶으면, 들었던 '기본+심화 강의'를 한 번 더 듣기보다는 압축 회독 강의를 듣는 것이 더 효과적이다(단, 이 때 강사는 변경하지 않는 것이 좋다).

4) 단원별 기출문제 풀이 강의

기출문제 풀이 강의는 단원별로 구성되어 있는 것이 대부분이다. 한국사라면 선사 시대부터 현대사까지, 영문법이라면 문장의 구조 및 형식부터 도치 구문까지 단원별로 기출문제를 분류하여 문제 풀이를 진행한다. 대부분 8~10년간의 기출문제를 바탕으로 중요한 문제, 어려운 문제를 위주로 풀이를 해 주며 문제 접근법과 그 문제에 적용되는 이론 내용을 다시 한 번 강의한다. 그래서 어찌 보면, '이론+문제'가 모두 있는 유용한 강의라고도 볼 수 있다.

그러나 문제 풀이 강의에는 치명적인 단점이 있다. 집중력이 떨어진다는 것이다. 대개 문제 풀이 강의의 교재에는 '똑같은 내용을 묻고 있는 수많은 문제들'이 있다. 시간적 제약이 있기 때문에 이 문제들을 강사들이 당연히 전부 다 풀어 주는 것은 아니다. (물론 다 풀어 주는 강사들도 있다. 강의 수는 많겠지만.) 문제는 학습자의 수강 태도다. 강사가 처음 풀어 주는 문제는 집중해서 보는 경향이 있지만 그 뒤에 똑같은 개념을 묻는 문제를 강사가 풀이할 때는 집중해서 듣지 않고 대충 흘려

버리는 경우가 많다. 그렇게 되면 어느새 강의를 듣는 자세가 흐트러지게 되고 딴짓을 하게 될 수도 있다. 그리고 대개는 문제 바로 밑에 해설과 정답이 표시되어 있기 때문에 강사의 풀이를 듣기도 전에 자기가 먼저 해설을 읽고 답을 봐서 강사의 풀이를 넘겨 버리기도 한다.

경제학이나 회계학 등 문제 풀이 강의가 반드시 필요한 과목이 있지만(혹시 세무직이나 회계직, 감사직 등 회계학을 공부해야 하는 사람이 있다면, 회계학은 압도적으로 개념 강의보다도 문제 풀이 강의가 중요하다고 말해 주고 싶다), 문제 풀이 자체가 중요한 과목이 아니라면, 예컨대 한국사처럼 그냥 단순히 해당 지식을 '알면 맞히고 모르면 틀리는' 과목이라면 굳이 기출 문풀 강의를 '반드시' 들을 필요까지는 없다고 생각한다. 하지만 강사에 따라 기본 이론 내용을 쪼개서 이론 강의에서 다 다루지 않고 기출 문풀 수업에서 다루는 등의 수업 스타일을 보여 줄 수도 있으므로 강사 스타일도 고려해야 할 것이다.

5) 진도별 모의고사 강의

강사가 직접 단원별로 20문제를 뽑아 모의고사 형태로 만들어 해설하는 강의이다. 한 파트, 한 파트 자세하고 깊게 학습할 수 있다는 장점이 있다.

하지만 반대로 생각해 보면, 중복되는 문제와 선택지 없이 오로지 한 파트 안에서 20문제를 출제하기가 쉽지가 않다. 그렇기 때문에 진도별 모의고사는 대개 실제 출제되는 시험보다 지엽적인 내용이 많이 나오는 특징이 있다.

따라서 진도별 모의고사를 풀면 모르는 부분이 당연히 많을 수밖에 없는데, 많은 수험생들이 자신이 몰랐던 내용을 접하면 멘붕을 경험하고 그 모든 지엽적인 내용들을 다 외워야 할 것 같은 불안감에 빠진다. 기본서와 기출문제로 방향을 잘 잡는 것이 중요하다.

6) 동형 모의고사 강의

동형(同形). 즉, 실제 시험지와 같은 형태라는 뜻이다. 실제 시험지처럼 구성되어 실전 연습용으로 상당히 도움이 된다. 또한 전 단원에서 문제가 골고루 나오기 때문에 진도별 모의고사보다는 지엽적인 내용이 적은 편이다.

동형 모의고사는 해설지가 따로 제공되거나 교재로 판매되는 경우 강의는 듣지 않고 문제만 풀고 넘어가는 사람들도 많다. 하지만 책으로 판매되지 않고 강의를 구매해야만 그 안에서 PDF 파일로 시험지가 제공되는 경우도 빈번하며, 해설지와 정답지 또한 일부만 제공되는 경우가 더러 있는데 이러한 경우에는 강의를 들을 수밖에 없다.

정식 교재로 출간되는 모의고사라면 굳이 강의를 듣지 않고 혼자 공부해도 상관없다.

7) 파이널 요약 강의

파이널 강의는 보통 시험 직전에 개강된다. 전 범위의 내용을 아주 간략하게 설명하거나 아니면 중요한 파트만 집어서 수업을 하는 등 강사 스타일에 따라 구성이 다르다. 강의 수가 매우 적고, 강의료 또한 저렴하기 때문에 부족한 1~2개의 과목에서 파이널 강의의 도움을 받는 것도 나쁘지는 않을 것 같다. 그러나 파이널 강의를 전 과목 전부 듣는 것은 시험 직전에 혼자 공부할 시간을 너무 빼앗기는 방법이므로 권하지 않는다(공무원 시험은 막판 정리가 제일 중요하다!).

8) 무료 테마 강의

강사들이 특정 테마를 집어 (대개 무료로) 짧은 시간에 정리를 해 주는 강의이다. '무장 독립 전쟁사 특강', '헌법소송 특강'과 같은 식이다. 대개 10강 이내로 매우 짧게 구성되어 있기 때문에 잘 활용하면 적은 시간 투입으로도 수험생 본인의 약점을 극복할 수 있다. 실강의 경우 대개 추석이나 설날과 같은 연휴 때에 개강하는 편이다.

Tip. 강의는 어떻게 고르면 될까요?

별별선생 집필진들의 의견을 취합해서 나에게 맞는 강의를 고르는 방법을 다음과 같이 정리해 보았다.

먼저, 1타 강사를 위주로 하되 강사 선택의 범위를 Top 5 이내로 한정한다. Top 5 이내의 강사들이 되어야 공무원 커뮤니티에 검색을 했을 때 게시글의 수가 많고, 강사 홈페이지가 활발히 운영되어 오탈자 및 최신 내용 개정, 질문·답변이 활발하기 때문이었다. Top 5의 강사를 고르는 것은 어렵지 않다. '별별선생'의 강사 리뷰에서 리뷰가 많은 순으로 고르거나 각 학원별 1~2명씩 고르면 된다.

그러고 나서 나에게 과목별로 취약한 영역을 어느 정도 추린 후 우선순위를 만들어 본다. 학창시절 나의 국어, 영어, 한국사, 사회 실력을 떠올려 보고, 공무원 기출문제를 한 번 풀어 봐서 과목별로 취약한 부분, 강의의 도움이 특히 절실한 부분을 고른다.

Top5 강사와 취약 부분에 대한 우선순위를 정했다면, 공무원 커뮤니티에 검색해 보자.

예를 들어, 자신의 국어 취약 부분 1순위가 한자라면 '이ㅇ재 한자'라고 검색해 보고 검색 결과에서 이 강사의 한자 강의가 좋은지 여부를 판단해 보는 것이다.

또, 각 강사별로 자신의 취약한 부분에 얼마나 비중을 할애하고 있는지 비교해 보는 것도 방법이다. 인강 사이트에서 강의를 보면 각 회차마다 강의 제목들이 나와 있다. 예를 들어, 국어의 비문학에 취약해 비문학의 비중이 높은 강의를 듣고 싶다면 Top 5 강사별로 '기본+심화 강의'의 100여 개의 회차 목록에서 제목이 비문학인 회차의 개수가 몇 개나 되는지 찾아보는 것이다.

별별선생이 추천하는 "나는 이 강의 좋았다!"
- 일반행정직 편

1) 국어

(1) 이○재 압축 마무리 강의

강좌 수가 40~45강밖에 되지 않는데도 불구하고 대부분의 포인트들을 잘 짚어 준다. 특히, 마무리 교재인데도 불구하고 교재의 질이 상당히 좋고 방대한 기본서를 보기 힘들 때 이 마무리 교재로 회독을 해도 좋을 만큼 질이 좋다. 또, 이 마무리 강의를 기본 강의 삼아 '기본+심화 강의'를 건너뛰고 바로 이것을 듣는 사람들도 많다.

(2) 김○태 한자 완성 특강

'별별선생'의 리뷰에서 이 강사의 한자 강의 추천도가 가장 높았다. 파자를 통한 부수 학습으로 한자를 본질적으로 가르쳐 준다는 평가를 받고 있다. 한자 문제가 최소 3개 이상 출제되고 있으므로 한자에 대한 대비를 철저히 해야 하기 때문에 고려해 볼 만한 강의이다.

(3) 고○원 서브노트 특강 / 공식노트 특강 / 아침 특강

압축 강의와 유사한 형태이며, 수험생들이 특히 어려워하는 표준어, 외래어, 고유어 등을 잘 정리해 주는 강의이다. 이외에도 세부 테마별로 강의가 분할되어 있어 수험생들이 쉽게 자신의 상황에 맞는 강의를 고를 수 있는 것 또한 장점이다. 특히 시중에 거의 없는 고유어·속담 강좌도 진행 중이다.

2) 영어

(1) 이○기 기출문제 풀이 강의

어휘 부분에서의 매우 꼼꼼한 정리로 유명하다. 지겨울 정도로 복습을 해 주고, 한 단어의 동의어, 반의어, 관련어 등을 기출 단어와 예상 단어로 총망라해서 정리해 준다. 강의를 열심히 듣는 것만으로도 어휘 학습에 큰 도움이 된다.

(2) 한○현 아작내기 특강 / 모의고사 강의

파이널 강좌이며, 어휘, 문법, 생활 영어 부분에서 나올 수 있는 것들, 중요한 내용들을 재점검해주는 강좌이다. 강의 수가 적은 데 반해 다루어 주는 내용들이 많고 막판에 정리용으로 상당히 좋다고 알려져 있다. 또 제공해주는 어휘 자료의 질이 상당히 좋다. 강의에서 기출문제를 언급하여 기출 논점과 모의고사 문제의 논점을 비교·대조해주는 것이 인상적이다.

(3) 손○숙 grammar 40point 문법 강의

가격이 저렴하고 짧은 시간에 영문법을 한번에 끝내 주는 장점이 있다. 깊고 자세한 수업은 아니지만 핵심을 짚어 주는 간결한 수업이 특징이다. 기출 문장으로 연습을 많이 해 볼 수 있다는 것이 장점이다.

3) 한국사

(1) 전○길 필기 노트 강의

이 강사의 대표 교재인 필기 노트를 가지고 짧은 시간에 이론을 정리해 주는 강의이다. 강의는 두 종류인데 하나는 약 10강, 다른 하나는 약 30강이다. 강좌 수에 따라 압축도가 다르며 30강짜리 강의는 2달에 한 번씩 무료로 제공하므로 무료가 되는 달에 맞추어 수강하면 된다. 필기 노트의 품질 자체가 매우 좋기 때문에 그에 곁들여 강의를 듣는다면 한국사를 짧은 시간에 정리할 수 있을 것이다.

(2) 신○식 항일 무장투쟁사 강의

무료 특강으로 제공되는데 보통 한국사에서 무장투쟁사 부분이 혼자서 정리하기 상당히 힘들기 때문에, 이 강사의 커리큘럼을 타지 않는 학생이라도 한 번쯤은 들어보는 것을 추천한다. 강의 수도 3~4강밖에 안 되기 때문에 시간 부담도 없는 편이다.

(3) 고○훈 초스피드 개념편, 동형 모의고사

방대한 한국사의 양을 1,800분 정도로 줄여서 수업한다. 자잘한 배경 설명과 자세한 해설이 없기 때문에 공부가 어느 정도 된 수험생들에게 적합하다고 볼 수 있다. 자신이 민든 시브 노트로 수업하는데, 교재가 자세하지는 않지만 중요한 내용들 위주로 정리되어 있어 큰 흐름을 잡는 데에는 무리가 없다.

동형 모의고사의 경우, 문제의 질이 상당히 좋다. 지엽적인 부분보다 깊은 이해를 요구하는 문제가 많은 편이다.

(4) 김○수 이론·문제 강의

전통적으로 7급 수험생들에게 인기가 많은 강사이다. 아무리 7급 시험이 어렵게 출제되어도 이 강사의 강의와 교재로는 충분히 커버가 된다는 평이 많다. 보통 8월 말에 7급 시험이 있는데 7급 시험이 끝나면 많은 수험생들은 그해 시험에 나온 한국사 최고 난이도 문제(가장 지엽적인 문제)에 해당하는 내용이 도대체 누구 책에 있는가에 대해 토론하곤 한다. 이때 김○수 강사의 교재는 빠짐없이 항상 거론된다. 그만큼 자세하고 내용이 깊다는 말이다.

책 자체는 두껍지 않지만 줄글 형태가 아닌 도표와 요약 정리식 서술로 되어 있어 많은 내용이 집약적으로 담겨 있다. 책의 가독성 또한 상당히 좋은 편이다. 이론과 학술적 용어 정리를 잘해 주며, 이론 수업에서 문제 풀이도 같이 진행하기에 일석이조의 효과를 얻을 수 있는 장점이 있다.

4) 행정법

(1) 박○철 동형 모의고사 강의

세세한 부분을 잘 다루어 준다. 또한 자신이 출제한 문제와 관련되는 기출 문장도 함께 수업에서 다루어 주기 때문에 '내용 정리 + 문제 풀이 + 기출 정리'를 한 번에 할 수 있다. 그만큼 강의 수는 많은 편이다.

모의고사 해설지는 모든 문제에 대한 해설이 다 수록되어 있고 해설도 자세한 편이다. 또한, 모의고사 강의의 종류가 3종류나 되어 연습할 수 있는 문제들이 많다.

(2) 윤○혁 기출문제 풀이 강의

평소에도 '공무원 시험은 기본서와 기출 두 개만 볼 것', '기출문제집에 내용을 단권화할 것'을 강조하는 강사이다. 각 문제마다 해설이 풍부하게 수록되어 있고, 문제 풀이를 하면서 기본 이론 내용을 함께 다뤄 주는데, 기본 이론 강의에서는 챕터 순서대로 이론을 설명한다면 기출 문풀 강의에서는 각 챕터를 가로질러서 이론을 설명해 줌으로써 기본 이론에 대해 한층 더 깊이 이해할 수 있게 해 준다. 행정법에서 윤○혁 강사의 수업을 듣기로 결정했다면 기본 이론 강의를 듣고 기출 문풀 강의를 반드시 듣는 것을 추천한다.

5) 행정학

(1) 김○규 C, D급 모음 강좌

9급보다 7급에 더 적합하다는 평을 듣는 강사이다. 세세한 내용까지 잘 다루어 주기 때문에 9급 고득점용, 7급용이라는 말이 붙은 것으로 보인다. C, D급이란 출제 빈도가 낮거나 난이도가 높고 세세한 부분을 의미하는데, 만점 가깝이 받고 싶고 행정학을 전략 과목으로 삼고 싶다면 이 강의를 들어 공부 범위를 넓히는 것이 좋다.

6) 사회

(1) 민○호 기출문제 풀이 강의

리뷰나 수강생 평을 살펴보면 이 강사의 기출문제집의 질이 매우 좋다는 것을 알 수 있다. 해설이 매우 꼼꼼하고 자세한 것으로 알려져 있다. 이론 정리와 기출문제 풀이가 함께 진행되며, 또한 공무원 사회보다 수능 사회의 난이도가 높아 심화 학습으로 수능 문제를 공부하는 사람들도 있는데 기출문제집에 수능 문제가 수록되어 있어 문제 풀이를 연습하기에 좋다.

7) 헌법

⑴ 윤○혁 기출문제 풀이 강의

행정법보다 헌법에서 유독 명성이 두드러지는 강사로, 행정법과 마찬가지로 기출 풀이 강의에 특화되어 있다. 헌법 수험생 중 많은 사람들이 이 강사의 강의를 택하고 있으며, 특히 2017년 5급 공채에 헌법이 처음 추가되면서 5급 수험생 중 상당수가 이 강사의 헌법 강의를 선택한 것으로 알려져 있다.

⑵ 황○기 족보+기출문제 풀이 강의, 파이널 강의

이 강사의 메인 강의이다. 족보는 요약 교재이지만 웬만한 기본서의 내용을 거의 다 담고 있다. 이론 정리와 문제 풀이를 함께 할 수 있다는 장점이 있다. 다만 공부 수준이 매우 높은 학생들을 대상으로 하기 때문에 자신 스스로 내용 정리가 충분히 되지 않았다면 강의를 듣는 것이 힘들 수 있다. 공부가 어느 정도 되었을 때 듣는 것을 권한다. 군더더기 없이 핵심만 짚어서 수업을 하는 스타일이다.

파이널 최종 정리 강의는 시험 1개월 전에 헷갈리는 부분 위주로 진행된다. 특히 통치 구조 부분이 주가 되어 막판에 정리하기에 좋다. 다만 파이널 강의도 헌법 공부가 덜 되었다면 듣지 않는 것을 추천한다.

8) 경제학

(1) 함○백 동형 모의고사 강의

시중 유명 강사 중 모의고사의 질이 가장 좋았고 해설 또한 매우 자세했다. 특히 문제 풀이를 할 때 반드시 그 문제에 해당하는 이론정리를 하고 시작하여 개념 리마인드를 하기 좋은 강의이다.

자신이 개발한 문제 풀이 스킬을 적용해서 문제를 풀어 주기 때문에 이 강사의 기본 강의를 듣지 않고 모의고사 강의를 듣는다면 따라가기 힘들 수 있다. 하지만 해설이 워낙 자세하고 문제 질이 좋아 듣는 것을 추천한다.

Tip.
고등학교 때 공부를 안 해서 베이스가 거의 없어요. 제 수준에 맞는 강사와 공부법은 무엇인가요?

먼저 강사에 대해 설명하자면, 그러한 수험생들을 위해 '별별선생'에서 이미 다 조사해 놓았다. 카드 뉴스를 참조해서 강사를 선택해 보자.

다음은 가장 궁금해할 공부법이다. 공통과목에 대한 베이스가 가장 중요하다고 생각할 것이다. 결론부터 말하자면, 국어와 한국사에 대해서는 크게 걱정하지 않아도 된다. 국어의 가장 중요한 부분인 국어 문법의 경우 20대 중반 이후의 수험생은 국어 문법을 고교 시절 거의 공부하지 않았기 때문에 대부분이 국어 문법에 대한 베이스가 없으므로 걱정하지 않아도 된다. 한국사의 경우 대부분의 공시생들이 수능에서 한국사 필수 선택 이전 세대이기 때문에 한국사를 잘 모르는 사람들이 매우 많다. 하지만 영어는 얘기가 매우 다르다. 다음의 영어 학습법에서 자세히 설명하겠지만 본격적으로 공무원 공부를 하기 전에 시간이 있다면 중학교 과정의 어휘와 고교 과정의 수능 어휘를 마스터하는 것이 좋다. 두 번째로, 영어 문장 해석 능력을 키울 필요가 있는데 구문 독해 강의를 통해 강사들의 문장 해석 방법과 스킬을 미리부터 습득할 필요가 있다.

보통은 이렇게 알고 있다

해가 바뀐다고 해서 책의 내용이 크게 달라지는 것이 아니다.
내용이 거의 대동소이하기 때문에 굳이 비싼 돈 주고 새 교재를 살 필요 없다.
중고 교재가 있다면 중고 교재를 구매해서 공부하는 것이 좋다.

이런 말은 해 주지 않는다

중고 교재를 사면 안 되는 과목들두 많다.
국어 문법의 개정, 법령 개정 및 최신 판례와 같은 영역들이
바로 다음 시험에 출제되기 때문이다.
하지만 중고 교재를 사도 되는 경우도 있다.
아니 오히려 중고 교재가 더 좋은 경우도 있다.

Part 4
교재 선택

1. 교재의 종류와 특징

기본서(4~5만 원)

기본서는 필수 강의인 '기본+심화 강의'에 맞추어 제작된 교재이기 때문에 강의를 듣기 위해서 반드시 구매해야 한다. 또한 강의를 듣지 않고 독학을 한다 하더라도 기본적인 내용을 습득해야 하므로 당연히 구비해야 할 책이다.

기출문제집(3~4만 원)

기출문제집 또한 반드시 구비해야 하는 필수 교재이다.

▶ 단원별 기출문제집
대부분의 기출문제집이 이 형태를 취한다. 한국사의 경우 선사시대부터 현대사까지 단원별로 기출문제를 재구성하여 편집해 놓는다. 이 경우 대부분 해설을 문제 바로 밑에 하나하나 수록해 놓았다.

▶ 시행처별·연도별 기출문제집
국가직, 지방직, 서울시 등 시험 주관 기관에 따라 시험을 분류해 놓은 것을 말한다. 보통 '시행처별'은 연도별로 구성되어 있다. '2019년 국가직 9급', '2019년 지방직 7급' 이런 식이다. 시행처별·연도별 기출의 경우 해설이 문제 바로 밑에 있기보다는 해설지를 따로 분권해 놓은 경우가 많다. 실제 시험과 똑같은 형태로 전 단원 20문제씩 수록되어 있기 때문에 시간을 재고 기출문제를 풀어볼 때 편리하다.

그 외의 교재들

▶ 압축 회독 교재(2만 원) 및 필기 노트(1~2만 원)

압축 회독 교재는 보통 강사들이 압축 회독 강의, 파이널 강의, 기출문제 풀이 강의에 활용하기 위해서 제작한다. 기본서의 내용을 다 담고 있지만 설명이 일부 빠져 있고 예시, 예문들이 적게 수록되어 있다. 페이지는 기본서의 절반 수준이거나 그 이하다.

필기 노트는 공무원 수험 시장에서 엄청난 히트를 친 교재 형태라고 할 수 있다. 대부분의 강사들이 자신의 필기 노트 교재를 제작하며, 학생들도 빠른 회독을 할 때 이 교재를 활용한다. 필기 노트를 이용하는 수업도 많고, 활용 방법에 따라 필기 노트만으로도 어느 정도 점수를 확보하는 사람들도 많다.

▶ 모의고사(PDF 파일 or 교재의 경우 1~2만 원)

상당수의 모의고사들이 교재로 출판되기보다는 강사들이 PDF 파일로 업로드하는 편이다. 그렇기 때문에 강의를 결제하지 않으면 시중에서 구하기가 힘든 경우가 있다. 하지만 자신이 프리패스를 구매했다면 PDF 파일 모의고사를 무한정 구해서 풀어볼 수 있는 장점이 있다.

위에서 언급했다시피 진도별 모의고사보다는 동형 모의고사를 더 추천한다.

영어 어휘집 추천해 주세요!

보통 공시생들은 『보카 바이블』이라고 불리는 노란색 책을 가장 많이 본다.

그 외에도 강사들이 출판한 어휘집, 생활 영어집 등으로 공부하는 수험생들도 많다.

어휘에 대한 이야기는 '과목별 세부 공부법'의 영어 부분에서 자세히 설명해 놓았으니 참고하자.

2. 교재 구성 방법

필수 교재 = 기본서 + 기출문제집

1) 필수 교재

기본서와 기출문제집은 반드시 구비해야 한다. 기본서의 경우 모든 기본 개념들이 담겨 있기 때문에 당연히 필요한 것이고, 기출문제집은 공부 방향을 잡는 기본 도구이다. 공무원 시험은 과거에 나왔던 문제들이 70% 이상 반복되어 출제되므로, 기출문제집만 열심히 봐도 기본 베이스는 만들 수 있다.

2) 선택 교재

기본서와 기출문제집 외에도 시중에는 압축 회독 교재 및 필기 노트, 모의고사, 마무리 교재 등 많은 교재들이 있다. 이 교재들은 절대 다 살 필요가 없다. 교재가 많아진다면 내용 단권화가 어려워질뿐더러, 책만 구매해 놓고 제대로 다 보지도 못하는 경우가 생길 수도 있다. 웬만하면 해당 교재를 사용하는 강의를 들을 때에만 구매하는 것이 좋다.

다만, 한국사의 경우 워낙 내용이 방대하므로 필기 노트와 같은 요약서를 잘 활용하는 것도 좋은 방법이다.

3) 과목별 추천 교재

이 항목의 추천 교재보다는 항상 자신이 고른 강사의 교재가 최우선이다. 아무리 좋은 기본서라 해도 강사와 교재가 다르게 되면 강의를 듣는 것이 매우 힘들기 때문이다.

여기서는 별별선생 집필진들이 공통적으로 입을 모아 칭찬한 교재들에 대해 언급하겠다. 교재들에 대한 더 많은 평가는 '별별선생' 홈페이지를 참조하길 바란다.

별별선생이 추천하는 "나는 이 교재 좋았다!"
- 일반행정직 편

1. 기본서

1) 국어

(1) 이○재 국어

풍부한 설명과 많은 예시가 수록되어 심화 학습할 때 좋다. 또한 모두 컬러로 되어 있어 가독성 또한 뛰어난 편이다. 기출된 예문, 예시들이 많다는 것은 시험에 적중할 확률이 높다는 뜻이기도 하다.

2) 영어

(1) 이○기 영어

책의 양이 방대하여 예시 문장과 문제 해설이 풍부하고 어휘 자료 또한 많이 수록된 편이다. 방대한 기본서이기에 영어 베이스가 거의 없는 수험생에게도 좋고 영어 고수가 봐도 도움이 된다.

3) 한국사

(1) 강○성 기본서 세트

개념 내용을 도표화, 도식화를 잘해 놓았고, 특정 주제를 시대 순으로 재구성해 놓은 테마 섹션들이 곳곳에 있다.

(2) 신○식 기본서 세트

7급 수험생이나 9급 만점용으로 적절한 교재이다. 범위가 매우 넓고, 사료, 사진 자료 등이 풍부하다.

4) 행정법

(1) 박○철 기본서 세트

교재의 편집 구성이 다른 교재들보다 뛰어나다. 편집 상태가 좋아 단원 간의 구분, 내용의 큰 그림을 잡기에 좋다. 가독성 또한 뛰어난 편이다.

(2) 윤○혁 기본서 세트

도식화된 내용보다는 문장으로 쭉 서술된 책을 선호하는 사람에게 추천하는 기본서이다.

5) 행정학

(1) 김○규 기본서 세트

최근 행정학 경향에 따라 공부 범위를 넓힐 필요가 있는 상황을 고려해 지엽적인 것까지 다룬 교재다. 9급 만점용, 7급용으로 적절하다.

6) 헌법

(1) 황○기 기본서 세트

전통적으로 가장 좋은 평을 받아 왔던 교재이다. 교재의 편집 구성, 가독성, 내용의 풍부함 모두 겸비한 교재이다.

(2) 전○진 기본서 세트

헌법의 최신 경향이 지엽적이고 세세한 내용까지 출제되고 있는 상황에서, 이 교재는 지엽적이고 세세한 부분을 많이 추가해 놓았다.

7) 경제학

(1) 함○백 기본서 세트

기본 내용과 문제를 동시에 수록해 놓았고, 해설이 상당히 우수하다. 자신만의 풀이법을 적용한 해설과 일반적인 해설이 동시에 수록되어 있어서 강의를 듣지 않고 책만 구매해서 공부하는 수험생들도 공부할 수 있다.

2. 모의고사

1) 국어

(1) 이○재 모의고사

시중에 교재로 출판되어 있고, 국가직, 지방직, 7급용 3권으로 각각 판매한다. 연도별 기출문제를 왼쪽에 배치하고 오른쪽에 유사 기출문제를 배치해 놓았다. 예를 들어, 국가직 모의고사의 경우, 왼쪽에 2019년 국가직 9급 기출문제집이 인쇄되어 있고 오른쪽에 2019년 국가직 9급의 각 문제와 유사한 문제들이 수록되어 있는 식이다.

2) 영어

(1) 이○기 모의고사

국가직 대비와 지방직·서울시 대비 모의고사 두 종류가 있다. 독해 문제가 어려운 편이고 문법 문제의 경우 문장 속에 문법 요소를 숨겨

놓아 풀 때는 어렵지만 결국 포인트는 기본적인 내용이므로 문제 풀이를 연습하기 좋다. 어휘 문제는 너무 쉬운 단어는 나오지 않기 때문에 학습이 어느 정도 된 수험생들이 시작해야 할 것이다.

(2) 한○현 모의고사

과거 기출문제들과 유사한 문제로 구성된 모의고사이다. 실제 시험과 난이도, 형태가 유사하며, 실강의 경우 200명 이상이 강의를 들을 정도로 많은 사람들에게 인정을 받고 있다.

3) 한국사

(1) 신○식 모의고사

매우 어려운 문제로 구성되어 있어 7급 수험생이나 9급 고득점을 목표로 하는 수험생들이 풀기에 좋다. (누군가는 이 모의고사를 통해 겸손함을 배웠다고 말했다.)

(2) 고○훈 모의고사

9급 경찰용, 9급 심화용, 7급용으로 구분되어 있다. 지엽적인 문제보다는 기본적인 내용을 깊게 묻고, 그것을 제대로 학습했는지 묻는 문제들이 상당히 많다. 공부를 많이 한 수험생들이 기본적인 내용들보다 상대적으로 어렵고, 지엽적인 내용에 더 비중을 두는 경우가 많은

데 이 모의고사는 기본적인 내용도 중요하다는 것을 깨닫게 해 준다.

4) 행정법

(1) 박○철 모의고사

한국사의 고○훈 모의고사처럼 기본적이고 중요한 내용들을 기반으로 난이도를 극한까지 올린 문제들이라 생각한다. 문제를 풀 때는 어렵지만, 막상 해설을 보면 기본적이고 중요한 내용들인 경우가 많았다. 수업에서 모의고사와 관련된 기출 선택지를 같이 다루어 주기 때문에 강의와 병행하는 것도 추천한다.

5) 행정학

(1) 위○점 예상문제집

2017년 국가직 7급 행정학이 상당히 어렵게 출제되었다. 그러나 항간에 이 강사의 예상문제집을 보고 공부한 학생이 상당한 고득점을 얻었다는 소문이 퍼졌고 이 문제집의 존재가 알려지기 시작했다. 이 강사는 예전부터 공무원 행정학에서 명성을 떨쳐 왔던 강사이며, 좋은 문제를 많이 개발해 왔다고 한다.

6) 헌법

(1) 윤○혁 모의고사

기본적인 내용을 점검하기에 좋은 모의고사라 생각한다. 최근 헌법 과목이 점점 어렵고 지엽적으로 변화되는 경향을 보이고 있기 때문에 시중의 많은 헌법 모의고사가 기본서에서 배우지 않은 내용, 출제 빈도가 낮은 내용들을 끌어와서 난이도를 높이는 경향이 있는데 윤○혁 모의고사는 그러한 경향이 없는 편이어서 중요하면서 자주 나오는 문제를 점검하기에 정말 좋았다.

7) 경제학

(1) 함○백 모의고사

다른 강사의 모의고사들은 과도하게 난이도를 높인 경향이 있었는데 이 문제는 그렇지 않고 적절한 난이도를 유지하고 있었다. 공무원 시험에는 한 번도 출제되지 않았지만 다른 시험에 출제된 주제를 바탕으로 만들어진, 신유형의 참신한 문제들이 많다.

Tip. 새 책을 사야 하나요, 중고책을 사도 되나요?

① 반드시 새 책을 사야 하는 경우

개정이 자주 되거나 최신 내용의 업데이트가 빠른 과목들은 절대 중고 교재로 공부해서는 안된다. **국어**와 **행정법**, **행정학**, **헌법**, **사회**의 경우 최신 교재를 구매하길 바란다.

국어의 경우, 1년에 2번씩 국립국어연구원에서 한글 맞춤법, 표준어 개정 내용을 발표한다. 상당히 많은 양의 문법과 어휘가 개정되는데 대표적으로 2016년부로 표준어가 된 '이쁘다'가 있다(그 전까지는 '예쁘다'만 올바른 표기였다).

행정법의 경우 판례의 비중이 상당히 높은데, 최신 판례들이 과거의 책에는 수록되어 있지 않다. 또 2016년부터 행정소송법이 많이 개정되었는데 최신 교재에는 당연히 개정된 법률로 서술되어 있겠지만 그 직전 연도의 교재만 하더라도 그 내용이 빠져 있을 수밖에 없다.

행정학의 경우, 행정법과 마찬가지로 법률 개정의 이유로 새 교재가 필요하다. 정부조직법, 지방자치법규 부분 등에서의 내용이 자주 개정되며 특히 정권 자체가 바뀐다면 정부 조직이 크게 변하기 때문에 더더욱 새로운 교재를 사야 한다.

헌법의 경우, 중고 교재로 공부할 경우 합격은 불가능하다고 단언할 수 있다. 헌법은 행정법보다도 최신 판례가 훨씬 더 중요한데, 2015년 8월 26일에 치러진 시험에서 2015년 8월에 판결이 난 판례가 출제되기도 했다. 헌법의 경우는 절대적으로(!) 연도가 바뀔 때마다 항상 새로운 교재를 구비하는 것이 좋고 시험 직전에 최신 판례 특강을 찾아 듣는 것이 필요하다.

사회의 경우, 위의 과목만큼 최신 교재가 중요한 것은 아니지만, '법과 정치' 파트 때문에 최신 교재가 필요하다. 국회법 개정, 행정소송법 개정, 민법, 형법 개정 등에 따라 공부해야 하는 내용이 달라질 수 있기 때문이다.

② 중고 교재를 구매해도 되는 경우(+ 오히려 중고가 더 좋을 수도 있는 경우)

영어, 한국사, 경제학과 같은 과목은 1년 정도 지난 저렴한 중고 교재를 사도 상관없다. 내용 개정이 거의 없으며 학계의 최근 경향 등을 크게 반영하지 않기 때문이다. 따라서 중고 교재를 구매해도 상관없다. 한국사의 경우는 어쩌면 중고 교재가 더 좋을 수도 있다.

한국사 과목은 많은 사람들이 알고 있듯 '지엽적'이다. 기본서를 벗어나는 문제가 종종 출제된다. 그런데 올해 시험에 기본서의 내용을 벗어난 문제가 출제되면 다음 연도 기본서에는 그 내용이 추가되기 마련이다. 그렇게 한국사 기본서는 두꺼워진다. 하지만 너무 지엽적인 내용들이 많이 담겨 있으면 오히려 기본적인 내용을 놓칠 수 있다. 그래서 어떤 사람은 일부러 3년 정도 된 한국사 기본서로 공부하기도 한다.

그 외에도 교재가 좋은 선생님은 없을까요?

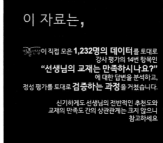

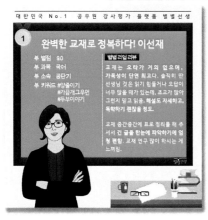

보통은 이렇게 알고 있다

노력은 배신하지 않는다.
우직하게, 단단하게 공부하는 것이야말로,
공무원 합격을 위한
가장 확실한 지름길이다.

이런 말은 해 주지 않는다

우직하게, 단단하게 공부하는 것이야말로,
공무원 합격을 위한 가장 확실한 지름길이다.
양으로 승부해야 할 때와 깊게 파고 들어가야 할 때가 명확하게 나뉜다.
양이 방대한 만큼, 우직함보다 중요한 것은 효율이다.
개인차가 있음은 당연하지만, 기본적으로 버릴 것은 버리고 가야 하며,
시험까지 남은 기간, 과목의 특성에 따라 상이한 공부법을 적용해야 한다.

Part 5
공무원 공부 마인드 확립 &
과목별 공부법

1. 공무원 공부 마인드 확립

1) 마인드 확립 및 전체적인 공부법

(1) 공무원 공부는 객관식이다 = 반은 먹고 들어가는 것이다

이 시험은 서술형 시험이 아니다. 눈앞에는 문제와 선택지가 있다. 문제와 선택지를 보고 '틀린 그림 찾기'를 잘하면 되는 시험이며 단순한 ○×판단만 할 줄 알면 되지 내용 하나하나를 완벽하게 알 필요는 없다.

지문을 눈에 익숙하게 만드는 것이 중요하다. 소위 '눈에 바른다'라고 표현한다. 많은 문제들이 기본서에 있는 내용과 기출문제집에 있는 선택지에서 살짝만 바꾼 형태이기 때문에, 선택지나 기본서 내용을 '눈에 발라서' 익숙하게 만드는 것이 무엇보다 중요하다. 문제와 선택지, 그 자체가 엄청난 힌트이다.

(2) 회독 주기를 짧게 하기 = 대충 & 여러 번 보기

공무원 시험에서 중요한 건 '짧은 주기로 여러 번 보기'이다.

기출문제집이든 기본서든 학습의 주기를 짧게 해야 한다. '한 페이지를 보는 시간이 5분을 넘기면 안 된다'라는 말이 있다.

합격을 하고 우리도 각자 스스로가 공부한 과정을 돌이켜보면 이 말이 정말 맞는 말인 것 같다. 한 페이지가 이해가 완벽히 되지 않아도 그냥 넘어가고 다음 회독 시 다시 보는 것이 더 낫다. 한 페이지를

15분 동안 보는 것과 한 페이지를 5분씩 3번 보는 것은 시간은 같지만 후사가 압도적으로 효율적이다. 15분씩이나 보았지만 결국 '한 번'만 본 것이고 한 번에 5분밖에 안 봤지만 결국 '세 번'이나 본 것이기 때문이다. 회독을 하는 주기가 짧다면 계속해서 기억에 남을 수 있지만 주기가 길다면 기억을 잃을 수 있다.

(3) 범위를 넓히지 말자

군이 100점을 받을 필요는 없다. '합격선+5점'에 최적화된 공부를 해야 한다. 강사가 군이 설명하지 않은 내용은 시험에도 나오지 않으며, 공부할 필요도 없다. 가끔 강사가 설명하지 않은 내용이 출제되기도 하지만 어차피 그런 문제는 모두가 다 모르는 내용일 것이다. 찍어서 맞히면 운 좋은 것이고, 틀린다고 해도 그것 한 문제 틀렸다고 합격에 지장이 있는 것이 아니다(그런 내용을 틀려서 합격을 못하는 게 아니라 대개는 당연히 맞혀야 할 문제들을 맞히지 못해 시험에 떨어진다).

기출문제로 공부의 방향을 세우는 것이 중요하다. 기출문제집을 활용해서 어떤 부분이 자주 나오고 어떤 부분은 출제되지 않는지를 파악하여 기본서의 방대한 내용들 경중을 따지고 불필요한 호기심을 없애 버려야 한다.

(4) 공부가 장기화되고 회독 수가 늘수록 제목이 중요하다

5회독이 넘어가면 이제 대부분의 내용을 알게 되고 웬만한 기출문제는 쉽게 풀리게 된다. 그럴 때일수록 제목을 간과하면 안 된다. 다 회독이 될수록 '나무'에 집중해서 깊이 뿌리까지 파고 들려는 버릇이 생기게 마련이다. 하지만, 뿌리까지 파더라도 절대로 제목을 잃어서는 안 된다. 큰 줄기, 즉 지금 어느 부분이고 이 내용이 어디와 연결된다는 것을 절대로 간과해선 안 된다.

기본서를 회독할 때 항상 대제목과 소제목을 반드시 읽고 본 내용으로 들어가기 바란다. '숲'을 기억한 상태에서 '나무'를 보아야 하는 것이다. 아무 생각 없이 공부하게 되면 자세하고 구체적인 내용만 머리에 남고 이것이 무엇에 관한 내용이고 무엇과 연결되는지를 망각하게 된다.

(5) 키워드화

앞의 (4)번 항목과 관련되는 공부법이다. 공부할 때 키워드를 제목 옆에 적어 두는 습관을 들여놓으면 좋다. 제목 옆에 가장 중요한 내용을 키워드화해서 적어 두게 되면 그 단원에 대한 공부를 시작할 때 자신이 적어 둔 키워드를 먼저 보게 될 텐데, 그것만으로도 머릿속에서 중요한 내용을 환기시킬 수 있기 때문이다. 예를 들어 행정법의 이행강제금 부분에는 제목 옆에 '상속 불가'를 적어 두는 식으로 중요한 키워드나 핵심 내용, 내가 헷갈리는 것들을 짧게 적어두면 된다.

(6) 기본서 vs. 기출문제

많은 공무원 수험생들이 기출문제만 열심히 보고 모르는 것만 기본서를 찾아보면 된다고 얘기한다. 하지만 우리의 의견은 조금 다르다. 물론 기본서 위주의 공부와 기출 위주의 공부 둘 다 좋은 공부법이고 기출 위주로 합격한 사람들도 많다. 어디까지나 우리의 의견이기 때문에 참고만 하길 바란다.

현재의 공무원 시험에는 고학력의 사람들도 많이 유입되고 있고 5

년 전과는 비교도 안 될 정도의 난이도로 출제되고 있다. 사람들의 수험 진화(?) 속도가 매우 빠르기 때문에 기출문제의 재탕만으로는 변별력을 확보하기가 쉽지 않은 것이 현실이다. 2016년 국가직 9급이 그렇게 어려웠는데도 불구하고 여전히 커트라인은 높았던 것을 보면, 사람들의 실력이 매우 좋아졌다는 것을 알 수 있다. 따라서 이진과는 새로운 형태의 문제 유형과 고난이도 문제에 대비하기 위해서는 기본서 회독을 통한 탄탄한 내용 학습이 필요하다.

독자들 중에서도 '쉬림프 사태'에 대해서는 들어본 사람들이 많을 것이다. 2016년 국가직 9급에 출제된, 새우를 뜻하는 외래어 '쉬림프'는 틀린 표기이다. '슈림프'가 맞는 표현이다. '쉬림프'는 2016년까지 단 한 번도 출제된 적이 없는 단어였다. 하지만, 사실 '쉬림프'가 틀리고 '슈림프'가 맞는 표현이라는 것은 기본서를 꼼꼼히 공부한 사람이라면 1초만에 풀 수 있는 문제였다. 외래어 표기법에서 'sh'의 한글 표기는 다섯 가지만 가능하고 '쉬'는 어떠한 경우에도 안 된다는 것은 기본 중의 기본이다. 기출에만 집중하고 기본서 공부를 제대로 하지 않으면 이런 쉬운 문제를 놓칠 수 있는 것이다.

또 기출문제만으로 학습하면 자기도 모르게 뼈대(?)가 사라지는 느낌을 받을 수 있다. '문제는 풀리는데, 정확하게 알고 푸는 것 같지는 않다'는 느낌이 드는 것이다. 우리 집필진 중 한 사람도 2주 정도 기본서를 아예 보지 않고 기출문제만 공부해 봤는데, 겨우 2주 기본서를 보지 않았는데도 기본 개념이 흔들리는 것 같은 느낌이었다고 했다. 그래서 우리는 기본서를 절대로 놓아서는 안 된다고 생각한다.

Tip. 단권화란 무엇이고, 어떻게 해야 하나요?

공부 전문가들로부터 '단권화'라는 말을 여러 번 들어 본 적이 있을 것이다. 단권화는 말 그대로 한 권의 교재에 공부 내용을 총망라해서 완전한 나만의 교재 한 권을 만드는 것을 의미한다.

① 어떤 책에?

기본서 또는 기출문제집으로 하는 것이 가장 좋다.

공부할 때 가장 많이 보게 될 책이 기본서와 기출문제집일 것이기 때문이다. 개념 이해 위주의 단권화를 하고 싶다면 기본서를, 개념이 문제에 어떻게 적용되어 출제되는지를 보면서 공부하고 싶다면 기출문제집을 활용하면 된다.

② 어떤 내용을?

모든 것을 적으면 절대 안 된다. 반드시 취사선택의 과정이 필요하다.

기출문제나 모의고사를 공부하면서 몰랐던 내용들, 틀렸던 내용들을 바탕으로 교재에 단권화를 하게 되는데, 이때 단 한번도 들어 보지도 못한 내용들, 강사가 언급도 안 한 내용들은 적지 말고 버려도 된다. 특히 모의고사에서 그런 내용들이 많이 나올 것이고, '내가 이렇게 모르는 것이 많았다니'와 같은 생각을 하여 모르는 부분을 전부 다 단권화하려는 욕심이 들 수도 있다. 하지만, 자잘한 것까지 챙기다가는 오히려 중요하고 기본적인 내용을 놓치기 십상이다. 따라서 단권화를 할 때 반드시 한 번이라도 들어 봤던 내용들만 적어야 한다.

또 기출문제 및 모의고사를 단권화할 때 반드시 '몇 쪽 몇 번 문제인가?'에 대한 표기를 해야 한다. 기본서에 필요한 내용을 적고 옆에 반드시 '기출 P85, 2번' 혹은 '모의고사 4회 13번' 이런 식으로 표기를 해야 문제를 다시 찾아볼 수 있다.

③ 언제?

기출문제를 풀 때와 모의고사를 풀 때 둘 다 해야 한다. 문제만 풀고 해설을 읽고 끄덕끄덕하고 넘어가 버리면 절대로 자기 것이 되지 않는다. 해설 내용 중에 자신이 모르는 내용, 헷갈리는 내용들이 있다면 반드시 기본서에 적어 놓거나 별표를 치는 등의 마무리가 있어야 한다. 모의고사 문제까지 단권화하여 정리하는 학생들은 많지 않겠지만, 그래선 안 된다. 모의고사를 통해 공부를 해야지, 연습만 하고 버리기에는 너무 아깝다. 기출문제와 더불어 모의고사 내용까지 모두 단권화하자.

2. 과목별 공부법

1) 국어 학습법

(1) 기본서의 예시를 허투루 여기지 마라

국어 동형 모의고사나 어려운 기출문제를 보면 처음 보는 합성어나 표준어들이 있을 것이다. 한번 예를 들어 보자. '어린이'라는 단어는 합성어이다. 그런데 일반적으로 생각하기에 '어린'이 어근이고 '이'가 접미사라고 생각하게 될 것이다('어린이'가 합성어라는 것을 알고 난 뒤, 공시생들에게 물어본 결과 태반이 이를 파생어로 알고 있었다). 하지만 '어간+어미+접사'는 합성어라고 분명히 기본서에 나와 있고, 예시를 통해서 '어린이'가 통사적 합성어임을 기본서는 명확하게 제시하고 있다. 즉, 기본서에 나와 있는 예시를 간과하면 절대 안 된다. 웬만한 기본서는 정말 상세하게 대부분의 예시를 실어 놓았다. 그 예시를 충분히 읽는 게 필요하다. 또한, 예시나 예문의 경우 반드시 재출제되므로 예시를 읽어야 할 이유가 있는 것이다. 특히 한글맞춤법의 경우 예시가 매우 많기 때문에 그것에 대해 익숙하게 하는 공부가 필요하다.

(2) 당연한 것은 당연한 것이다

이 부분은 수능 국어 영역에서 자주 쓰는 방법이다. 수능 문학의 첫 번째 문제는 대부분 시나 소설의 개괄적인 특성을 물어보는 것이다. 예를 들어 '이 시의 특징으로 올바른 것은?'에서 '다양한 감각적 이미지를 통해 화자의 감정을 구체화하고 있다'라는 선지가 나오면 어떠한 경우에도 맞는 선지다. 너무나 당연한 것이다. 감각적 이미지를 사용하지 않았고 화자의 감정을 구체화하지 않는 시가 존재하기는 할까? 감각적 이미지와 화자의 감정이라는 것은 거창한 것이 아니다. 위의 조건들이 결여되어 있는 시는 있을 수가 없다. 즉, 하나 마나 한 소리를 선지로 구성하는 것이다. 이러한 선지는 그냥 보자마자 그 선지는 당연히 맞는 것으로 판단하고 넘어가도록 하자. 다음은 소설의 경우이다. 소설 문제에서 '대화를 통해 인물이 처한 상황을 제시하고 있다'라는 선지가 출제되었다면 여기서는 대화가 있는지 없는지만 찾고 대화가 있다면 당연히 맞는 것이다. 대화의 여부는 큰 따옴표만 찾으면 되는 것이고 대화라는 것이 인물의 처한 상황을 제시하는 것은 너무나도 당연한 것이다. 모든 소설에 해당하는 말이다. 인물의 상황이나 감정을 제시하지 않는 대화라는 게 과연 존재하기는 할까? 그렇기 때문에 너무나도 당연하고 그 장르의 특징을 물어보는 선지가 지금까지는 수능에서 흔히 발견되었지만, 이제는 공무원 시험에도 출제된다. 너무나도 당연한 선지, 즉 이러한 선지의 패턴을 익혀서 그냥 고민할 여지도 없이 ○× 판단을 할 수 있도록 해야 한다. 하지만 이러한 것을 안다고 반드시 문학 문제를 맞히는 것은 아니다.

(3) 버릴 것은 버리자

이는 다른 과목에서도 적용되는 부분이다. 국가직의 경우 순화어와 음 길이는 단 한 번도 출제된 적이 없다. 그렇기 때문에 자신이 포커스를 두는 시험의 특성에 맞추어 버려도 되는 부분을 버리는 것이 필요하다. 기출문제를 통해 한번도 안 나온 부분, 거의 출제되지 않는 부분에 대한 체크리스트를 만드는 것이 필요하다. 집필진들도 각자 자신이 좀 더 집중하는 시험이 있었기 때문에 그에 맞게 체크했다. 그 결과 쓸데없는 공부를 하지 않을 수 있었다. 어떤 부분이 출제되지 않는지는 시험마다 다 다르기 때문에 본인이 직접 찾아서 공부량을 줄여야 할 것이다.

(4) 지식형 시험이지만 문제 풀이 연습이 필요하다

공무원 국어는 대부분 지식형 문제의 형태를 띤다. 그래서 문제 풀이를 통해 경험치를 쌓기보다 기본서 회독을 통해 지식을 탄탄하게 쌓는 것이 더 필요하다고 말하는 사람들이 있다. 맞는 말이지만 우리의 생각은 다르다. 국어 또한 영어처럼 문법 지식만 안다고 해서 문제를 풀 수 있는 것이 아니기 때문이다.

단순히 지식만 묻는 것도 있지만 새로운 문장을 제시하여 그 문장의 문법 구조를 파악할 수 있는지에 대한 문제도 많이 나온다. 2015년 국가직에 나온 '남겨진 적도 물리쳤을 거야'와 '단팥죽'의 형태소 파악 문제는 배운 지식의 범위를 벗어나는 문제는 아니지만 응용력을 물어보는 문제였고 수많은 학생들을 당황하게 한 문제다. 그렇기 때문에 많은 모의고사 연습을 통해 새로운 문제에 대한 적응력을 높일 필요가 있다.

(5) 각종 암기 부분(고유어, 속담, 한자 및 한자성어 등)

각 강사는 기본서의 부록으로 고유어, 속담 등 암기 노트들을 따로 제공한다.

고유어·속담의 경우, 웬만하면 1~2 문제 출제되는 것이 보통이며, 특히 한자의 경우에는 최소 3문제에서 최대 5문제까지 출제된다. 게다가 9급 의 경우 한자 문제가 자주 나오지 않는 경우가 많았지만 2016년부로 한 자 문제의 빈도가 급격히 증가하였다. 따라서 한자를 비롯한 암기 부분 에 대한 대비가 반드시 필요하다. 이는 강의(이O재 오랜 방황의 끝, 김O태 한자 강의, 고O원 한자 특강, 어휘 특강)를 통해 해결할 수도 있지만 스터디 등을 통해서 해결하는 방법도 있다. 밴드 스터디, 카톡 스터디를 통해 사람들과 함께 암기하는 것이 도움이 된다. 한자, 고유어 등이 출제되지 않는 경우가 있긴 하다. 하지만 이것은 '어쩌다 한번 출제된다'가 아니고 '어쩌다 한번 안 나온다'라고 보는 것이 맞다. 출제될 확률이 출제되지 않을 확률보다 훨씬 높은 것이다.

개인적으로 한자는 정말 가성비가 좋은 영역이라 생각한다. 일단 한자 는 고정으로 3문제는 출제되며, 공부만 한다면 맞힐 수 있기 때문이다.

자신이 국어 80점 이상의 높은 숙련도의 상태에 간다면 한자 학습 없이는 합격권인 90점에 갈 수 없다. 한자를 열심히 하면 최소 2개는 맞히게 된다. 즉, 한자는 유일하게 남은 점수 향상의 '블루오션'이기 때 문에 한자를 열심히 하도록 하자. 방법이 없다. 무조건 해야 한다. 2018년, 2019년 모두 9급에서 고유어, 한자, 한자성어가 출제되었던 만큼 고유어, 한자, 한자성어는 이제 더 이상 '기타'나 '그 외'의 영역이 아니다.

- 문법과 어문규정 부분은 교재를 열심히 회독하면 된다.

- 문학의 경우 강의만 듣고 잠시 접어 둔다. 1개월이 남았을 때 문학 작품(고전 포함)을 한번 정리해 주기만 하면 된다(수능보다 매우 쉽기 때문에 걱정 안 해도 됨).

- 비문학의 경우 문제 몇 개를 풀어 보고 자신이 비문학에 약하다 싶으면 연습을 많이 해야 하지만 그렇지 않다면 평소 기출이나 동형 모의고사 풀이로 족하다. 비문학 영역의 점수가 잘 안 나온다면 극복이 매우 힘들다. 애석하게도 우리가 명확한 공부법을 제시할 순 없다. 비문학 학습법은 강사가 전문가이기 때문에 강사의 도움을 받도록 하자.

- 고유어, 속담, 한자 및 한자성어는 위에서 설명한 대로 강의나 밴드 스터디를 통한 학습을 추천한다(공부를 할 것이라면 이 부분은 초반부터 하는 것이 좋다. 나중에 시작하면 너무 힘들고 중도에 포기하게 될 것이다).

2) 영어 학습법

(1) 문법은 포인트가 1개다(영작은 2개인 경우가 많음)

기출문제를 풀다 보면 문법에서는 포인트가 1개인 경우가 많다(영작 문제는 포인트가 2개 이상일 수도 있다).

대부분 많이 나오는 유형인 '옳은 것을 고르시오'나 '틀린 것을 고르시오' 형태에서는 물어보는 포인트가 1개뿐이다. 그래서 그 부분의 문법 포인트에 틀린 것이 없다고 생각한다면 그냥 넘어가도 된다. 혹시 또 틀린 부분이 없을까? 하고 다시 보지 않아도 된다. 별별선생 집필 진들이 직접 기출을 분석 해본 결과, 1개의 부분만 체크하면 되는 문제가 대부분이었다(영작 문제 제외). 2016년 국가직 9급 영어에서도 'demand that' 뒤에 'should 생략'의 문법 내용이 나왔고 맞게 표현되었으니 그냥 다음 선택지로 넘어가도 무리가 없었다. 즉, 한 포인트가 맞으니 그냥 전체 문장이 맞는 것으로 생각해도 된다는 뜻이다. 시간이 없고 빨리 풀어야 하는 상황이라면 1개뿐이라고 믿어도 된다. 믿을 수 없다면 본인이 직접 영어 문법 기출문제로 실험해 보길 바란다.

(2) 이상한 문법은 절대로 안 나온다(국가직 한정)

지방직 시험에서 'read'의 뜻 4가지를 물어보는 문제, 'search'의 용법을 물어보는 문제가 나온 적이 있다. 하지만 국가직에서는 절대로 이상한 것을 내지 않는다. 전부 기본적인 문법 내용, 강사들이 중요하다고 말한 내용들만을 출제한다. 그렇기 때문에 강사의 강의 내용 안에서 연습을 하면 될 뿐, 더 나아가 학습을 할 필요는 절대로 없다.

(3) 숨어서 나온다

위에서 언급한 바와 같이 이상한 문법은 절대로 내지 않는다. 하지만 이 내용을 꽁꽁 숨겨서 출제한다. 다른 과목과 다른 영어만의 특징은 20문제 전부 100% 돌파형이라는 것이다. 즉, 전부 처음 보는 문장이며 수험생 혼자서 문장을 분석해 가며 돌파해야 하는 것이다. 즉, 영어는 '새로운 문제에 대한 사고 알고리즘'이 가장 중요한 영역이다. 게다가 문법 요소를 대놓고 드러내지 않고 생략 구문이나 단원 간의 결합 등을 통해서 출제하기 때문에 많은 사람들이 어려워하는 것이다. 이를 대비하기 위해서는 수많은 모의고사 풀이 외에는 방법이 없다(강의를 통해 강사들이 어떻게 푸는지 알아 두는 것도 좋은 방법이다). 진흙 속에서 진주를 찾는 것은 매우 힘들다. 진주가 어디에 있는지 잘 알고 싶다면 경험치를 많이 쌓아야 한다. 영문법도 마찬가지이다. 새로운 문제로 연습을 많이 하여 진주 찾기를 잘할 수 있도록 해야 한다. 반면에 영문법 기출문제만 반복하는 것은 그냥 이미 예선에 다 찾아 놓은 진주를 다시 담는 행동일 뿐이다. 실제 시험은 새로운 진흙에서 새로운 진주 찾기를 해야 하는 것인데 말이다.

(4) 어휘는 어떻게? 강의로 해결!

집필진 중 한 명은 어휘집을 따로 안 보고 어휘 강의로 해결했다. 여러 강의들 중에 강사들이 공무원 기출 어휘나 중요 어휘들을 전부 정리해 주는 것들이 있었고 그 또한 이것으로 해결했던 것이다. 덕분에 이 방법에서 큰 효과를 얻었다. 물론 스스로 단어장을 외우는 것이 가장 좋지만 강의를 듣는 것의 효과 또한 무시할 수 없다고 본다. 특히 이○기 기출 강의, 한○현 아작내기 강의가 도움이 많이 되었다. 이○라 생활영어 idiom 특강도 추천한다.

요즘에는 어휘 수준이 예전처럼 높지 않고 합리적인 선에서 출제하므로 강사들이 정리해 주는 것과 자료만 잘 외우면 된다. 여기서 어휘 수준이 합리적이라는 말의 뜻은, '공시용 어휘'의 영역을 벗어나지 않는다는 뜻이다. 공시용 어휘는 분명 고난도의 어휘다. 하지만 그 범위가 정해져 있고 그 안에서 반복되는 경향이 최근 더욱더 강해지고 있다. 집필진 중 한 명은 단지 어휘 강의와 강사의 자료로만 어휘 학습을 했을 뿐인데도 2017년 지방직 7급 문제까지 분석했을 때 풀 수 없는 어휘 문제가 없었다. 그 말인즉슨, 어휘는 웬만하면 공시용 어휘의 영역 안에서만 출제되며, 영어 강사들은 그 영역을 누구보다 잘 알고 있기 때문에 우리는 그것을 잘 활용하기만 하면 된다는 의미다.

공부할 내용들

- **독해**: 독해 실력이 부족하다면 문장 분석을 통한 정확한 해석 연습이 선행되어야 한다. 또한 해석의 어려움과 더불어 글의 내용 파악 자체가 어려운 경우도 많다. 이럴 경우 강사의 독해법(문장 해석 방법이 아닌 글의 내용을 파악하여 답을 찾는 방법)을 듣고 연습을 해야 한다. 특히 빈칸 완성, 글의 순서 파악은 문제를 푸는 스킬이 있기 때문에 전문가의 방법을 따라 하기 바란다.

- **문법**: 문법서 회독보다는 문제 위주의 학습이 정말로 중요하다. 위에서 여러 번 언급했다시피 문법은 그 문법 내용을 안다고 해서 풀 수 있는 것이 아니기 때문에 매일 새로운 문제를 풀어야 할 것이다(문법 개념은 '기본+심화 강의'로 해결해도 되고, 시간이 부족하다면, 손○숙 40point 문법 강의나 이○기 100point 강의로 해결해도 된다).

- **어휘**: 위에서 언급했다시피 시중에 파는 강의를 통해 해결하는 것이 가장 효율적이다. 『보카바이블』(노란책)을 사서 보는 것도 괜찮지만 너무 힘들다(수능 어휘가 약하다면 반드시 이에 대한 학습이 필요하다. 기초 어휘를 다루는 강의도 있기 때문에 자신의 기호에 맞게 선택하도록 한다).

- **생활영어**: 어휘 학습과 마찬가지로 출제되는 범위가 정해져 있기 때문에 이 또한 강의를 통해 해결하는 것이 가장 낫다.

- **모의고사**: 공무원 영어 시험의 모의고사는 하프 모의고사와 동형 모의고사 두 종류가 있다. 하프 모의고사란 말 그대로 10문제로 줄인 간단한 영어 테스트를 말한다. 하프 모의고사는 아침에 주로 수업이 진행되어 많은 수험생들이 아침에 일어나기 위해 수업을 신청하기도 한다(물론 인강으로도 들을 수 있다). 이 수업은 대개 1년 내내 진행되는데, 하프 모의고사를 수강할 예정이라면 다른 수험생들과 마찬가지로 학습 계획의 아침 시간에 배정하여 첫 공부를 하프 모의고사로 시작하는 것을 추천한다. 다른 하나는 위에서 많이 언급했던 동형 모의고사이며 주로 시험 치기 1달 전에 새 강의가 개강하는 편이다. 자신의 사정에 맞게 하프 모의고사를 하든, 동형 모의고사를 하든 자유롭게 선택하면 된다.

Tip.

영어 공부 이야기 1
어휘도 부족하고 해석도 잘 안 되는데 팁이 없나요?

어휘에 대한 문제

자신이 어휘의 베이스가 부족하다면(여기서 베이스라 함은, 중고교, 수능 어휘를 다 익히지 못한 경우를 말한다) 『이○기 voca 3000』의 뒷부분에 있는 수능 기본 어휘 파트를 이용하여 공부해도 되고, 따로 『어○끝』과 같은 '수능용 어휘 교재'를 구매해서 공부를 해도 된다. 공시용 어휘를 암기하는 것은 4문제로 출제되는 순수 어휘 문제를 맞히기 위함이지, 독해 지문에 나오는 어휘를 커버하는 것이 아니다. 독해에서 나오는 어휘들은 공시용 어휘가 아니고, 상대적으로 쉬운 고교 수준의 수능용 어휘가 많기 때문에 독해를 위해서 수능 어휘를 공부하는 것도 필요하다. 독해용 어휘와 공시 전용 어휘는 완전히 별개의 영역이라 보아도 된다.

해석 능력에 관한 문제

독해의 난이도가 상당히 올라간 현 상황에서 해석 능력은 정말 중요해졌다. 공무원 강사들의 구문 독해 강의를 들어도 되고 수능용 구문 독해 강의를 참고해도 괜찮다. 이러한 구문 강의는 짧은 문장부터 긴 문장까지 해석하는 방법을 문법 지식과 연계하여 알려 준다. 추천 강의로는 수능 강사인 김○훈 천○문 3.0와 공무원 강사인 심○철 구문 강의가 있다.

Tip.

기본기가 너무 부족한데 방법이 없을까요?

보통 단기간에 합격했다는 사람들을 보면 거의 대부분 최소한 영어에 있어서 만큼은 탄탄한 베이스를 갖고 있었던 경우가 많다. 반대로 얘기하면 영어 베이스가 어느 정도 다져져 있지 않다면 그만큼 수험 기간이 길어질 수도 있다는 말이다. "영어가 안 되는 사람은 일단 영어부터 시작하라", 이는 많은 합격자, 수험 경험자, 선생님들이 공통적으로 지적하는 사항이기도 하다.

하지만 현실적으로, 현재 공시를 준비하는 사람들 중에는 학창 시절 공부를 성실히 해 왔던 사람들도 있지만 평생 공부와는 아예 담 쌓아 왔던 사람들도 많다. 영어 기본기가 거의 닦여 있지 않은 사람들의 경우 아무리 기초 강의부터 천천히 커리큘럼을 따라간다고 해도 공부가 더디게 진행될 수 있다.

최근 들어 온라인으로도 기숙 학원처럼 철저하게 관리해 주는 온라인 학원 서비스가 등장하고 있다. 대표적으로 밀당영어의 경우 스터디를 기반으로 한 영어 학습 프로그램을 제공한다. SNS를 이용하여 스터디원이 함께 아침 기상 인증, 학습 완료 인증, 영어 단어 시험지, 채점 결과 등을 단톡방에 공유하고, 전담 스터디 매니저가 종합적인 스터디 관리를 진행한다.

맞춤형 커리큘럼 강의

'왜 이 부분은 설명하지 않고 넘어가지?'
'나 빼곤 다 아는 건가?'
이런 생각을 해 본 적이 있다면 그 강의의 메인 타겟은 내가 아니라는 사실을 깨달아야 한다.

밀당영어는 학습자의 수준에 맞는 맞춤형 강의를 제공한다. 문제를 풀다가 이해가 되지 않는 문장이나 단어를 화면에서 바로 클릭하면 관련 강의가 바로 재생되고, 특히 영어 베이스가 전혀 갖춰지지 않은 사람들의 경우 마치 개인과외를 받을 때와 비슷한 효과를 볼 수 있다.

학습을 하다가 이해가 안 되어서 눌러보면 위의 이미지처럼 강의가 뜬다.

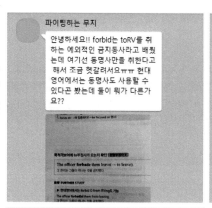

파이팅하는 무지

안녕하세요!! forbid는 toRV를 취하는 예외적인 금지동사라고 배웠는데 여기선 동명사만을 취한다고 해서 조금 헷갈려서요ㅠㅠ 현대영어에서는 동명사도 사용할 수 있다곤 봤는데 둘이 뭐가 다른가요??

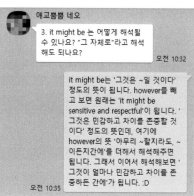

애교뿜뿜 네오

3. it might be 는 어떻게 해석될 수 있나요? "그 자체로"라고 해석해도 되나요?

오전 10:32

it might be는 '그것은 ~일 것이다' 정도의 뜻이 됩니다. however를 빼고 보면 원래는 'it might be sensitive and respectful'이 됩니다. '그것은 민감하고 차이를 존중할 것이다' 정도의 뜻인데, 여기에 however의 뜻 '아무리 ~할지라도, ~이든지간에'를 더해서 해석해주면 됩니다. 그래서 이어서 해석해보면 '그것이 얼마나 민감하고 차이를 존중하든 간에'가 됩니다. :D

오전 10:35

1:1 카톡 질의응답

혼자서 공부를 하다 보면 잘 이해되지 않는 부분이나 질문사항, 막히는 부분이 있게 마련이다. 밀당영어를 활용하면 카톡으로 언제든 시간과 장소에 구애받지 않고 편하게 궁금증을 해결할 수 있다.

화난 라이언
기상   오전 6:01

뿡뿡 네오
기상   오전 7:15

하트뽀뽀 어피치
기상   오전 7:26

졸린 무지
기상   오전 7:41

초롱초롱 튜브
기상   오전 7:53

애교뿜뿜 프로도
기상   오전 8:22

아이스크림 돈 네오
기상   오전 9:39

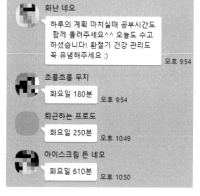

화난 네오

하루의 계획 마치실때 공부시간도 함께 올려주세요^^ 오늘도 수고하셨습니다! 환절기 건강 관리도 꼭 유념해주세요 :)

오후 9:54

초롱초롱 무지
화요일 180분   오후 9:54

퇴근하는 프로도
화요일 250분   오후 10:49

아이스크림 돈 네오
화요일 610분   오후 10:50

학습 습관 스터디 관리

인강은 정말 효율적인 학습 방법이다. 하지만 내가 강의를 듣는지 안 듣는지, 듣고 이해는 했는지 못 했는지 봐 주는 사람이 없기 때문에 올바른 학습 습관이 형성되어 있지 않거나 기초가 부족한 이들에게는 오히려 독이 될 수 있다.

밀당영어를 활용하면 기상 관리, 출석 관리, 학습 완료 인증 등 철저한 학습관리가 진행되므로 집에서도 노량진 기숙학원에 있는 것처럼 효율적으로 공부할 수 있다.

문의) 카카오톡 ID - MILDANG08

3) 한국사 학습법

(1) 시대별 정리가 필요하다

어떠한 공통 주제에 대해, 시대별로 내용을 정리해야 한다. 예를 들어 설명해 보자. 우리나라의 농사 기술은 꾸준히 발전해 왔다. 당연히 시대별로 농사 기술의 역사를 정리해야 하고 그런 시대적인 관점을 묻는 문제들이 많이 출제된다. 즉, 농사 기술에 관한 문제에서 선지 4개는 모두 다른 시대의 농사 기술인 것이다. 그래서 교재를 정리할 때, 포스트잇을 활용하는 등의 방법으로 자신이 따로 시대별 정리를 해야한다.

(2) 공부가 어느 정도 되었다면 연도다

공무원 한국사는 절대로, 절대로(!) 100점을 받을 수가 없다. 그냥 구조상 100점은 원천적으로 불가능한 것이다. 그 때문에 현실적으로 우리는 85~90점을 목표로 한국사를 공부해야 한다. 먼저 우리가 한국사를 틀리는 이유는 2가지이다(물론 실수로 틀리는 경우도 있지만, 이건 너무 당연하니까 배제하겠다).

첫째, 완전히 지엽적인 내용이 출제되는 경우다. 이런 경우 애석하게도 우리는 절대로 그에 대한 대비가 불가능하다. 가끔씩 맞힐 수 있는 경우도 있다. 예를 들어 보자. 2015년 국가직 7급 한국사에서 '니탕개의 난'이 출제되어 엄청난 혼란을 야기한 적이 있다. '니탕개의 난'은 그 누구도 들어 본 적이 없는 사건이었다. 이 문제는 허무하게도, 그 당시에 방송되었던 KBS 대하 사극 〈징비록〉을 열심히 본 사람이라면 1초 만에 맞힐 수 있는 문제였다. 그러나 〈징비록〉을 열심히 본 사람이 합격할 리가 만무하다. 또 하나의 예를 들자면, 2016년 국가직 9급에서는 영화 〈암살〉을 열심히 본 사람은 쉽게 맞힐 수 있는 문제가 출제되었다. 즉, 개인의 특수한(예를 들어 드라마나 영화를 열심히 보는) 경험이 없거나 '찍신'이 강림하지 않으면 맞힐 수 없다. 설령 매우 지엽적인 내용을 다루어 주는 강의가 존재하더라도 강의 수가 매우 많아 한국사에 너무 많은 시간을 빼앗기게 될 것이다. 무엇보다 보통의 머리를 가지고 있는 대부분의 수험생의 경우 그 방대한 내용들을 과연 시험장에서까지 기억해 낼 수 있을 것인가에 대한 의문이 든다. 따라서 이러한 문제는 우리가 대비할 수 없는 것이기 때문에 배제하도록 하자.

둘째, 연도를 몰라 틀리는 경우다. 연도에 대한 이야기를 본격적으로 해 보자. 한국사 성적이 어느 정도 궤도에 오르고 여러 차례 회독을 했다면 80점 정도는 나올 것이다. 하지만 80점에서 90점까지 성적이 향상되기 위해서는 연도 암기가 필요하다.

목표 점수가 80점 미만이거나 90점까지는 바라지 않는다면 연도를 외우기 위해 힘쓰지 말 것! 개별 사건의 연도는 고수들이 '초고수'가 되기 위해 외우는 것이다. 그래서 우리 집필진들도 하나같이 일정 점수를 획득한 이후에는 연도를 외우려고 노력했었다. 여기서 '연도를 외운다'는 것이 구체적으로 어떠한 뜻인가에 대한 설명을 하겠다. 예를 들어 백제 성왕이 불교도 일본에 전래했고 사비로 천도도 하고 22부도 만들고 했다는 사실은 다 알고 있는데… 문제는 '언제 했냐?'는 것이다. 무엇을 '몇 년도'에 했느냐, 즉 이런 기본적인 내용들의 연도부터 시작하는 것이 필요하다.

또 동시대의 일이라면 각각 어느 왕 때인지를 아는 것이 필요하다. 특히 발해와 통일신라를 비교하는 것이 자주 출제되는 편인데, 심지어 발해 무왕 때 신라의 왕이 누구였는지 모르면 풀 수 없는 문제들도 많다. (삼국시대라면 '별별선생'의 '별별정보' 게시판에 우리 집필진 중 한 명이 공부하면서 만들어 놓은 연표가 있다. 다운로드 받아 공부에 활용할 것을 권한다.)

천일은행, 매일신문, 경운궁 전화 설치는 기본적인 내용이지만 정작 그것이 정확하게 몇 년에 일어난 것인지에 대한 학습은 잘 되어 있지 않은 게 현실이다. 한국사 공부는 다회독이 중요하지만 그것을 하다 보면 타성에 젖을 수밖에 없다. 왜냐하면 한국사의 내용 자체가 행정법, 행정학처럼 어렵지 않고 대부분 익숙한 내용들이며, 초등학교 때부터 학교에서 배워 왔던 내용들이기 때문이다. 그래서 마치 '더 외울 것이 없다'라는 착각이 들게 한다. 이 때문에 연도 암기에도 힘을 쏟아야 한다.

(3) 진짜로 그 많은 연도를 다 외울 것인가?

한국사에는 수천 개의 사건이 존재하고 그 사건에는 당연히 연도가 있기 마련이다. 하지만 이 연도들을 일일이 외운다는 것은 사실상 불가능에 가깝다. 외울 연도를 고르는 기준은 따로 있다. 강사들의 기본서에는 연도가 표시되어 있는 사건도 있고 표시되어 있지 않은 사건도 있다. 오히려 표시되지 않는 것이 더 많다. 여기서는 연도 표시가 되어 있는 사건만 따로 골라서 암기하면 된다. 표시되어 있다는 것 자체가 중요한 것이기 때문에 효율성과 뇌 용량을 고려하면 표시되어 있는 것만 외우는 것이 합리적이다.

(4) 순서 암기냐, 연도 암기냐

"연도를 왜 외우나? 순서만 알면 된다"라고 하는데 맞는 말이다. 순서만 알면 된다. 하지만 이 순서 암기를 위해 연도를 외우는 것이다. 만약 연도 없이 순서만으로 머릿속에서 정리하려면 시간이 많이 걸린다. 그에 반해 숫자를 암기하여 그것의 순서를 파악하는 것은 너무 간단하다. 642년 대야성 전투와 645년 당의 침략이 있는데 642, 645라는 숫자를 떠올리게 되면 0.1초 안 되어 '대야성 전투가 먼저구나!'라는 것을 파악할 수 있다. 연도라는 개념은 이미 순서라는 개념을 내포하고 있기 때문에 머릿속에서 순서가 바로 떠오르는 것이다.

하지만 숫자라는 매개 없이 '대야성 전투가 당의 침략보다 먼저다'로 암기하면 머릿속에서 헷갈릴 수밖에 없다. 대야성 전투, 당의 침략이라는 '글자'에는 '순서'라는 개념이 내포되어 있지 않으니까. 어딜 봐서 당의 침략과 대야성 전투를 보고 순서라는 개념이 도출되겠는가? 연도 없이 순서만 암기하려고 하면 구태여 대야성 전투가 당의 침략보다 먼저인 이유를 애써 만들려고 해야 하고 온갖 생각을 쥐어 짜내어 결론을 도출하게 되는데 차라리 그러한 노력을 할 바에야 연도를 외우는 것이 낫다.

(5) 타성에 젖으면 안 된다

한국사는 어릴 때부터 꾸준히 해 왔고 공부가 어느 정도 되었다면 100중에 아는 내용이 90은 될 것이다. 그렇지만 우리는 90점을 받지 못하고 있다. 불행히도 시험 출제자는 내가 알지 못하는 나머지 10에 해당하는 것만을 골라서 여러 문제를 출제하기 때문이다. 여기서 우리가 깨달아야 할 것은 타성에 젖고, 지루함을 느끼는 것에 대해 경계를 해야 한다는 것이다. 기본서를 볼 때 아는 것이 대부분이니 지루해하고, 그에 따라 책을 대충 읽게 되는 모습을 보인다.

하지만 그중에도 잘 모르는 내용이 군데군데 숨어 있다(반드시 있다). 이 숨어 있는 것을 찾아내서 능동적으로 암기를 해야 하는데 타성에 젖어 버리면 이것들을 그냥 흘려보내는 경우가 허다하다. 반드시 모르는 것을 능동적으로 찾아야 한다. 한국사야말로 편하게(?) 회독하는 상태에 빠지기 가장 쉬운 과목이므로 각별한 주의가 필요하다.

(6) 사료 분석 연습하기

사료 분석 문제 또한 많이 출제되고 있다. 낚시(?) 사료도 가끔씩 출제되며, 옛말이라서 내용 분석이 힘든 경우도 있다. 이처럼 어려운 사료가 나올 땐 그 누구도 사료의 내용을 완벽히 분석하지 못한다. 아무리 고수들도 키워드 하나, 문장 하나로 겨우 힌트를 얻어 풀게 된다. 그러므로 우리는 키워드를 뽑아내는 연습을 꾸준히 해야 하는데. 이 부분에 대해서는 강사들이 제작한 사료 분석 특강이나 사료 중심으로 구성되어 있는 동형 모의고사가 많기 때문에 그러한 것들의 도움을 받으면 된다.

그 외에 우리가 혼자 할 수 있는 방법으로는 다음과 같은 것들이 있다. 기출문제나 모의고사를 풀다 보면, 익숙하고 잘 아는 사료 외에도 어려운 사료들이 일부 있기 마련이다. 이러한 사료들의 중요 키워드들을 기본서나 필기 노트 등에 반드시 옮겨 적는 것이다. 사료 단권화를 해야만 나중에 기출문제를 다시 보더라도 막힘없이 풀 수 있다. 반드시 모르는 사료는 기본서에 옮겨 적어 놔야 한다. 그렇다고 사료 전 내용을 다 적을 필요는 없다(적을 공간도 없다). 키워드랑 핵심 문장만 간단히 기록해 놓으면 된다.

4) 행정법 공부법

(1) 기본서의 표현을 그대로 익히자

판례는 실제 판결에서 판시한 문장 그대로 기본서에 수록되어 있고 문제에서도 그 문장 그대로 출제한다. 그렇기 때문에 자신만의 용어로 바꾸기보다는 기본서에 서술된 문장 형식 그대로 받아들이는 것이 좋다. 괜히 자신이 외우기 편한 방식대로 바꾸지 말고 그냥 있는 그대로 받아들이는 것이 신상에 좋을 것이다.

(2) 키워드화

앞의 챕터인 '전체적인 공부법'에서 키워드화에 대해 설명하였다. 행정법의 양이 상당히 방대하고 한국사와 다르게 난이도 자체가 절대 쉽지 않다. 그렇기 때문에 혼자서 기본서를 읽을 때 내용을 인식하는 부담을 적게 만들어 줘야 한다. 그렇기 때문에 '이행강제금 → 상속 불가' 이런 식으로 짧게 키워드화해서 필기해 두는 것이 필요하다.

5) 행정학 공부법

(1) 내용의 본질을 이해해야 한다

　무슨 뜬구름 잡는 소리인가 하겠지만, 행정학의 특성상 반드시 필요한 태도이다. 행정학은 행정법과 다르게 같은 내용이라도 표현을 다르게 출제하는 경우가 많다. 그렇기 때문에 단순히 교재나 기출문제의 표현을 그대로 암기하다가는 같은 내용을 묻는 새로운 표현이 나왔을 때 당황하기 쉽다. 하지만 이론이나 표현의 본질을 이해하고 있다면 다른 표현으로 문제가 출제되더라도 문제를 맞힐 수 있다. 행정학의 기출 의존도가 급격히 줄어들고 있는 현실에서 더더욱 필요한 공부법이라고 할 수 있다.

　내용의 본질을 이해하려면 어떻게 해야 할까? 기본서를 깊게 보거나 혼자서 논문을 찾아보는 등의 심화 학습을 할 수도 있겠지만, 가장 쉬운 방법은 강의를 들을 때 정말 열심히 듣는 것이다. 강사들은 그 본질에 대한 이해가 얼마나 중요한지 가장 잘 알고 있는 사람들이기 때문에 최대한 수강생들이 각 이론과 개념의 본질을 이해할 수 있도록 강의 내용을 고안한다. 따라서 강사의 설명을 정말 잘 들어야 할 것이다(사실, 혼자서 논문을 보거나 검색하는 짓은 할 수도 없다).

(2) 표현 정리의 단권화

　위에서 행정학은 같은 내용에 대해 다른 표현을 사용하는 경우가 많다고 하였다. 따라서 시험에 나왔던 동일 주제에 대한 다른 표현들을 한곳에 정리해 두어야 한다. 기본서의 해당 부분에 기출 키워드 등을 적어 놓아야 그 표현들이 다시 나올 때 틀리지 않을 수 있는 것이다. 상당히 귀찮은 작업이시만 반드시 해야 한다.

(3) 주기적으로 강사 홈페이지를 들어가 보자

행정학의 경우 최신 내용에 대한 대비가 중요하다는 것을 앞서 인급하였다. 정부조직법의 개정, 지방자치법규의 개정 등 법령에 대한 문제가 빠짐없이 출제되고 있기 때문에 시험 치기 직전에 최신 법령에 대한 대비를 해야 할 것이다. 강사의 홈페이지에 보면, 최신 법령 개정에 대한 자료나, 그것에 대한 무료 강의들이 있다. 이러한 것들을 시험 치기 전에 반드시 듣고 가자. 또한, 행정학 교수들이 출제하므로 학계의 자주 거론되는 이론들이 있을 것이다. 당연하게도 그러한 것들을 수험생들이 전부 알 수는 없다. 하지만 강사들은 그러한 것들을 알고 있고 따로 자료나 강의를 촬영한다. 반드시 듣도록 하자.

6) 사회 공부법

(1) 법 + 정치 + 사회문화 + 경제

공무원 시험의 사회의 범위는 '일반사회'다. 법, 정치, 사회문화, 경제 이 4과목을 합쳐서 일반사회라 부른다. 법, 정치의 경우, 두 영역의 유사성이 높고 행정법의 공부 방법과 완전히 일치한다고 보면 된다. 기본서를 많이 읽는 것이 중요할 것이다.

사회문화와 경제는 대표적으로 문제 풀이가 중요한 영역이다. 공무원 사회 문제에서 사회문화와 경제는 반드시 보기 자료나 그래프, 표를 동반하기 때문이다. 즉, 대부분의 문제가 자료 해석 또는 사례형이기 때문에 혼자서 자료와 사례를 판단할 수 있는 능력이 필요하다는 것이다. 그러므로 개념 학습도 중요하지만 동형 모의고사 등을 통해 문제 풀이 연습을 많이 할 것을 권한다.

(2) 수능 문제 참고하기

사회 문제는 수능 사회 탐구 영역을 베이스로 하고 있다. 게다가 수능보다 한 단계 낮은 난이도의 문제로 구성되는 편이다. 자료 해석 문제의 비중이 점차 증가하고 있는 추세로 보았을 때, 자료 해석 비중이 거의 100%에 가까운 수능 문제를 구해서 풀어 보는 것은 사회 시험에 대비하는 매우 좋은 방법이다. 또한 수능이나 평가원 모의고사는 전부 한국교육과정평가원에서 심혈을 기울여 출제하는 문제들이기 때문에 강사들의 동형 모의고사 이상으로 질이 매우 좋다고 볼 수 있다. 즉, 사회는 매우 질 좋은 모의고사들이 공짜로 제공되고 있는 것이다.

7) 헌법 공부법

(1) 헌법은 양이 정해져 있지 않다. 그래서 만점은 힘들다

행정법은 기본서를 벗어나는 문제가 거의 출제되지 않는다. 정말로 전부 기본서 안에서 문제가 출제된다. 그러나 헌법은 그렇지 않다. 문제를 풀다 보면 기본서에 없는 것들이 상당히 많이 출제된다. 따라서 헌법 만점을 목표로 하는 것은 애당초 불가능한 것일지도 모른다. 그렇기 때문에 기출문제를 풀 때 처음 보는 내용(기본서에서 본 적이 없는 내용)이라고 스트레스 받지 말고 기출의 범위까지만 챙기도록 하자. 기본서와 기출의 범주만 공부해도 충분히 85점은 받을 수 있다. 그 상황에서 최신 판례의 비중을 높여서 더 높은 점수를 확보하도록 하자.

(2) 이제는 '이유'다

지금까지의 헌법 문제는 대부분 '합헌이냐, 위헌이냐'만을 알면 풀 수 있는 것이 대부분이었다. 하지만 이제는 단순히 그것만으로 부족하다. 이제 '고시화'되어 가고 있기 때문에(2016년 국가직 7급에서 출제) 이 법률이 위헌인 '이유'까지도 문제에서 물어본다. 그렇기 때문에 공부 부담이 엄청나게 늘어났다고 볼 수 있다. 그렇기 때문에 강의에서 설명해 주는 판결의 이유를 잘 체크해서 암기하려는 노력이 반드시 필요하다. 어쩔 수 없다. 무엇이 나올지 모르기 때문에 일단 강사가 체크해 주는 판례의 이유들은 외우도록 하자.

(3) 최신 판례의 비중은 엄청나다

최신 판례의 비중은 엄청나다(엄청난 정도가 아니라 그냥 전부라 생각해도 된다). 최신 판례라 함은 시험을 치르는 해의 판례를 말하는 것이 보통이지만, 최근 3개년 판례까지를 최신 판례라고 본다면 2015년 국가직 7급 헌법에서는 최근 3개년 판례가 총 80개의 선지 중 총 40여 개가 출제되었다. 또, 시험 치는 해에 나온 판례들도 10여 개 출제된 것을 보면 감히 '최신 판례는 헌법의 전부'라고도 말할 수 있다. 최신 판례 강의는 대부분 무료로 제공되니 시험 직전에 반드시 듣고 내 것으로 완벽하게 정리해 두길 권한다.

(4) 안 외워지는 것은 10일 전에 외우자(평소에 외워봤자 못 외운다)

집필진들은 공통적으로, 헌법에서 잘 안 외워지는 것들(헌정사, 정족 수 등)은 시험을 치기 며칠 전부터 외우기 시작했다. 벼락치기를 통해 초단기 기억으로 채운 다음 시험장에서 쏟아 내는 것이다. 구체적으 로 얼마 동안의 기간을 '벼락치기 모드'로 설정할지에 대해서는 사람 마다 당연히 다를 것이지만, '평소에' 그런 것들을 외우려고 하지는 말 자. 어차피 다 까먹게 되어 있다.

(5) 안 나오는 것은 버리자

헌법은 다른 과목과 다르게 국가직, 지방직의 시험 유형이 많이 다 르다. 국가직은 제도와 개별 법령보다는 거의 판례 위주이고 지방직 은 개별 법령의 비중이 높다. 단적인 예를 말하면 국적법에 관한 내용 은 국가직 7급에서 오랜 기간 동안 출제되지 않았다. 이런 경우에는 '원래 그 부분은 출제하지 않는다'라는 결론을 내려도 크게 무리가 없 을 것이라 생각한다. 하지만 지방직은 국적법이 단골 출제 범위라는 함정이 있다. 어느 한 시험에 안 나오는 것이라고 해서 막 버리면 안 된다. 제대로 따져 보고 버리도록 하자.

8) 경제학 공부법

(1) 경제학 또한 만점을 목표로 하면 안 된다

7급 경제학에는 반드시 '불의타'라는 것이 존재한다. 불의타라는 말은 미처 생각하지 못한 타격이라는 뜻인데, 기의 출제되지 않는 부분이 이번에 출제되었거나 이번 시험에 처음 나왔을 때 불의타라고 얘기하곤 한다. 2016년 국가직 7급에는 계량경제학이 나왔고 2016년 지방직 7급에는 실효관세율이 출제되었다. 예전에는 금리스왑이나 재무관리의 CAPM 모형이 출제되었는데 이 문제들 모두 '그 당시'에는 처음 나온 것들이었다. 그렇기 때문에 경제학 또한 반드시 하나 이상은 틀린다는 생각을 갖는 것이 정신 건강에 좋을 것이다. 그 외에는 대부분 자주 나왔던 부분이기 때문에 90점 이상 받기가 어렵지 않으므로 전략 과목으로 여겨도 좋다.

(2) 한글을 숫자로 바꾸기

경제학을 정복하려면 '어떠한 마을이 있고 마을 주민의 수요함수가 $Q=a-bP$ 일 때 ~'와 같이 '한글'로 표현된 내용을 재빨리 수식으로 변환하는 능력이 필요하다. 문맥마다 한글을 수식으로 표현해서 정리해 두어야 문제를 해결할 수 있다.

(3) 시험에 맞게 공식을 외우자

완전경쟁시장의 장기 균형을 나타내는 공식은 형태가 다양하다. 하지만 공무원 경제학 문제를 풀 때는 $P=AC$, 이것 하나만 알면 된다.

저 짧은 식 하나면 완전경쟁시장의 장기 균형에 관한 문제는 전부 해결된다. 이런 식으로 수험 목적에 맞게 공식이나 정의를 변형시켜 암기하는 것이 필요하다.

(4) 개념 회독보다는 문제 풀이다

모든 수험에는 개념 난이도와 문제 난이도가 있다. 한국사나 법 과목은 개념 난이도가 문제 난이도보다 훨씬 높아서 기본서 회독만으로 고득점을 받는 것이 가능하지만 경제학은 다르다. 경제학은 문제 난이도가 훨씬 높기 때문에 다양한 문제 풀이가 중요하다. 경제학은 기본서 회독보다는 문제 풀이 연습이 훨씬 더 중요한 과목이다.

보통은 이렇게 알고 있다

큰 변화 없이 꾸준히 하는 것이 더 중요하다.
계획보다는 자신의 실천 의지가 더 중요한 법이다.
또한, 공부를 하다 보면 지치기 때문에 공부만큼 중요한 것이 휴식이다.

이런 말은 해 주지 않는다

꾸준한 의지력이 중요한 것은 맞다.
하지만 시기에 따라 공부법은 달라야 하며,
특히 시험이 다가올 수록 이전보다 더욱더 공부 계획을
치밀하게 가져가야 한다.
휴식의 경우, 무작정 쉬는 것이 능사가 아니다.
너무 힘들면 쉬어도 되지만
정말 쉬어도 될 만큼 지쳐 있는가?

Part 6
공부 계획 짜기

1. 공부의 대원칙

1) 매일

우리 집필진 중 한 명은 공부를 할 때에 일절 휴식을 취하지 않았다고 했다(말이 안 되는 것 같아도 진짜 그랬다고 한다). 많은 수험 전문가들이 말하기를 "하루를 3타임으로 나누면 일주일이 21타임이다. 이 중에서 18타임만 공부하면 된다"라고 한다. 그러나 이 방식은 2년, 3년 장기 레이스를 바라보는 경우에만 맞다. 단기 합격에는 부적절한 방법이라고 생각한다.

힘들겠지만 휴식 없이 매일 공부를 해야 한다. 그러기 위해서는 첫째, 잠을 충분히 자야 하며, 둘째, 이동 거리가 최소이야 한다. 공부를 먼 곳에서 하는 것은 정말로 추천하지 않는다. 너무 힘들다. 지쳐서 포기할 수도 있다.

자신이 독서실 스타일이라면 반드시 집에서 가장 가까운(도보 10분 이내) 독서실에서 하는 것이 가장 좋다. 그렇게 이동 시간을 '0'으로 만들어야 통학 시간 낭비도 없으며 피로도 적다. 이런 식으로 이동 거리와 이동 시간을 없애서 얻은 시간을 수면 시간 연장에 사용해야 이 거친 수험 생활에서 살아남을 수 있다.

집필진 중 한 명은 아파트 상가 독서실을 이용해서 이동 시간과 이동 거리를 '0'으로 만들었으며, 여기서 아낀 시간으로 잠 1시간을 더

Tip. 관리형 자습실이 무엇인가요?

관리형 자습실이란, 공무원 준비생들을 대상으로 대형 학원이 자습 공간을 마련해 출결 관리, 자습실 통제 및 강제 학습, 상담 및 질문 교사 상주 등의 서비스를 제공하는 자습실이다. 커다란 개인 책상, 사물함 제공 등의 독서실 기능까지도 포함하고 있다고 생각하면 된다.

또한 모두 같은 공부를 하는 사람들이기 때문에 묘한 동질감도 생기게 된다. 비용이 독서실보다 많이 든다는 단점 외에는 매우 좋다고 생각한다. 노량진의 황○기 스파르타의 경우, 노량진의 경우 비용이 월 30~35만 원이고 다른 지역 또한 비슷하다. 황○기 스파르타는 전국 광역시 및 수도권 거점 도시에 입점되어 있다. 박○각 스파르타 또한 서울 및 부산 등의 지역에 위치하고 있으며 가격은 약 15~20만 원이다. 경제적 여건만 된다면 최고의 공부 장소라고 생각한다. 하지만 그런 관리형 자습실이 집 바로 앞에 있는 것이 아니다.

거리적인 문제가 있기 때문에, 자신의 집과 자습실의 위치를 고려해서 30분 이내의 통학 거리라면 가는 것을 추천한다. 이동 시간은 비록 '0'이 아니지만 30분 이내의 거리라면 거리상의 단점을 충분히 커버할 수 있다고 생각한다.

잤다고 한다(밤 12시에 자서 아침 8시 30분 기상). 솔직히 이렇게 하루에 8, 9시간을 충분히 자면 휴일 없이 매일 공부해도 별로 피곤하지 않을 것이다. 매일 공부하도록 하자.

2) 전부 다

하루에 전 과목을 다 보는 것이 좋다(9급은 전 과목, 7급은 5과목 정도). 위에서 언급했다시피 한 달 내내 한 과목이나 두 과목만 할 경우 반드시 지루해지고 다음 번에 볼 때 내용을 다 잊어버리게 된다. 물론 초기 단계(기본 개념 강의를 다 들은 후)에서는 매일 전 과목을 보기는 힘들 것이다. 그러므로 초기에는 위에서 말한대로 4과목 정도가 좋을 수도 있다. 그러다가 일정 단계 이후(다음 챕터의 '6회독 이후'를 의미함)부터는 매일 전 과목(7급은 5과목)을 다 공부할 수 있게 해야 할 것이다.

'전부 다' 보는 방법에 대해 이러한 반론이 있을 수 있다. '매일 전 과목을 본다고 해도 그 해당 과목의 앞부분은 한동안 못 볼 것이고, 어차피 다 까먹는 것 아니냐?'라고. 지당하신 말씀이다. 매일 전 과목을 보지만, 잎부분은 다음 사이클이 올 때까지 못 보기 때문에 학습 내용을 망각할 수밖에 없다. 하지만, 한 과목만을 집중적으로 본다면, 3일에 한 과목 1독을 다 해야 하며(15일에 전 과목을 다 보는 체제이므로) 다음 사이클이 돌아올 때까지 그 과목에 대해 신경조차 쓰지 않게 될 것이다. 하지만 매일 전 과목을 다하게 되면, 공부하는 부분은 다르지만 앞부분과 뒷부분과의 유기적 연관 관계도 있을 뿐만 아니라 그 과목만의 고유한 '감각'이나 '사고방식'을 꾸준히 유지할 수 있게 된다. 따라서 '매일', '전부 다'를 권하는 것이다.

3) 조금씩

'매일', '전부 다' 공부하기 위해서는 당연히 '조금씩' 봐야 한다(너무 당연한 소리겠지만). 과목별로 15일에 1독(과목의 분량에 따라 자신이 조절하면 됨, 어려운 과목은 18일, 20일 정도로)을 하면 되는 것이고, 기본서를 1/15 정도로 쪼개서 매일 정해진 분량만큼을 수행하면 된다. 회독 수가 높아지고 실력이 생기면 1/12 정도로 속도를 올리면 된다(저 수치들은 단순히 우리의 제안이며, 어디까지나 자신의 학습 역량에 맞게 조절하는 것이 최우선이다).

2. 기간별 공부 사이클

회독을 할 때에는 시간에 따라 기본서 회독 대신 압축 회독 강의를 들어도 되고, 기출학습 대신 기출문제 풀이 강의를 들어도 된다.

1) 처음 공부할 때

처음 공부를 한다면 대부분의 수험생이 강의를 들을 것이다. 여기서는 강의를 듣는 수험생의 상황을 가지고 설명을 하겠다. '기본+심화 강의'를 처음 들을 때, 얼마만에 듣는 것이 좋을지에 대한 궁금함이 매우 클 것이다. 그것에 대한 답변과 함께 어떻게 강의를 들을 것인가에 대해 자세하게 설명해 보겠다. 매우 자세하게 서술할 것이니 잘 읽어 보길 바란다.

먼저, 9급 공부에 필요한 모든 강좌 수를 대략적으로 계산해 보면 다음과 같다.

국어 + 영어 + 한국사 + 행정법 + 사회 = 약400강
(95강)　　(80강)　　(85강)　　(80강)　　(70강)
→ 하루에 6강 → 400 ÷ 6 = 약 70일(최대 3개월)

국어(약 95강), 영어(약 80강), 한국사(85강), 행정법(80강), 사회(70강) 총합 400여 강이다(어느 강사의 강의를 듣는가에 따라 다르므로 이것은 대략적인 수치일 뿐이다.) 하루에 최소 6개의 강의는 들어야 하며, 그렇기 때문

에 총 70일 이상이 소요되어서는 안 된다. 그러므로 아무리 길어도 3개월 이내에 완강을 목표로 해야 한다.

7급이라면 국어, 영어 동일, 한국사(100강, 7급 한국사는 양이 많은 강의를 듣는 경향이 있다), 행정법(90~100강, 각론이라는 부분이 추가된다), 행정학(90~100강), 헌법(75강), 경제학(70~80강)으로서, 총합 600~620강이라고 보면 된다(국가직 7급은 영어가 없으므로 영어 80강 제외하여 약 520강). 마찬가지로 하루에 6강씩 듣는 것을 가정하면 최대한 4개월 이내에 끝내야 한다.

국어 +	(영어) +	한국사 +	행정법 +	행정학 +	헌법 +	경제학 =	600여강
(95강)	(80강)	(100강)	(95강)	(95강)	(75강)	(75강)	(약520강)

→ 하루에 6강 → 600 ÷ 6 = 4개월 이내(520 ÷ 6 = 3개월 이내)

무리해서라도 짧은 기간 안에 기본 개념 강의를 끝내라고 권장하는 이유는 자기 혼자 회독하고 체화시키는 과정이 더 중요하기 때문이다. 혼자만의 시간이 없는 공부는 아무런 의미가 없다. 또한 이 단계에서는 강의만 듣는 것일까? 아니다. 초기 단계에서 계속된 복습이 병행되어야만 다음 회독을 할 때 머리에 아무것도 남아 있지 않는 대재앙을 막을 수 있게 된다. 또한 시간적인 측면에서도 복습은 충분히 가능하다. 1시간짜리 강의 내용이라 해도 혼자 복습을 하면 그렇게 많은 시간이 소요되지 않는다. 1000페이지 책을 90강에 나눠서 수업을 하므로 평균적으로 11페이지밖에 진도를 나가지 않기 때문에 복습 양이 적으며, 강의를 듣고 그날 복습을 하기 때문에 복습 시간이 적게 걸릴 수밖에 없다.

하루에 6강을 듣는다는 것은, 한 과목만으로 6강으로 구성하는 것이 아니다. 만약, 국어만 내내 6강을 듣는다면 공부가 너무 지루해질 것이다. 항상 한 번에 3과목을 동시에 공부하는 것이 가장 덜 지루하다. 예를 들어 국어, 영어, 한국사 3과목을 동시에 결제해서 하루에 2개씩 3과목을 수강하면 지루함을 덜 수 있는 것이다. 과목마다 강의 수가 다르기 때문에 짧은 강좌가 끝나면 곧바로 새로운 과목 강의를 결제하여 9급은 총 3개월, 7급은 총 4개월 이내에 끝내면 된다.

다음의 그림으로 쉽게 이해해 보자.

인강 듣는 순서를 '국어 → 영어 → 한국사 → 행정법 → 사회' 순서로 듣는다고 할 경우 다음의 그림처럼 먼저 끝난 과목 뒤에 새로운 과목을 결제해서 들으면 된다.

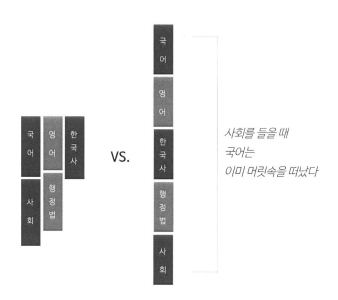

사회를 들을 때
국어는
이미 머릿속을 떠났다

만약 한 과목만 한 달 내내 공부하고 그다음으로 다른 과목을 수강할 경우, 이전 달에 들었던 과목은 모든 과목의 인강을 다 듣고 난 뒤에서야 회독을 다시 시작하게 될 것이다. 한 과목만 하루에 6개를 들으면 그 6강에 대한 복습만으로 하루를 다 보낼 것이기 때문에 이전 달에 들었던 강의에 대한 복습을 할 시간이 별로 없기 때문이다. 이렇게 되면 너무 오랜 시간이 지나기 때문에 이전 강의의 내용은 머릿속에서 지워지게 된다. 반면에, 여러 과목을 병행하여 매일 많은 과목을 공부하면 속도는 느릴지언정 과목별로 공백 기간이 줄어든다. 그러므로 시간이 지나도 학습 내용을 덜 잊어버리게 되는 것이다. 적은 양이지만 동시에 여러 과목이 학습되고 있으니 말이다. 위의 그림을 보면 알 수 있듯이 처음에 국어만 듣고 다른 과목을 다 들을 때까지 기다린다면 모든 과목의 강의를 완강한 후에야 복습 이후에 처음 국어책을 꺼내게 된다.

복습을 하고자 한다면 매일 수강했던 강의의 내용들을 복습하면 된다. 하루에 10시간 정도 순 공부 시간이 나온다고 가정하면 강의를 듣는 데에 7시간을 소요하고 나머지 3시간을 강의 복습에 할애하면 된다. 오늘 들었던 것을 몇 시간 뒤에 바로 다시 보는 것이기 때문에 복습 시간이 짧을 수밖에 없다는 것은 이미 앞에서 언급하였다. 만약, 복습 시간이 부족하다면 대충이라도 복습을 하길 권한다(대충이라도 일단 보기는 다 봐야 한다). 강의 시간이 공부 시간의 대부분이기 때문에 만약 이 시점에서 복습을 놓친다면 다음 회독 때 정말로 기억이 하나도 안 나게 될 것이기 때문이다. 지금까지 몇 달간 고생하며 들었던 것이 그냥 한순간에 뻘짓이 되기 전에 조심하도록 하자.

Tip. 처음엔 어떤 순서로 강의를 들어야 하나요?

본인이 원하는 대로 하면 된다.

다만 영어와 국어는 되도록 처음에 수강하는 것이 좋다고 생각한다. 국어와 영어의 경우에는 문제 적응 훈련이 중요한 과목이므로 일단 기본 개념을 알고 문제 풀이를 많이 해야 하기 때문이다. 그렇기 때문에 처음 결제할 3과목에 되도록이면 국어, 영어를 먼저 포함시키기 바란다.

2) 기본 개념 강의를 다 들은 후

위의 과정을 거쳤다면(공부를 때려 치우지 않았다면) 기본 개념 강의 1번 수강, 복습 1회독 총 2회독이 되었을 것이다. 이 상태에서는 어느 정도 기억에 남는 것도 있고 잊어버린 것도 있을 것이다. 여기서부터 반복되는 회독과 기출문제 풀이가 필요하다.

대부분의 기본서가 1,000페이지에 달할 것인데, 이를 30으로 나누어 보자.

그러면 하루에 1/30만큼 기본서를 회독하고 그 진도에 맞추어 기출문제를 풀어보면 된다는 결론이 나온다(여기서 기출을 풀 때는 굳이 책을 덮어 놓고 혼자의 힘으로 풀 필요는 없다. 기출을 처음 하는 것에 무리가 있다면, 오픈북 형태로 풀어도 아무 상관없다). 보통 30등분을 가정했을 때 기출문제의 하루치 양이 50여 문제 정도 될 것이다.

그렇게 해서 하루의 학습 패키지가 기본서 회독 1/30, 기출문제 풀이 1/30으로 구성된다. 이를 매일 하면 30일에 기본서 1독과 기출문제 1독을 하게 되는 것이다. 하지만 위에서 언급했다시피 한 과목만 하게 되면 반드시 지루해지게 된다. 그렇기 때문에 자신의 학습 수준을 고려하여 여러 과목을 동시 진행하는 것이 좋다. 1과목당(1/30) 양이 생각보다 많지 않기 때문에(과목별 패키지별로 약 2시간 소요 예상), 9급의 경우 하루에 4과목, 7급의 경우 하루에 5과목 정도를 하는 것이 합리적이다.

이 과정을 실시하면 '전 과목 기본서 1독 + 기출문제 1독'을 하는 데에 약 40일이 소요된다(9급의 경우). 여기서, 기출문제 풀이는 되도록 혼자서 하는 것이 좋지만 강의를 통해서 해결하고 싶을 경우에는 그렇게 해도 된다.

Tip. 기출문제는 그냥 풀기만 하면 되는 건가요?

위에서 말했다시피 기출문제는 반복하다 보면 반드시 답을 외우게 되고 타성에 젖게 되어 있다. 그렇기 때문에 기출을 2번 정도 보면 한동안 내려놓는 기간도 필요하다. 그렇다면 기출문제에서 뽑아낼 수 있는 것은 초반에 다 뽑아 놔야 하지 않을까? 그렇다면 무엇을, 어떻게 뽑아낼 수 있을까?

문제를 보면서 빈출되는 주제는 기본서에 별표라든지 중요 표시 등을 통해 강조해 놓는 작업이 필요하다. 또한, 기출문제에는 있지만 기본서에서 본 적 없는 내용들, 틀렸거나 어려운 내용들을 기본서에 다 옮겨서 기본서를 단권화하는 작업이 필요하다.

기출 2회독 때는 또 다른 작업이 필요하다. 선택지를 읽었을 때 ○× 판단이 서지 않는 선지(특히 한국사, 행정학, 행정법, 사회)에 반드시 형광펜으로 색칠을 해 놓아야 한다. 이 작업들을 이 시점에 해 놓아야 시험 치기 직전에 다시 볼 수 있다.

그럼 왜 이 형광펜 칠을 이 시기에 하는 것일까? 이 작업은 기출 1회독 때 하는 것보다는 기출 2회독 때 하는 것이 낫다. 처음 기출문제를 풀 때는 모르는 것이 너무 많아서 형광펜 칠을 남발하게 되므로 어느 정도 공부를 한 상태인 기출 2회독에 해서 형광펜으로 칠한 것의 개수를 줄여야 하기 때문이다(전체의 20~30% 정도가 적절하다).

반대로 공부가 매우 많이 되어 있을 때 형광펜 칠을 하면 어떻게 될까? 모르는 것이 많지 않아 형광펜을 칠하는 선지의 개수가 많지 않을 것이다. 막판에는 모든 단원의 내용들을 머릿속에 리마인드해야 하고, 중요한 것들도 그 시점에는 매우 빠른 속도로 재점검해야 한다. 그러나 어려운 내용들만 형광펜 칠이 되어 있다면, 기본적이고 중요한 내용들은 빼 버린 채 리마인드를 하게 될 것이다. 기본적이고 중요한 것들은 자주 나오는 것이기 때문에 그래도 반드시 한 번은 보고 시험장에 가야 한다. 그렇기에 더더욱 형광펜 칠을 얼마나 할 것인가가 중요한 것이다. 그러므로 기출 2회독 때 형광펜을 칠하자!

위의 40일 과정(전 과목 기본서 1독 & 기출문제 1독)을 2번 정도 실행하면 총 6회독이 되고 공부를 시작한 지 5~6개월이 지났을 것이다.

기본 강의 1회, 복습 1회, 기본서 1회독 & 기출 1회독

→ 다시 기본서 1회독 & 기출 1회독 (★ 이때 형광펜 칠하기 ★)

3) 6회독 이후에(시험 2달 전까지 계속 반복) = 대충 & 여러 번

이때부터는 모의고사와 기본서의 회독이 병행이 되는 시점이다. 지금부터는 기본서를 30등분 하지 말고 15등분을 해서 15일에 1독을 하는 방향으로 가야 한다(만약 그것이 힘들다면 좀 더 양을 줄여도 되지만 되도록 20등분을 넘어가진 않게 하자. 그렇게 하면 너무 느리다). 이렇게 하면 한 달에서 한 달 반 만에 전 과목 기본서를 2번 볼 수 있게 된다. 가장 중요한 것은 깊이가 아닌 속도이다. 대충 봐도 된다. 이 정도로 속도로 여러 번 보면 무조건 암기될 수밖에 없다. 가장 중요한 것은 속도이므로 대충, 여러 번 본다는 마음가짐을 가지도록 하자.

그리고 동형 모의고사를 구해서 푸는 것이 필요한데 어떻게 푸는 것이 효율적일지에 대해 설명하겠다. 전 과목 동형을 푸는 데에 하루에 120~140분(7급) 내지 100분(9급)이 소요된다. 어떤 한 과목의 하루치 기본서를 읽으면 곧바로 동형 모의고사 한 회를 푼다. 틀린 것과 어려운 것, 잘 몰랐던 것들은 기본서를 참고하고 단권화 과정을 거치면 된다. 이 과정을 1세트로 하여 하루에 5과목을 실행하면 된다. 공무원 모의고사는 과목당 푸는 시간이 오래 걸리지 않는다. 수능의 경우 수학 한 과목만 해도 100분인데 9급 공무원은 전 과목을 합쳐야 100분이기 때문이다.

처음 모의고사를 풀면 당연히 많이 틀릴 것이다. 이때, 틀리는 것에 대한 겁을 먹지 않도록 한다. 동형 모의고사는 실제 시험보다 훨씬 어렵게 출제되며 아직 공부가 덜 되었기 때문에 더욱 틀릴 수밖에 없는 것이다. 우리의 목표는 동형 모의고사 고득점이 아니라 이를 통한 문제 적응 훈련과 '새로운 문제에 대응하는 사고 알고리즘'을 키우는 것이다. 이 상황에서 또 모의고사 단권화를 해야 한다(참 할 게 많다). 그 이유는 '학습'을 위해서다. 단순히 모의고사를 푸는 데서만 끝난다면, 그것은 '학습'이 없는 '연습'일 뿐이다. 모든 공부는 학습과 연습이 병행되어야 한다. 모의고사를 풀면서 모르는 부분, 틀렸던 부분, 헷갈렸던 부분, 까먹었던 부분을 정리해서 내 것으로 만들어야 한다. 이것이 진짜 학습이다.

모의고사 단권화에 대한 이야기는 'Tip. 단권화란 무엇이고, 어떻게 해야 하나요?'에 자세히 설명해 놓았으니 참고하길 바란다.

4) 시험 2달 전

그렇게 공부하다 보면 어느새 시험이 2달 앞으로 다가왔을 것이다. 이때 요약 파이널 강의가 판매되는데, 본인 공부 수준에 따라 요약 파이널 강의가 필요하다면 들어도 괜찮다.

대신 전 과목을 수강하지 말고 1~2과목 정도만 수강하는 것을 권한다. 요약 강의를 듣는다면 해당 과목 동형 모의고사는 잠시 접어두고 기본서 회독과 요약 강의를 병행하면 된다(모의고사를 풀 시간까지 있다면 풀어도 된다. 하지만 현실적으로 시간이 없을 것이다). 요약 강의는 순식간에 완강할 것이기 때문에 끝나면 다시 모의고사를 꺼내면 된다. 시험이 얼마 남지 않았기 때문에 회독 주기를 또 줄일 필요가 있다. 15등분으로 구성한 회독 사이클을 12등분으로 줄여 공부 스피드를 빠르게 가져가야 하는 때가 이 시기다(어디까지나 이 기준은 이상향이고, 자신의 학습 역량에 따른 선택이 최우선이다).

그리고, 동형 모의고사를 몇 달치 풀었으면 꽤 많이 풀었을 것이다. 그렇기 때문에 한동안 접었던 기출문제를 다시 꺼내자. '기본서 + 기출문제 풀이'를 한 패키지로 하루에 5과목을 실시하도록 하자. 하는 방법은 이전과 똑같다. 기본서 읽고 기출문제를 풀고 분량은 하루에

1/12등분만큼 보면 된다.

다시 한 번 말하지만, 깊게 보는 것이 아니다. 공무원 시험의 공부 양은 사람이 온전히 담을 수 없는 양이기 때문에 깊이보다는 반복이 더 중요하다. 그러므로 한 페이지를 보는 데 5분 이상 소요되어서는 안 되며, 한 달에 전 과목 기본서와 기출문제를 2~3번(양이 많은 과목은 2번, 적은 과목은 3번) 정도는 볼 수 있도록 한다.

5) 시험 한 달 전

위의 작업을 정상적으로 했다면 한 달에 2~3번은 봤을 것이다. 설령 3번을 보지 않았다 해도 3번까지 보고 이번 단계를 실행하기 바란다. 앞으로 15일 정도는 매일 오전에 동형 모의고사를 푸는 것이 좋다. 거의 한 달을 기출문제 위주로 학습했기 때문에 실전 감각이 상당히 줄었을 것이기 때문이다. 그러므로 다시 실전 감각을 끌어올리는 작업이 필요하다(동형 모의고사를 구하기 힘들다면 구할 수 있는 만큼만 풀자. 단, 영어와 국어는 어떠한 경우에도 매일 문제를 풀자).

또한 오전에 시험을 치기 때문에 가급적 오전 스케줄에 모의고사 풀이를 포함하기 바란다. 동형 모의고사 풀이를 다시 시작했기 때문에 그에 따라 기출문제 풀이를 중단한다. 기본서 회독 속도의 경우, 1/12등분으로 회독을 하면 좋다.

6) 시험 2주 전

이 시기에도 기본서는 놓으면 안 된다(이제 드디어 마지막 회독이다!). 이전에 미뤄 놓았던 것들을 해야 할 때가 바로 이 시기다. 예를 들어, 연도나 숫자 암기 등이 필요하다. 사회의 정치 파트에 나오는 국회 정족수 등 미뤄 놨던 자질구레한 것들을 외워야 할 시기이다. 또한 이전에 작업해 놓았던 기출문제에서 형광펜 칠해 놓은 것을 꺼내자. 즉, 2주 동안 '기본서 1독(1/12~1/14 등분) + 기출문제 형광펜 1독(형광펜은 총 기출문제의 20~30%이기 때문에 시간이 적게 걸린다) + 자질구레한 것들 외우기'를 하면 된다. 이 시점에서 가장 중요한 것은 자질구레한 것들을 암기하는 것이다.

이 시점에 외우지 않으면 절대 외울 수 없다. 반드시 명심하도록 하자.

7) 시험 하루나 이틀 전

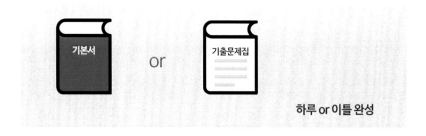

전 과목을 하루에 다 보는 것이 제일 좋다. 하지만 생각만큼 쉽지 않다. 적어도 이틀 안에는 전 과목을 다 훑어볼 수는 있게 해야 한다.

(1) 2일 만에 기본서 읽기… 도대체 가능한 것일까?

매우 빠르게 봐야 하며 평소 기본서에 적어 놓았던 제목 옆의 '키워드'와 '목차' 위주로 머릿속을 환기시킨다는 느낌으로 봐야 한다. 세부 내용은 절대로, 절대로 읽으면 안 되고 무조건 제목만 보면서 '익숙함', '친숙함' 등을 유지하면서 쭉쭉 나가야 한다(읽는다는 느낌이 아니라 '본다' 혹은 '구경한다'는 느낌으로 쭉쭉 넘기는 것이다). 다시 한 번 말하지만 절대로 세부 내용을 읽으면 안 된다. 그러면 나도 모르게 세부 내용에 빠져들게 되고, 절대로 하루 혹은 이틀 만에 다 볼 수 없게 되어 버린다.

만약 기본서를 보지 않고, 문제집만 보겠다고 한다면 기출 2회독 때에 형광펜 칠한 것들을 다시 봐도 된다. 이것들의 양 자체는 그렇게 많지 않고 이것 또한 대충대충 읽는 것으로 하루를 마무리하면 된다. 하루나 이틀 전 공부는 무조건 속도만 맞추면 된다.

'아니, 대충대충 쭉쭉 읽을 것이면 도대체 이 짓을 왜 하는가?'에 대한 질문이 있을 것이다. 자극을 주기 위함이다. 지금까지 우리가 제시했던 회독 사이클을 돌리면, 지나간 내용은 다음 사이클(12~15일)이 되기 전까지 다시 보기 힘들다. 그렇기 때문에 이 과정이 없다면 어떤 특정 내용은 '본 지 며칠 된' 내용들이 될 것이다. '본지 며칠 된' 상태라면 시험장에서 온전히 기억을 끌어올 수 없다. 그래서 약하지만 '광범위한 자극'을 주어서, 시험장에서는 '어쨌든 어제 하루 동안 다 보긴 했다'라는 상태가 될 수 있게 해야 한다.

9) 시험 전날 몇 시까지 공부?

시험 전날은 새벽 3시나 4시까지 공부하는 것을 추천한다. 어떤 강사는 "여러분들이 시험 전날 밤을 아예 새우고 갔으면 해요"라고 말했다. 실제로 집필진 중 1명은 새벽 3~4시까지 공부하고 갔다고 한다(그 1명은 자신을 지금 이 자리에 있게 한 것이 그날의 새벽 공부라고 말했다). 공무원 시험은 수능과 다르게 지식형 시험이기 때문에 컨디션의 영향이 비교적 적은 편이다. '알면 맞히고 모르면 틀리는' 식이다. 컨디션이 난조라고 하여 머릿속에 있는 지식을 기억 못할 리는 만무하다. 정말로 그렇다. 따라서 최대한 머릿속에 많은 지식을 넣고 풀(Full) 감각의 상태에서 시험을 치르는 것이 더 합리적일 수 있다. 여담이지만, 새벽 4시까지 공부하고 갔다는 그 1명은 그 시간 동안 행정법 최신 판례 자료를 보고 갔다는데, 그 최신 판례 자료에서 다음 날 국가직 7급 시험에 3개가 출제되었다고 한다. 물론 그 최신 판례 자료는 그날 처음 본 것이라고 한다. 만약 일찍 잤다면 지금 다시 공부를 하고 있었을 거라고 했다. 따라서 시험 전날이라고 너무 일찍 자지 말고 새벽 3~4시까지 책을 보고 잠자리에 드는 것으로 하자.

10) 시험장에서는 어떻게 해야 할까?

시험장에서는 돌발 변수가 나타날 수 있다. 책상이 삐걱거릴 수도 있고 옆자리에 다리 떠는 사람이나 콧물 훌쩍이는 사람이 있을 수도 있으며 하필 내 앞에서 감독관이 서성거릴 수도 있다.

한 수험생이 겪었던 시험 날의 에피소드를 소개한다. 한번 읽어 보자.

작년 합격생(현직)입니다. 저의 작년 시험 하루 전날 이야기입니다

작성일: 2017년 6월 16일

국가직 하루 전날, 지방직 하루 전날은 집에 11시에 귀가했다. 일찍 자려고…. 근데 두 날 다 밤새고 시험장에 갔다. 1분도 못 잤다. 정말 미치겠어서 잠이 안 왔다. 그래서 새벽 4시쯤 그냥 다시 책상에 앉아서 오답 노트랑 행정법 요약서를 읽고 필기 노트도 읽었다. 아마 나처럼 못 자는 사람 정말 많을 것이다. 시험 전날 자야 머리가 맑은 건 사실이겠지만 두 날 다 못 잤는데 국가직은 떨어지고 지방직은 붙은 거 보면 합격은 그간 해 온 성실함과 간절함의 결과인 것이고 잠과는 큰 상관이 없으니 자신을 믿길 바란다! 잠을 자면 '어머, 잠을 잤으니 머리 맑아서 붙겠다', 잠을 못 잤으면 '어머, 안 자고 한 자라도 더 봤으니 붙겠다' 생각하면 그만이다.

시험장에 나는 일찍 갔다. 국가직은 1등, 지방직은 4등으로 간 듯하다. 일찍 가서 책걸상 움직이는 것도 확인하고 시험장 분위기에 익숙해지면 좋다. 그날 책 많이 가져가 봤자 눈에 잘 안 들어오니 A4에 요약한 거나 필기 노트 같은 거 얇은 것만 가져가자. 시험 도중 초콜릿 먹을 수 있으니 가져가도 좋다(껍질 소리 나는 ABC 초콜릿은 금물).

나는 처음 풀 과목이 국어였기 때문에 국어 모의고사를 한 회차 출력해서 갔다. 갑자기 시험지 내밀면 뇌가 당황할 거 같아서 뇌 운동 겸 몸풀기로 가볍게 푸니까 확실히 좋았다. 국가직 때도 그럴걸 하고 후회될 만큼. 그리고 시험 시작하면 첫 번째 풀 과목은 진짜 눈에 안 들어온다. 정말로. 내 동생도 그랬다고 한다. 그러니까 대부분의 사람들이 처음 5문제는 '어… 어… 허… 어…' 하면서 유체이탈로 풀 거고 아마 6번 풀 때쯤부터 집중하게 될 것이다. 그러므로 앞에 1~5번은 실수 없는지 한 번만 빠르게 더 봐 주는 게 좋다. 많은 사람들이 옳지 않은 것과 옳은 것 고르는 부분에서 실수를 많이 할 것이다. 나는 옳지 않은 것을 고르라고 하면 '옳지 않은'이라는 부분에 x를 크게 적고 문제를 풀었고 '옳은'에는 동그라미를 '딱' 쳤다. 시험장 가면 다리 떠는 사람, 킁킁거리는 사람 천차만별이니 예민하면 귀마개를 가져가자. 웬만하면 감독관도 허락해 줄 것이다. 컴퓨터 사인펜은 미리 사서 마킹 연습 좀 해 놓자. 새 것은 촉이 너무 얇을 테니 꾹꾹 눌러 뭉개서 칠하기 편한 상태로 만들어 두자.

국가직 시험은 OMR 카드에 수정테이프를 쓸 수있어서 부담없는데 지방직은 무조건 새로 교체해서 작성해야 한다. 다시 이름, 주민번호, 응시번호를 다 써 넣어야 하니 시간 소비가 엄청나다. 그래서 지방직은 손이 덜덜 떨린다. 나는 OMR 카드 작성을 2번이나 틀려서 총 3개를 작성했는데 3번째 때 진짜 또 틀리면 죽고 싶은 심정이었을 것이다. 손이 떨리기에 잠시 손을 내려놓고 호흡을 했다. 그래도 거의 반 미쳐서 울면서 겨우 마킹을 마쳤다. 종 치는 순간 온몸에 힘이 풀리면서 눈물 쏟아져서 엎드려서 울고 시험장 나오면서도 울면서 동생한테 전화했다. 평소에 마킹 연습을 그렇게 했는데도 긴장하니 자꾸 틀렸다. 마킹 틀리면 남은 시간 보고 과감히 한 문제를 버리는 것도 방법이다. 한 번 틀리니 두 번 틀리기는 쉬웠다. 이미 당황을 해서. 지방직은 너무 긴장되는 시험이었다.

시험 당일에는 무조건 일찍 일어나는 것이 좋다. 보통 아침 9시까지 입실 완료이므로 늦어도 8시엔 도착을 해서 시험장 분위기도 느껴 보고, 화장실도 여유 있게 갔다 오면서 마음의 준비를 하자. 시험장에 가면 두 종류의 사람들이 있다.

하나는 시험 직전까지 열심히 요약 노트나 책을 보는 사람들, 나머지 하나는 아무것도 안 보고 멍 때리는 사람들. 무엇을 할지는 정해진 것이 없다. 그저 자신의 스타일에 맞게 행동하면 된다(사실 보는 게 좋다. 그 순간에 본 내용이 혹시 시험에 나올 수도 있으니까).

문제 풀이 순서와 시간 안배는 어떻게 할까요?

시간이 많이 걸리는 과목과 적게 걸리는 과목이 있다.

전자는 국어, 영어, 수학, 경제학. 후자는 한국사, 행정법, 행정학, 사회, 헌법 등이다. 시간이 많이 걸리는 과목들을 한 번에 같이 해결하기는 너무 힘이 든다.

영어나 국어의 문제 풀이가 머리에 주는 부담은 한국사, 행정법을 풀 때의 부담보다 훨씬 더 크다. 기본적으로 문제 해결력, 돌파력(?), 새로운 문제에 대한 사고 알고리즘을 최대한 요구하기 때문이다.

그래서 가장 처음에 국어나 영어 중 하나를 풀고 제일 마지막에 나머지 하나를 하는 것이 가장 합리적이라고 생각한다(머리를 식힐 시간이 있어야 하므로). 그리고 중간에는 한국사, 행정법, 사회 등 시간이 적게 걸리고 머리에 주는 부담이 적은 과목을 배치하는 것이 맞다.

그 후, 마지막 힘을 짜내어 영어나 국어에 힘을 쏟는 것이 합리적이다.

국어(or 영어) → 한국사 → 행정법 → 사회 → 영어(or 국어)

(※ 한국사, 행정법, 사회는 순서 상관없음)

권장 소요 시간(별별선생 추천)

국어	한국사	행정법	사회	영어 / 나머지
22분	11분	14분	14분	39분

3. 주 단위 학습 시간표

이 시간표는 처음으로 인강을 들을 때가 아닌 인강을 다 듣고 난 뒤의 상황에 대한 것이다.

1) 9급 기준

초기 단계(6회독 이전) 주 7일, 하루에 4과목 공부이므로 총 28번의 학습 시간이 있다. 5과목이므로 과목당 약 5회나 6회가 된다. 먼저, 공통과목을 한 주에 각 6회 학습한다(총 18회). 공통과목이 9급에서는 매우 중요하기 때문이다. 그리고 남은 2개의 선택과목은 각 5회씩 배정하면 총 28번의 학습 시간이 채워질 것이다. 구체적인 배열은 하고 싶은 대로 배정하면 된다. 6회독 이후, 기본서를 빠르게 볼 수 있다면 하루에 5과목을 다 하면 된다.

월	화	수	목	금	토	일
국어	국어	국어	국어	행정법/학	국어	국어
영어	영어	영어	사회	영어	영어	영어
한국사	한국사	한국사	한국사	한국사	사회	한국사
사회	행정법/학	사회	행정법/학	사회	행정법/학	행정법/학

※ 1일치 공부에서의 과목 순서는 상관없음

2) 7급의 경우

역시 초기 단계에는 하루에 4과목씩이므로 총 28번의 시간이 있다. 7과목이므로 각 과목당 4번씩 배정되는데 취약 과목 3과목을 선정해 5번씩 배정할 필요가 있다(15회). 나머지 13회에는 '3, 3, 3, 4'로 배정하면 될 것이다. 7급은 공통과목과 나머지 과목의 중요도가 거의 같기 때문이다.

⟨하루에 4과목씩 학습할 경우⟩

월	화	수	목	금	토	일
국어	영어	국어	국어	국어	영어	국어
헌법	헌법	한국사	헌법	한국사	헌법	헌법
행정학	한국사	행정학	영어	행정학	행정학	행정학
행정법	경제학	행정법	경제학	행정법	경제학	한국사

※ 취약 과목(국어, 헌법, 행정학 가정 각 5회), 나머지(3, 3, 3, 4회)

⟨하루에 5과목씩 학습할 경우⟩

월	화	수	목	금	토	일
국어	영어	행정법	국어	국어	국어	국어
헌법	헌법	헌법	헌법	헌법	헌법	영어
영어	행정학	행정학	행정학	행정학	행정학	행정법
한국사	한국사	영어	한국사	영어	영어	한국사
행정법	경제학	경제학	경제학	행정법	한국사	경제학

※ 취약 과목(국어, 헌법, 행정학 가정 각 6회), 나머지(4, 4, 4, 5회)

다양한 스터디 플래너 양식,
'별별선생'에서 다운 받자!

월의 스터디 플랜

Created by No.1 공무원 강사리뷰 플랫폼 별별선생

국어	영어	한국사		
☐	☐	☐	☐	☐
☐	☐	☐	☐	☐
☐	☐	☐	☐	☐
☐	☐	☐	☐	☐

일요일	월요일	화요일	수요일	목요일	금요일	토요일

메 모 장	이번 달 평가
	☆☆☆☆☆ 이번 달의 나, 셀프 리뷰

"어둡고 침침한 독서실이 너무 답답해요. 독서실에선 공부 못 하겠어요."

그것이 궁금하다 - 프리미엄 독서실

요즘 들어 '프리미엄 독서실' 혹은 '스터디 카페'가 많은 사람들에게 인기를 얻고 있다. 어둡고 비좁은 곳에 칸막이가 있는 책상이 쫙 깔려 있는 천편일률적이던 기존의 '독서실' 형태에서 탈피해, 카페 같은 분위기의 자유로운 좌석, 도서관처럼 서가 사이에 책상을 비치한 형태 등 다양한 스타일의 학습 공간을 제공함으로써 학습자가 자신의 공부 스타일에 맞는 공간을 선택할 수 있도록 한 독서실이다. 특히 카페 같은 형태의 공부 공간은 지금까지 카페에서 눈칫밥을 먹어 가며 공부할 수밖에 없었던 '카공족'들에게도 큰 각광을 받고 있다.

주로 이러한 형태의 프리미엄 독서실은 노량진뿐 아니라 신촌, 강남, 대학가 등 공부하는 젊은이들이 많이 모이는 지역에 많이 분포하지만 지방에도 많이 만들어지고 있는 중이다.

(사진: 하우스터디 노량진 센터)

하우스터디 - 아모르이그잼 강의 들을 사람 주목

전국 각지에 약 170여 개의 지점을 보유하고 있는 프랜차이즈 독서실로, 노량진 지점의 경우 1인식, 고정석, 자유석 등의 좌석이 마련되어 있고 그 외 인터넷 강의를 들을 수 있는 공간, 카페 라운지, 푸드존, 스터디룸이 있어 수험생들이 각자의 편의에 맞게 공간을 사용할 수 있다. 노량진 지점의 경우 최근에는 아모르이그잼과 협업하여 독서실 이용자들은 무료로 아모르이그잼의 인터넷 강의를 제공받을 수 있고, 아모르이그잼에서 자체 제공하는 온라인 모의고사 서비스도 이용할 수 있어 공무원 시험 준비생들이 많은 도움을 받고 있다.

● 주소: 서울시 동작구 만양로14나길 15
● 전화번호: 02-813-7775
● 홈페이지: www.haustudy.co.kr
● 찾아가는 법: 노량진 컵밥거리에서 골목길 좀 더 깊숙이 들어가면 됨

잇츠리얼타임- 노량진 최대 규모의 프리미엄 복합 공간

메가스터디그룹 내 공간이자 문화 사업을 하고 있는 ㈜메가
C&S가 운영하는 프리미엄 독서실이다. 나무와 잔디를 품고 있
는 자연 친화적인 콘셉트로 한강이 펼쳐져 보이는 대학 중앙도
서관 규모의 열람실, 10가지 형태의 다양한 열람실 좌석, 음악과
책, 커피가 함께 하는 라운지, 바리스타가 상주하는 프리미엄 카
페 등 다양한 공간과 서비스를 제공한다.

▶ 단순한 '독서실'이 아닌, 청춘들의 꿈과 미래를 위한 공간

잇츠리얼타임은 세상과 단절된 듯 어둡고 우울한 노량진 수험
가를, 미래를 고민하는 청춘들이 모이는 밝고 진취적인 '커뮤니
티 공간'으로 바꾸겠다는 야심찬 의지가 담긴 공간이다. 특히 학
습 공간 외에 넓은 공용 라운지와 스튜디오도 확보하고 있으며
젊은 청춘들을 위한 강연과 다양한 체험 프로그램이 이뤄지고
있다.

▶ 공간 이름이 It's realtime이다. 무슨 뜻인가?

'잇츠리얼타임'의 리얼타임은 '나 자신만을 위한 진정한 시간',
'진짜 나다운 시간', '삶의 본질을 찾는 여정'이라는 여러 뜻을 담
고 있다. 이 공간에 있는 시간만큼은 오로지 자신을 위한 진중한
시간을 보내자는 의미에서 브랜드명을 '잇츠리얼타임'으로 정했
다.

● 주소: 서울특별시 동작구 노량진로 140 메가스터디타워 5층
● 전화번호: 1588-4710
● 홈페이지: www.itsrealtime.co.kr
● 찾아가는 법: 노량진역 3번 출구에서 나와 걷다 보면 메가스
　터디타워가 바로 보임

TIP

잇츠리얼타임 홈페이지의 공지
사항을 틈틈이 살펴보면 '신규
회원 1만 원 할인', '무료 도서
증정 이벤트', '청춘을 위한 무
료 특강' 등과 같은 깜짝 이벤트
가 종종 올라오니 잘 활용하면
좋다. 또한, 다른 독서실과는 달
리 시간제(10분당 300원)로 이
용도 가능하여 공강 시간을 활
용하기 좋은 공간이다.

NOTICE

잇츠리얼타임은 'R'이라는 자체
화폐를 사용한다(1R=10원).
R은 버스카드처럼 충전해서 라
운지, 스터디룸 그리고 카페에
서 사용할 수 있다.
특히, 학원, 식당, 지하철 등 기
타 복합 시설이 건물 내에 있어
최소한의 동선으로 효율적인 학
습이 가능하다.

보통은 이렇게 알고 있다

공무원 시험의 면접은 변별력이 없다.
마음을 비우고 편하게 다녀오는 것이 오히려 합격의 확률을 높이는 지름길이다.

이런 말은 해 주지 않는다

큰일 날 소리다.
분명 면접에서 대부분 합격하긴 하지만 그 대부분의 사람들이 열심히 준비한다.
학원과 스터디를 통해 면접에 철저히 대비한다.
상식적으로 자신의 인생이 걸린 시험인 데다 거의 끝까지 완주했고 결승점이 코앞인 상황인데
어느 누가 대충 할까?
면접의 경우 공직 가치, 상황 판단, 인성 등을 다양하게 물어본다.
수험생이 순수하게 답변하는 시간이 9급은 40분, 7급은 120분이나 된다.
결코 만만하지 않다.

Part 7
면접

1. 면접은 어떻게 준비하나요?

공무원 면접은 이전과는 다르게 매우 어려워졌다. 공무원 면접을 겪어 보지 않은 사람들은 "공무원 면접은 웬만하면 다 붙는다", "준비 별로 안 해도 된다" 등등 말도 안 되는 소리를 하곤 한다. 그러나 전혀 그렇지 않다. 필기에서 뽑는 배수가 약 1.3~1.4배수이기 때문에 10명중에 3명 정도는 불합격을 한다. 게다가 질문의 수준과 수험생들의 준비 정도가 매우 높아졌기 때문에 면접을 만만하게 보다가는 다시 이 가이드북을 처음부터 봐야 할 수도 있다.

면접 분야에서 유명한 강사가 몇 있다. 이○우 강의의 경우 수강료는 7급 기준 50만 원, 9급 기준 약 10만 원이었다(온라인 강의의 경우는 수강 기간, 패키지 여부에 따라 수강료에 차이가 있을 수 있다). 7급의 경우 온라인 강의로는 제공되지 않고, 9급은 온라인 강의를 들을 수 있다.

스○마 강사 또한 면접 분야에서 예전부터 유명했다. 수강료는 약 12~15만 원선인데, 우리 집필진 중 한 명이 이○우와 스○마 강사의 수업을 모두 들어본바 둘 다 특성이 다르며 일장일단이 있다고 했다. 전자의 경우는 정책 관련 설명이 풍부하고 체계적인 답안 서술에 강점이 있고 후자의 경우, 개인의 경험 질문, 공직 가치에 대한 답변 준비에서 강점을 보였다.

피○윤 강사의 경우 실제로 면접을 경험해 본 사람들의 면접 복기 내용이 교재에 풍부하게 실려 있는 것이 최대 장점이다. 피○윤 강사의 수업을 들으면 거의 의무처럼(?) 면접이 끝난 직후 면접 복기 내용을 선생님에게 제출하는데 그 복기 내용들이 다음 해 교재의 베이스가 되는 식이다. 또한 그해에 이슈가 될 만한 사회 현안과 정책 관련 배경 설명이 풍부한 것도 장점이다.

면접 준비에 대해서는 모든 수험생이 제대로 모른다. 그렇기 때문에 강사에게 지나치게 의존하는 경향이 어느 정도는 있다. 수강료가 상당히 비싸기 때문에 어떻게 보면 상술이라고 볼 수도 있겠지만, 방금 필기시험에 붙은 수험생이라면 면접에 대해 제대로 알 리가 없으니 결국 면접 학원을 알아볼 수밖에 없는 것이다. 물론 학원 수업 없이 면접을 준비하고 그렇게 준비해서 붙는 사람들도 많다.

면접에서 또 다른 중요한 요소는 스터디이다. 대개 학원을 다니게 되면 학원에서 스터디를 다 꾸려 주기 때문에 그 커리큘럼을 그대로 따라 하면 되지만, 공드림, 9꿈사 등 커뮤니티를 통해 면접 스터디를 자체적으로 만드는 경우도 많다.

스터디가 필수인 이유는 면접은 사람 대 사람 간의 대화이기 때문에 스터디원들과 의견을 교류하고, 면접 시뮬레이션을 통해 나의 단점을 고쳐나갈 수 있기 때문이다(단, 필기 합격 후 면접 스터디를 하면 정말 재밌고 신난다. 하지만 마치 합격한 것 같은 착각에 빠질 수 있으니 조심하길 바란다).

2. 면접은 어떻게 진행되나요?

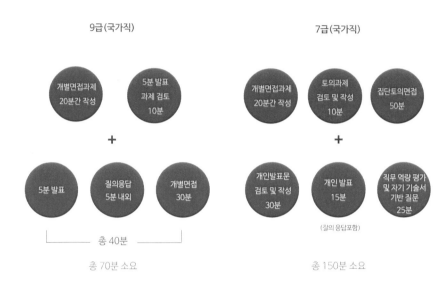

9급의 경우 총합 70분, 7급의 경우 총합 150분 소요라고 되어 있지만 대기 시간을 생각해야 한다.

자기가 각 조의 순번이 앞번호라면 오래 기다리지 않고 금방 면접을 마치고 집에 돌아갈 수 있지만, 순번이 거의 끝번이라면 3~4시간을 대기하다가 저녁 늦은 시간이 되어서야 귀가하게 될 수도 있다.

그리고 국가직 7급의 경우 위 도식에는 나오지 않지만 중간에 점심시간이 있다. 물론 도시락은 각자 챙겨 와야 한다.

3. 필기 점수가 낮으면 면접에서 불합격할 확률이 높다는데 사실인가요?

1) 국가직

대개 1조당 6~8인으로 구성된다. '우수'를 받으면 필기 성적에 관계없이 합격이고 '미흡'은 필기 성적에 관계없이 무조건 탈락이다. '보통'은 남은 TO대로 성적순 합격이다. 필기가 1배수 안에 든다고 해서 무조건 합격하는 것이 아니고 반대로 자신의 성적이 꼴찌라도 '우수'를 받아서 합격할 수 있는 것이다. 또, 필기 시험에서 1등이라 해도 '미흡'을 받게 되면 불합격 처리가 된다(실제로 필기에서 높은 성적을 받는 사람들이 최종 탈락하는 경우는 생각보다 많이 있다).

2) 지방직

경기도 지방직의 경우 우수와 미흡을 받은 사람은 추가심층면접을 본다고 한다(다른 지방직에 대해서는 어떻게 운영되는지 알지 못한다. 이해해 주기 바란다). 그런데 그 추가심층면접을 본 수험생이 극히 일부였다고 한다. 그렇기 때문에 절대 다수가 '보통'을 받았다고 이해해도 될 것 같다. 대개 지방직은 거의 성적순이라는 의견이 지배적이다.

4. 면접 시 '미흡 할당제' 등 말이 많은데 할당제가 뭔가요? 정말 있는 건가요?

면접 시즌이 되면 미흡 할당제니 우수 할당제니 하는 말이 많다. 할당제란 한 조에서 반드시 일정 인원 이상에게 미흡 혹은 우수 점수를 주는 방식을 말한다. 만약 미흡 할당제가 있는 것이 사실이라면 천재들로만 구성된 '죽음의 조'에서는 무조건 1명은 떨어지는 불상사가 생길 수도 있는 것이다.

일반적으로, 국가직의 경우 '할당제'라는 말이 많지만, 면접 인원 선발에 대한 인사혁신처의 공식적인 이야기는 '우수'일 경우 어떠한 경우에도 합격, '미흡'은 탈락, '보통'은 성적순이라는 것뿐이다. 많은 수험생들이 7인 1조에서 '무조건 1명은 미흡을 받게 되는 것인가?'에 대해 궁금증을 가지고 있으나 이에 대한 공식적인 답변은 없는 실정이다. 하지만 우리 별별선생 집필진들이 각자 자신이 들었던 면접 강사에게 질문하고 또 다른 면접 강사의 카페글을 참고한 결과 3명의 강사는 할당제가 있다고 하였고, 1명의 강사는 할당제가 아니라고 하였다. 하지만 할당제에 대한 이야기는 정확한 공식 답변이 없으므로 이 정도 선에서만 알 수 있는 것이 현실이다.

Part 8
핵심 정리

지금까지 했던 많은 말들을 짧게 정리했다.
시간이 없다면, 이번 장만 읽어도
큰 줄기는 보게 될 것이다.

1) 읽기&풀기

공무원 시험은 결국 지식형 시험이다. 머리에 지식을 집어넣는 것이 더 중요한 수험 과정이다. 새로운 문제에 지면 안 된다. 풀고, 또 풀어서 문제에 대한 경험치를 쌓자.

2) 대충 여러 번 보기

이유에 대해 다시 언급하자면 첫째는 어차피 까먹기 때문이고 둘째는 마지막 1개월을 잘 공부하기 위해서다. 먼저 1번째 이유를 설명하자면, 어차피 까먹을 거 여러 번 보는 것이 훨씬 낫다. 객관식은 문제와 선택지라는 엄청난 힌트가 주어지기 때문에 완벽하게 알 필요가 없다. 그렇기에 까먹어도 되는 것이다. 완벽하게 자기 것으로 만들지 않아도 된다.

3) 쉬지 않기

쉴 시간이 없다. 공부하는 것이 힘들고 고된 과정인 것은 맞지만, 정말로 진짜로 힘든지 가슴에 손을 얹고 생각해 보길 바란다. "정말로 쉬어도 될 정도로 힘든가?" 정말로 쉬고 싶다면 한 달에 2회 정도는 쉬는 날을 만들기 바란다.

느긋해서는 안 된다. 항상 계획을 빡빡하게 잡고 항상 '어느 정도'의 조급함과 불안함, 걱정을 유지해야 한다. '적절한 수준'의 '괴로움', '불안감', '두려움'을 갖는 것이 공부 의지를 더 높일 수 있다. 항상 발등에 불을 피워 놓도록 하자.

4) 기간을 짧게 설정하기

"공무원 시험은 보통 2~3년은 기본이래"라는 말을 듣고 처음부터 2~3년 공부하겠다고 맘 먹고 시작하면 안 된다. 공무원 시험은 '무조건 올해 안에 끝낸다'라고 마음먹고 달려가야 2~3년 안에 합격하는 시험이다. 쫓기듯이 공부해야 한다. 조급함과 불안감을 가지고, 어떤 시험이라도 내 인생 마지막 시험이라 생각하고 달려들도록 하자. 공부할 때의 조급함과 불안함은 건강한 감정이라고 할 수 있다. 이 감정들이 공부 의지를 높이며 자기 자신을 채찍질하게 만든다.

5) 운동하기

운동을 하는 것이 좋긴 하다. 실제로 운동을 하는 수험생들이 많은 편인 건 사실이다. 단, 운동을 할 때 주의할 점이 있다.

첫째, 격한 운동을 하면 안 된다. 운동이 공부에 절대로 지장을 주면 안 된다. 따라서 축구, 농구 등 체력 소모가 극심한 운동은 지양하길 바란다(축구, 농구처럼 재밌는 운동은 1시간 하려 했는데 2시간이 되고, 2시간이 3시간이 될 수도 있다). 걷기가 가장 적절하다고 생각한다. 걷기도 30분에서 1시간 정도의 가벼운 몸풀기의 수준을 넘어서면 안 된다.

둘째, 운동하는 시간을 정해 놓고 해야 한다. 운동 시간이 매번 다르게 되면, 공부 계획에 차질이 생길 가능성이 크다. 공부하기 전에 운동하든, 공부가 끝나고 운동을 하든 반드시 명확한 시간을 정해 놓아야 한다. 개인적으로는 공부를 끝내고 운동하는 것을 권한다. 운동이 삶의 활력소가 되어 '운동하는 맛에 공부를 하게 될 테니 말이다.

6) 마지막 한 달간 많이 본 사람이 이긴다

마지막 1개월 = 지금까지 해 온 양
마지막 1주일 = 평소의 1개월
시험 전날 = 평소의 1주

마지막일수록 더욱더 가열차게 공부를 해야 한다. 지식형 시험이기 때문에 최후의 순간까지 많이 보는 사람이 승리할 수밖에 없다. 황○기 강사는 "마지막 3주에 많이 본 놈이 이긴다. 지금까지 공부해 온 건 그 3주 동안 공부하기 위해서 한 거야"라고 말했다. 합격을 하고, 지금에 와서 생각해 보니 정말 맞는 말이다. 이를 위한 방법은, 우리가 지금까지 강조했던 '대충 여러 번 보기'뿐이라 생각한다. 마지막 3주(or 1달) 동안 공부하는 방법에는 여러 가지가 있겠지만, 우리가 지금까지 제시한 방식은 우리가 직접 경험했고 성공한 방법이라는 데에 의미가 있다.

평소에 아무리 빠르게 봤다고 해도, 1회독에 최소 12일 정도는 소요되기 마련이다. 그렇기 때문에 어떤 부분은 12일 동안 보지 못하게 될 것이다. 그러면 그 과목에 대한 '감각'이 최대화되지 못하고 무뎌진 상태로 시험장에 들어가게 된다. 그러나 시험장에서는 공부 내용이 머리가 넘칠 때까지 '찰랑찰랑'한 상태에서 문제를 풀어야 한다. 전 단원이 머릿속에서 휘몰아칠 수 있게 만들기 위해서, 마지막 1개월, 마지막 1주일이 중요한 것이다. 2일 만에 모든 과목을 한 번이라도 다 보기 위해선 앞에서 언급했다시피 기출문제집에 형광펜을 칠해 놓았던 부분을 보거나 목차와 키워드만 보는 방법이 있다.

대충이라도 전 단원을 다 보기만 하면 된다. 바로 전날이나 이틀 전에 살짝 건드린다는 느낌으로. 다시 한 번 말하지만 대충 봐도 된다. 제발 다 보기만 하자.

7) 국어, 영어 공부만큼 마음 공부도 해야 한다(슬럼프와 멘탈 관리법)

슬럼프는 극복하는 것보다 아예 오지 않게 하는 것이 더 좋다고 생각한다. 집필진 중 많은 사람들이 하루 공부 목표를 일부러 110% 정도로 '과하게' 설정하여 일부러 목표 달성을 실패하게 만들었다. 열심히 하지 않으면 계획과 공부 리듬이 무너져 자괴감이 들고, 그럴 때 더욱더 자신을 채찍질하기 위해서 과하게 목표를 잡았던 것이다. 슬럼프를 겪을 틈을 주지 않고 수험 생활을 한 것, 그게 우리가 수험 생활을 성공적으로 이어 나갔던 비법이 아닌가 싶다.

그렇다고 무조건 휴식 없이 공부할 필요는 없다. 자기 자신을 독서실에만 가두어 두는 것도 문제가 있으니까. 가끔 한 달에 한 번 정도 가족 모임이나 친구 만나기 같은 '이벤트' 등을 만들어 즐기는 것이 멘탈 관리에 좋다는 집필진도 있었다. 마치 자기 자신에게 주는 '상'처럼.

하지만 이건 어디까지나 우리들의 생각과 경험이지 꼭 우리와 같은 생각을 할 필요는 없다. 합격 수기를 보면 일주일에 한 번은 꼭 휴식 시간을 가졌다는 수험생들도 많다. 자신의 공부 리듬만 지키면 된다.

더 알아보기

공무원과 비슷한 '군무원'에 대하여

1. 군무원 톺아보기

공무원과 비슷해 보이면서도 조금은 다른, '군무원'이라는 직업이 있다. 이 책의 최종 검토 및 편집을 맡은 별별선생 집필진(=본인)이 현직 공무원 시절 국방부와 관련된 일을 하느라 군무원들을 접할 기회가 많이 있었는데, 군무원에 대한 정보는 생각만큼 시장에 많이 공개돼 있지 못하다는 생각을 했었다. 그래서 최종 원고 마감 전! 열심히 손품, 발품 팔아 군무원 관련 정보를 입수, 직접 이 챕터를 별도로 마련해 보았다.

후술하겠지만 군무원 채용 시험은 일반 공무원 시험에 비하면 합격하기가 꽤나 수월한 시험이다. 누구보다 공무원에 빨리 합격해야 하는 사람들, 예컨대 집안 사정에 의해 빠르게 안정적인 직업을 가져야 하는 상황의 사람들에게 도움이 되리라 생각한다.

1) 군무원이란

군인과 함께 군부대에 근무하면서 후방 지원 업무나 군의 관리 사무를 수행하는 공무원을 뜻한다. '군부대'라고 하면 ××사단, ××여단 등의 실제 전방 부대일 수도 있지만 경우에 따라 용산의 국방부 본부에서 근무할 수도 있고, 국방부라는 조직 자체가 단일 행정부처치고는 거의 '소규모 정부'급의 방대함을 자랑하다 보니 근무지 또한 전국 각지에 뻗어 있는 국방부 하위 조직 어딘가가 될 수 있다(예컨대 국군수도병원이라든가 등등).

군무원들도 공무원들처럼 명절 휴가비, 정근 수당, 가족 수당 등 각종 복지 혜택을 받을 수 있고, 각 부대 내 상황에 따라 독신자 아파트, 공무원 임대 아파트를 제공받을 수도 있다. 그와 더불어 군무원에게는 군 휴양 시설과 군 골프장 등을 이용할 수 있는 혜택도 부여된다.

Tip. 군무원, 군인, 공무원, 뭐가 다르죠?

군무원은 군인과 함께 군부대 내에서 근무하기는 하지만 공무원 신분이지 군인 신분이 아니다. 부대에 따라 의복 규정은 다를 수 있으나 대부분 자유복을 원칙으로 하고 있으며, 군인처럼 머리를 깎아야 하는 것도 아니다(!). 군무원이 된다고 해서 군대를 면제받을 수 있냐는 질문을 하는 학생도 있는데 군무원은 군인이 아니므로 병역 의무와는 전혀 무관하다(군무원이 되더라도 군대는 가야 한다는 의미).

대신 군 사무를 보는 만큼 군인 신분에 준하여 군형법의 적용을 받고 군사 재판을 받으며 군무원인사법의 적용을 받는다는 점에서 일반 공무원과 차이가 있다.

2) 군무원 응시 자격

공채시험의 경우 일반 공무원 시험과 마찬가지로 7급 만 20세 이상, 9급 만 18세 이상의 연령 제한이 있다.

기존에는 직렬별로 특정 자격증 및 면허증 소지자에 한하여 응시할 수 있었지만 2016년 시험부터 자격 제한을 유지하는 11개 직렬을 제외하고 토목, 건축, 시설 등 30개 직렬에서 자격증 및 면허증 제한을 폐지하여 누구나 응시할 수 있도록 하였다. 다만, 해당 직렬별 관련 자격증을 가지고 있을 경우 3~5%의 '가산점'은 받을 수 있다(가산점을 받을 수 있다는 얘기이지 자격증이 없으면 응시할 수 없다는 얘기는 아니다. 자격증이 없어도 누구나 응시 자체는 가능하다).

공채와 별도로 경력경쟁채용을 실시하기도 한다. 경채의 경우 시행기관별, 직렬별로 응시 자격이 다르기 때문에 응시하고자 하는 시험 공고의 내용을 따로 확인해 보아야 한다.

3) 군무원 시험 과목

앞서 군무원 시험은 당장 빠르게 안정적인 직업을 잡아야 하는 사람에게 도움이 될 것이라 했다. 그 이유는 군무원 시험을 준비하기 위해서는 단 3과목만 열심히 공부하면 되기 때문이다. 9급 군무원을 기준으로 봤을 때, 군무원 시험은 국어/한국사/영어/직렬전공과목 2개, 총 5과목으로 이루어져 있다. 그런데 이 중에서 영어는 공인어학시험으로, 한국사는 한국사능력검정시험으로 대체된다. 심지어 그 대체되는 기준 또한 현저하게 낮다. 토익 470점 이상, 한국사능력검정시험 4급 이상이면 합격하는 구조다. 이 두 점수 모두 정말 살짝 조금만 열심히 하면 수월하게 달성할 수 있는 점수이다. 적어도 일반 공무원 시험에 비하면.

4) 군무원의 직렬과 직렬 선택 방법

군무원은 워낙 직렬이 다양하고 또 공학에 대한 전공 지식이 요구되는 직렬이 많기 때문에, 자신의 흥미와 적성과 전공을 고려해서 선택하는 것이 필요하다. 공학에 대한 전문적인 지식이 없는 사람이라면 무난하게 행정직, 군수직, 군사정보직을 추천하지만, 생각보다 공학 비전공자들이 공학 관련 직렬에 많이들 합격하는 것 같기도 하다(확실히 공무원 시험에 비하면 과목 수나 합격선 면에서 공부 부담이 덜 하니까 그런 듯하다). 다음은 군무원 직렬 중 채용 인원이 많은 직렬 13개를 골라본 것이다. 보통 군무원 학원에서 '주요 직렬'이라고 하는 직렬들에는 거의 다음의 직렬들이 포함된다.

직렬	시험 과목
군사정보직	국어, 국가정보학, 정보사회론
군수직	국어, 행정법, 경영학
유도무기	국어, 전자공학, 기계공학
일반기계	국어, 기계설계, 기계공작법
전기직	국어, 전기공학, 전기기기
전산직	국어, 컴퓨터일반, 정보보호론
전자직	국어, 전자공학, 전자회로
전차직	국어, 자동차정비, 자동차공학
차량직	국어, 자동차정비, 자동차공학
총포	국어, 전자공학, 기계공학
탄약직	국어, 일반화약학, 화공열역학
통신직	국어, 통신공학, 전자공학
행정직	국어, 행정법, 행정학

5) 군무원 전체 직렬 및 전공과목

행정 행정법 행정학	사서 자료조직론 정보봉사론	군수 행정법 경영학	군사정보 국가정보학 정보사회론	기술정보 국가정보학 정보사회론	수사 형법 형사소송법	토목 응용역학 토목설계	건축 건축계획학 건축구조학
시설 공기조화 냉동공학	환경 환경공학 환경화학	전기 전기공학 전기기기	전자 전자공학 전자회로	통신 전자공학 통신공학	전산 컴퓨터일반 정보보호론	지도 지리정보학 측지학	영상 사진학 영상학
일반기계 기계설계 기계공작법	금속 금속재료 주조공학	용접 용접야금 기계설계	물리분석 비파괴검사 금속재료	화학분석 일반화학 분석화학	유도무기 전자공학 기계공학	총포 전자공학 기계공학	탄약 일반화약학 화공열역학
전차 자동차정비 자동차공학	차량 자동차정비 자동차공학	인쇄 인쇄공학 인쇄재료	선체 조선공학 선박구조역학	선거 조선공학 선박구조역학	항해 항해학 선박운용학	함정기관 선박기관학 전기공학	잠수 잠수작업 잠수물리
기체 항공기기체 항공기정비	항공기관 항공기동력장치 항공기정비	항공보기 항공역학 항공기기체	항공지원 자동차정비 항공기장비	기상 전자회로 컴퓨터일반	기상예보 일기분석및 예보법 기상역학	약무 약제학 약물학	병리 임상병리 공중보건학
치무 치과보철학 구강외과학	재활치료 물리치료학 공중보건학	의무기록 의무기록관리 공중보건학	의공 의공학 전자공학	영양관리 영양학 단체급식관리	방사선 방사선이론과응용 영상진단기술학		

(자료 출처: 2020 에듀피디 합격 마스터북)

6) 2019년 군무원 채용 규모 (1차 / 2019.6.22. 시험)

직렬구분	합계	국방부(공채)		육군(공채)		공군(공채)		해군(공채)		해병대(공채)	
		9급	7급	9급	7급	9급	7급	9급	7급	9급	7급
건축	24	5		10			1	7		1	
군사정보	51	10		22	1	18					
군수	220			156	1	29		32		2	
기상	3						3				
기술정보	13	13									
사서	1			1							
수사	5				3		2				
영양관리	4							4			
용접	18			7		6		5			
유도무기	86			57		17		12			
일반기계	70	1		39		17		13			
전기	70	8	2	26	1	2		30		1	
전산	116	8	14	55		14		19		6	
전자	112	4	1	47	4	43		13			
전차	51			45	2					4	
차량	120	1		108				10		1	
총포	80			73	2			1		4	
탄약	73			39				33		1	
토목	11	3			5			3			
통신	126	11		70	2	24		13		6	
행정	425	35	1	270	40	43		22		14	
환경	18	1		13	1			2		1	

(자료 출처: 2020 에듀피디 합격 마스터북)

7) 군무원 가산점

응시 직렬 관련 가산 자격증

7급		9급	
기술사, 기능장, 기사	산업기사	기술사, 기능장, 기사, 산업기사	기능사
5%	3%	5%	3%

※ 2016년부터 아래 30개 직렬은 공개경쟁채용 응시 자격증을 가산점 부여 자격증으로 전환했다.

자격증 가산이 적용되는 기술 분야 직군
토목, 건축, 시설, 전기, 전자, 통신, 지도, 영상, 일반기계, 금속, 용접, 물리분석, 화학분석, 유도무기, 총포, 탄약, 전차, 차량, 인쇄, 선체, 선거, 함정기관, 잠수, 기체, 항공기관, 항공보기, 항공지원, 기상, 기상예보, 의공

영어능력검정시험 종류 및 계급별 기준 점수
(군무원 공채 영어 과목은 영어능력시험으로 대체)

시험의 종류		기준 점수		
		5급	7급	9급
토익(TOEIC)		700점 이상	570점 이상	470점 이상
토플 (TOEFL)	PBT	530점 이상	480점 이상	440점 이상
	CBT	197점 이상	157점 이상	123점 이상
	IBT	71점	54점	41점 이상
펠트(PELT)		PELTmain 303점 이상	PELTmain 224점 이상	PELTmain 171점 이상
텝스(TEPS)		625점 이상	500점 이상	400점 이상
신텝스(新TEPS)		340점 이상	268점 이상	211점 이상
지텔프(G-TELP)		Level 2 65점 이상	Level 2 47점 이상	Level 2 32점 이상
플렉스(FLEX)		625점 이상	500점 이상	400점 이상

※ 인정 범위: 시험 실시 연도로부터 2년 이내 실시된 시험으로서, 원서 접수 마감일까지 점수가 발표된 시험 중 기준 점수 이상인 시험 성적에 한하여 인정

한국사능력검정시험 계급별 기준 점수
(군무원 공채 한국사 과목은 한국사능력검정시험으로 대체)

시험의 종류	응시 계급별 기준 등급		
	5급	7급	9급
한국사능력검정시험 (국사편찬위원회 주관)	2급 이상	3급 이상	4급 이상

(자료 출처: 2020 에듀피디 합격 마스터북)

8) 과목, 학원 선택 방법

군무원 시험은 전통적으로(?) 시험 문제와 정답이 공개되지 않는 시험이었다. 최근 국민권익위원회에서 이에 대한 지적을 했고 이르면 내년부터 공통과목부터 단계적으로 시험 문제를 공개하겠다는 국방부의 의견 표명(2019.9.26.)이 있었지만, 다만 이것은 앞으로의 일이고 어쨌든 지금까지는 문제가 외부에 전혀 공개되지 않고 있었던 게 사실이다. 그렇기에 일반 공무원 시험용 강의로 군무원을 준비하기엔 살짝 위험 부담이 있는 게 사실이고, 만일 '일반 공무원 시험을 주력으로 하되 경험 삼아 군무원 시험도 한번 치러보겠다'가 아니라 정말 '본격적으로 군무원만을 준비해 보겠다'는 마음이 있다면, 군무원 시험만을 집중적으로 다루는 학원을 선택하는 것을 권한다. 아무래도 군무원 시험을 주 타깃으로 하는 학원이라면 지금까지의 기출문제들과 관련하여 학원에서 자체적으로 축적해 놓은 자료들이 많을 테니까 말이다.

군무원 시험을 다루는 학원으로는 에듀피디, 리더스아미, 대장부 등의 학원이 있다. 리더스아미와 대장부는 학원명에서부터 느껴지듯이 정말 오직 군무원 시험(혹은 부사관/장교 관련 시험)만을 취급하는 학원이고, 에듀피디의 경우는 보다 규모가 커서 공무원, 공기업, 각종 취업에 필요한 자격증 시험 등을 같이 다루고 있다. 이 중 군무원 시험의 가장 많은 직렬과 전공과목을 다루는 곳은 에듀피디로 총 52개 직렬에 대비할 수 있는 강의를 제공하고 있으며, 강○국 선생님, 정○상 선생님 등에 대한 실제 합격생들의 수강 후기도 꽤 좋은 편이다.

별별선생이 추천하는 "나는 이 선생님 좋았다!"
- 군무원 편

1) 강○국 - 디지털공학, 전자공학, 전자회로 등

전자직, 통신직렬에서 압도적인 인기를 자랑하는 선생님이다. 전자공학의 경우 비전공자라고 해도 이분의 수업을 따라가면 80점은 무난하게 나온다는 후기가 많았다. 강의 수가 많기는 하지만 그만큼 쉽게 이해할 수 있도록 잘 풀어서 설명해 주며, 문제 풀이 강의가 정말 도움이 많이 된다고 한다. 특히 전자, 통신직 군무원 필기 합격자를 대상으로 제공된 '군무원 전자·통신직 전공 면접 특강'이 최종 합격으로 이어질 수 있는 유용한 콘텐츠였다는 평을 받고 있다.

2) 윤○은 - 정보사회론, 심리학

법학과 출신에 사회복지학으로 박사를 수료하신 선생님으로, 사회복지직 공무원, 사회복지사 자격증 준비자들을 위한 사회복지학 강의도 같이 하고 계시는 선생님이다. 전반적으로 사회과학 분야에서 넓고 해박한 지식을 가지고 계시며, 자칫 지루한 대학 강의가 될 수도 있을 내용들을 쉽고 편한 언어로 재밌게 풀어 설명해 주신다는 장점이 있다.

3) 권○주 - 경영학

다년간 경력을 통해 공기업 시험과 공인노무사, 7급 감사직 경영학 분야에서 이름이 꽤 알려져 있던 선생님이셨다. 현재는 에듀피디에서 군무원 군수직을 위한 경영학 강의를, 그 외에도 공인노무사, 감사직, 경영지도사 등 다양한 분야에서 경영학 강의를 진행하고 계신다. 오랜 시간 강의를 해 온 경험치와 연륜이 묻어나며, 경영학의 특성상 굉장히 방대할 수밖에 없는 과목 내용을 중요하고 핵심적인 내용 위주로 잘 짚어내 주신다.

4) 한○걸 - 기계공작법, 기계설계, 자동차공학 등

강의 경력이 약 30여 년으로 경험이 풍부하신 선생님이다. 대학 강의처럼 심도 있는 수업은 아니지만 시험에 다뤄질 만한 것들은 모두 다루는 '수험 적합용' 기계직 강의로 유명하다. 단순 암기가 필요한 부분은 암기로, 이해가 반드시 필요한 부분은 이해 중심으로 수업하시며, 풍부한 사진과 해설을 통해 문제의 적응력을 높여 준다는 평을 받고 있다.

5) 정○상 - 국어

그간 군무원 강의를 하시면서 문제 복원에 심혈을 기울이셨고 그 결과 무려 14개년도의 기출문제 자료를 확보하고 계신다. 방대한 기출문제 자료를 토대로 군무원 시험에 최적화된 국어 수업을 진행해 주시는 것이 특징이다. '군무원 국어 단원별 기출 특강'은 수강생들에게도 많은 인기를 얻고 있다. 일반 공무원 시험에서는 잘 안 다뤄지나 군무원 시험에는 반복적으로 출제되는 포인트 등을 잘 집어 주신다.

6) 강○우 - 응용역학, 토목설계, 토질역학 등

비전공자도 쉽게 이해할 수 있도록 재미있게 풀어 설명해 주시며 토목직 쪽에서는 꽤 유명한 선생님이다. 완벽한 100점을 목표로 한다면 살짝 무리가 있을 수도 있지만 '쉽게 쉽게 빠르게 공부해서 75~80점만 받겠다'라고 한다면 이 선생님을 많이들 추천한다.

7) 전○환 - 경영학

이 선생님 역시도 공기업, 공인노무사, 7급 감사직 등 다양한 분야에서 경영학 강의를 하고 계시는 선생님이다. 기본서로 진행하는 기본 강의보다는 요약서로 진행하는 압축 강의를 추천한다(짧은 강의로도 많은 것을 커버할 수 있다). 말이 느린 편이라 배속으로 듣지 않고 실강을 들으면 다소 처진다는 평도 있지만 전반적으로 이 선생님 수업을 들은 사람들은 만족한다는 호평이 많다.

8) 정○영 - 국가정보학, 정보사회론

육군사관학교 출신, 국방부 정책자문위원 등을 역임하신 엘리트 선생님이다. 학문으로서의 국가정보학에 대한 이해, 국제 범죄, 테러, 산업 스파이 등 현안 이슈 부분의 기출문제와 관련된 핵심을 잘 짚어 주신다. 국정원 시험을 준비하는 사람들도 많이 이용하는 것으로 보인다.

9) 민○규 - 국가정보학

정○영 선생님과 더불어 국정원 시험을 준비하는 사람들이 많이 찾는 선생님이다. 말이 느린 편이라 2배속으로 들어도 전혀 무리가 없다는 평이 있고, 풍부한 이론적 배경과 다년간의 실무 경험을 통해 머리에 오래 남는 강의를 해 주신다고 한다.

2. 현직 군무원과의 Q&A

군사정보직렬 군무원에게 물었다

Q. 군무원 보니까 직렬이 되게 많던데, 언니는 직렬이 어떻게 되나요?

A. 나는 군사정보직. 군사정보직은 시험 과목이 다른 공무원 시험이랑 겹치는 게 하나도 없어서 시험 준비하려거든 그냥 이것 하나만 준비해야 하는 직렬이야. 군무원 시험 자체가 1년에 1번밖에 없다는 것도 감안해야 할 거야.

Q. 보통 제일 많이들 준비하는 직렬이 어떻게 되나요?

A. 당연히 행정이지. 그리고 군수직도 많이 준비하고. 특히 행정은 공무원 시험이랑 과목이 겹쳐서, 공무원 시험 준비하는 사람들이 군무원 시험도 같이 보고 그래. 행정직 군무원이 되면 주로 군부대에서 인사나 군인 진급, 휴가, 교육, 총무 등 보통 우리가 회사에서 '경영지원'이라 생각하는 업무들 있지? 그런 것들을 주로 해. 군수직 같은 경우는 총포나 탄약이나 각종 무기, 비품과 같은 각종 소요 물자들을 관리하는데, 일반 회사에서 물류 담당 직원들이 하는 일을 생각하면 쉬워. 그런데 군부대도 보면 진짜 군단·사단·여단 같은 진짜 말 그대로 전투를 위한 훈련 부대들이 있고, 육군본부나 국방부 예하 조직들도 많은데, 전반적으로 군무원들은 전투부대에는 많이 배치되지 않아. 주로 군 본부나 국방부 예하 조직 같은, 후방 쪽에서 군인들을 지원해 주는 업무를 수행해.

Q. 그렇다면 언니가 지금 하고 계시는 군사정보직 업무에 대해서 자세히 설명해 주실 수 있을까요?

A. 쉽게 말해서 정보 수집이야. 주변 나라들이나 북한과 관련해서 군사 정보, 전술 정보와 같은 것들을 수집하고, 그에 관한 보고서를 작성하고, 비문을 관리하는 업무들을 하지. 군사정보직으로 들어오면 군사안보지원사령부(구 국군기무사령부), 777사령부, 국군정보사령부와 같은 '정보 관련 부대'에만 배치되는데, 행정직이나 군수직 같은 다른 직렬들은 육해공 부대 각지에 퍼져 있는 게 좀 다른 부분이고. 우리는 교육도 다른 직렬이랑 따로 받아.

Q. 공부하실 때 어려웠던 점은 없었나요?

A. 내가 공부할 때만 해도 군사정보직은 워낙 희귀해서 가르치는 학원이나 강사가 거의 없었고, 국어 같은 건 그냥 공무원 강의를 들었는데 군사정보학은 그냥 독학했어. 요즘은 군무원 다루는 학원들도 꽤 생겨나는 모양이지만.

Q. 여자 군무원들도 많나요? 남자들이 훨씬 많거나 하지는 않나요?

A. 여자 군무원 많아. 당장 나도 여자고. 성비는 거의 뭐 남녀 비슷비슷한 것 같은데? (덧붙이자면 필자도 현직 공무원 시절 여자 군무원들을 많이 봤다.)

Q. 교육 기간 동안 군사 훈련, 체력 훈련 같은 것도 받고 그러나요?

A. 교육 기간 동안 몸으로 때우는 군사 교육을 받지는 않아. 대신

매년 한 번씩 군인들과 같이 체력 검정을 받아야 하는데, 군무원은 군인보나 훨씬 그 검성 기준이 낮아서 크게 부담은 없어.

Q. 군무원을 준비하려는 사람들에게 해 주고 싶은 조언이 있을까요?

A. 아무래도 도시권 근무가 어렵다는 점이 가장 큰 약점이지. 나야 어찌저찌해서 용산에서 근무를 하고 있지만, 대다수는 도시권 근무는 쉽게 기대하기 어려워.

그리고 '군대'라는 집단의 특수한 문화를 생각해야 해. 멋모르고 덤볐다가는 적응 못해서 힘들 수도 있어. 장교, 부사관 등등 계급 질서가 확실한 사회이니까. 아무래도 군인 집단에서 일하는 것이다 보니, 확실히 이 사회에서는 군인이 주류고 군무원은 뒤에서 군인을 지원해 주는 비주류라는 시선이 아직 남아 있는 것도 사실이야. 하지만 그건 편견에 불과하고, 앞으로는 군무원들이 군인들을 이끌 수 있는 위치에 갈 수도 있어. 난 전망은 밝다고 봐.

Q. 군무원을 준비하려는 사람들이 참고할 만한 사이트나 도움을 얻을 수 있는 곳이 있을까요?

A. '군무원 시험 준비하시는 분 우리 같이 해요(http://cafe.daum. net/2000kmw)'라는 다음 카페가 있어. 거기에서 주로 정보를 많이 얻어. 규모가 꽤 큰 편이야. 사람들이 보통 군무원을 잘 모르는 경우가 많은데, 나도 공부할 때 이 카페에서 도움을 많이 받았어.

3. 군무원 합격 수기

2018년 군무원 공군 통신 비전공자
5개월 단기 준비로 9급 수석 합격

저는 대학교에서 음악을 전공했고 고등학생때도 음악 한다고 야자 한번 해 본 적 없는 문과생이었습니다.

필기 합격하고 제출해야 하는 서류에 고등학교 생활기록부가 있길래 뽑아서 고등학교 성적을 확인해보니 5등급 위가 하나도 없더군요. 전부 6, 7, 8, 9등급이었어요.

하지만 그런 제가 이번에 수석으로 공군 군무원 통신직에 합격했습니다. 차석과는 평균 4점 정도 차이나네요.

기술직이 쉽다는 얘기가 아닙니다. 쉽게 생각하고 들이댔다가는 쓴 맛을 보실 수 있습니다. 그만큼 엄청난 노력과 자기만의 노하우를 만들기 위해 노력하셔야 합니다. 하지만 저도 이렇게 합격 수기를 쓰고 있으니 노베이스인 분들도 충분히 할 수 있다는 얘기를 하고 싶네요. 그러면 이제 합격 수기를 적어 보겠습니다.

많은 분들이 자격증에 대해 궁금하실텐데요

저는 군무원을 목표로 자격증을 취득한 게 아니라 직업학교를 다니면서 취업을 목표로 '정보처리기사 → 무선설비기사' 순서로 취득했습니다. 1년 동안 아주 느긋하게요.

4년제 대학교를 졸업하면 정보처리기사에 응시할 수 있는데요. 이 자격증을 취득하면 다른 기사 자격증에도 응시할 수 있어서 먼저 정보처리기사 취득 후에 무선설비기사를 취득했습니다.

영어는 지텔프로 응시했고, 한국사는 1급을 이미 보유하고 있어서 3월부터는 본시험에 집중할 수 있었습니다.

수험 기간은 3월 1일부터 8월 11일까지 5개월 조금 안 되네요.

정부기관에서 일하고 있었기 때문에 9시 출근, 6시 퇴근이고요. 퇴근시간은 칼같이 지켰습니다.

공부 시간은 7시부터 11시까지 매일 4시간씩 했습니다. 주말에는 8~10시간씩 했고요.

국어는 천의무봉 정원상 교수님 강의 들었습니다. 정말 믿을 만한 분이라고 생각합니다. 틀리면 안 되는 문제를 3문제나 틀렸는데도 70점을 맞을 수 있었던 이유는 정원상 교수님의 꼼꼼한 강의 덕분이라고 할 수 있습니다. 이번 군무원 국어 시험이 많이 어려웠기 때문에 70점의 점수는 합격에 아주 큰 영향을 미쳤다고 생각합니다. 또한 에듀피디에서 정회원에게 제공해 주는 사이트 내 모의고사를 통해 이번 시험에서 나온 '질정없다'의 뜻을 확실히 알고 있었기 때문에 어려운 문제에도 흔들림 없이 시험 볼 수 있었던 것 같습니다.

전자공학개론, 통신공학은 강영국 교수님 수업을 들었습니다. 실력 하나는 확실한 분이라고 생각합니다.

전자공학개론 공부 방법은 일단 이론 위주로 공부한 것입니다. 제가 비전공자라서 계산 문제에는 약하지만 이론으로 승부를 보면 충분히 가능성이 있을 거라고 생각했습니다.

이해가 안 되는 것들은 회독을 늘려서 머릿속에 집어넣었습니다. 예를 들면 '거미는 곤충이 아니다'라는 결론을 얻기 위해 '곤충의 조건은 머리 가슴 배… 그런데 거미는 머리랑 배만 있으니까 곤충이 아니야!'

라는 복잡한 과정을 거쳐 외우지 않았고 '거미는 곤충이 아니야'라고 그대로 외워 버리는 겁니다. 이렇게 회독을 늘려서 공부하면 이해가 안 되는 부분이 있더라도 시간도 절약할 수 있고, 여유롭게 공부할 수 있으며 회독이 늘어갈수록 처음에는 고전했던 문제도 나중에는 쉽게 풀어 버리는 자신을 볼 수 있을 겁니다(키워드 중심으로 공부하세요!).

전자공학개론에서도 절대 해서는 안 되는 실수를 했는데요 렌즈의 법칙을 패러데이 법칙이라고 써서 틀리고 간단한 공식을 틀려서 난이도 '하'인 문제를 2개나 날렸습니다. 그래도 전자공학개론에서 80점의 점수를 맞을 수 있었던 것은 강영국 교수님의 강의를 들었기 때문이라고 생각합니다.

통신공학은 60점이었습니다. 저는 기사책 공부는 하지 않고 이론서만 공부했습니다. 기본서(이론) 0회독에 문제 풀이 5회독, 특강 5회독하고 시험 문제를 보러 갔는데 막막했습니다. 이론서 1회독은 필수입니다 여러분.

마지막으로 꼭 드리고 싶은 말은, 필기 합격하시면 '꼭' 스터디를 하시거나 학원에 등록하시라는 겁니다. 이번에 공군통신 직렬은 모집인원 7명에, 7명이 면접을 봐서 7명 다 붙었지만(필기 합격은 9명이었으나 2명이 면접 응시를 안 함) 면접 때 해서는 안 되는 얘기를 하시는 분들이 생각보다 많이 있더라고요. 그때는 면탈의 쓴맛을 보실 수 있습니다. 절대 면접 쉽게 생각하지 마세요. 스터디 하시고, 학원 등록하세요.

합격하는 순간 학원비 40만 원? 하나도 생각 안 납니다.

합격 수기는 여기까지입니다. 여러분들 수험 생활이 얼마나 고된지 먼저 경험한 사람으로서 잘 알고 있습니다. 오늘 하루도 힘내세요!

※ 위 합격 수기는 에듀피디에서 군무원 직렬을 수강했던 분이 직접 작성한 글을 제공받아 그대로 인용한 글입니다.

Epilogue

'저렇게 잠도 줄여 가며 독하게 공부하는데도 바로바로 합격 못하는 걸 보면,
공무원 시험이라는 게 참 어려운 것이구나.'

공부와 인간의 승부

'별별선생'이란 것을 만들어 보자는 생각에 4명의 우리가 모인 2017년 4월의 아직은 쌀쌀했던 어느 날, 스스로의 수험 생활을 돌이켜보던 중이었다. 물론 '사법 고시 수석을 할 만큼'은 아니었지만, '나름대로 공부깨나 하며' 자라온 이들이 1년 내내 '사람다움을 포기한다'고 할 만큼 혹독하게, 또 외롭게 채찍질을 하고도 오르지 않는 성적에 눈물 흘리고, 힘들어하며 하루하루를 살아가고 있었기 때문이다.

본 가이드북을 마무리하기 위해 여러 공시생을 만나 보며 우리는 그런 생각을 했다. '이렇게까지 쉽지 않은 공부를, 합격하리란 확신과 기약도 없이, 묵묵히 해 나가면서 끝내 합격하는 사람들을 보면, 인간이란 공무원 시험보다 훨씬 더 독한 존재구나'.

이 책은 그 고난의 과정을 겪고 난 48명의 사람들이 공무원 시험을 한번도 준비해 보지 못한 사람들의 목소리와 외침을 담아 그 질문에 진솔하게 답변한 기록을 엮은 것이다. 그래서 이 책은 역시 각 학원에서 내놓는 각종 가이드북보다 내용이 불충분하고, 덜 전문적이며, 충분히 진지하지 못한 것이기도 하다.

하지만 25만 수험생을 책상 뒤와 교탁 앞이 아닌 바로 옆에서 때로는 함께하며 느끼고 그 나름대로 되새겨본 결과라는 점에서 약간이나마 의미를 둘 수 있다고 믿는다. 어릴 적 함께 회초리를 맞던 땡땡이 동지 친구를 가장 진하게 기억하는 것처럼, 때로는 함께 힘들어했던 사람들이 서로를 더 잘 이해할 수 있기 때문이다.

어찌 됐건 한 가지는 확실하다. 아인슈타인의 두뇌와 우사인 볼트의 운동 능력을 가지지 않았더라도 도전할 수 있는, 그래서 더 많은 사람이 더 큰 행복을 찾기 위한 공무원 수험의 길에서 우리가 도울 수 있는 무언가가 있다는 것이다. 그래서 소수의 학원들이 지배력을 행사하고 있는 이 시장에서 치우쳐 있지 않고 어느 무엇도 숨기지 않는 우리 모두의 공간에서 우리만이 할 수 있는 것이 반드시 있다는 것이 있다고 믿었다.

별별선생이, 그 길의 한가운데에서
당신들을 응원한다.

2019년 겨울의 초입에서,
별별선생 집필진

Appendix

세상 어디에도 없는 합격 수기

6개월 단기 합격 수기

- 그때의 나에게 알려 주고 싶은 것들

처음 공무원 시험에 도전해 봐야겠다고 생각한 것은 2016년 9월의 일이다. 그로부터 9개월, 정확히 수험을 시작한 시점으로부터는 6개월 후, 2017년 지방직 합격증을 손에 쥐게 되었으니, 평균적인 수험 기간과 비교해서는 꽤 속전속결로 결론이 난 것 같았다.

주변에 공무원 준비를 하는 친구들이 많지도 않았고, 노량진 수험생들의 삶의 이야기를 많이 접해 보지도 못했기 때문에, 정보 부족으로 인해 두 달여간을 고생했다. 합격을 하고 나니 나에게 이런저런 것들을 물어보는 친구, 후배들을 몇 번 만나고 느낀 건 두 가지였다.

'아… 다들 궁금해하는 것이 비슷하구나.'

'생각보다 뭐가 중요한지를 몰라서 질문하는 것도 벙벙하구나.'

그래서 좀 시간을 내서 나의 기록을 정리하려 한다. '6개월 만에 붙었어요!'라고 자랑하기 위함도, '내 방법이 정답이니 따라해 보세요'를 말하기 위함도 아니다. 그저 수험 생활을 하며 느낀 것들을 미리 알았더라면, 누군가 나에게 이런 정보들을 정리해서 말해 주었더라면 조금은 덜 고생하지 않았을까, 구꿈사와 공드림을 기웃거리며 여러 검색어를 타이핑하며 보낸 시간을 아낄 수 있지 않았을까 하는 생각에서 나의 생각을 정리해 보는 글이다.

우선 나의 간단한 시험 공부 과정을 공유한다.

2016년	9월	공무원 시험을 보기로 확정
	9월~11월	학교를 다니며 본격 준비 앞선 시동 걸기
	11월	본격적 수험 시작
2017년	1월	기본과목 1회독 완강
	2월	기본과목 2회독 + 기출 / 선택과목 1회독 완강
	3월	선택과목 2회독 + 기출
	4월	국가직 응시 / 선택과목 2회독 + 기출
	5월	5과목 단권화
	6월	동형모의고사 시작 / 지방직 응시 및 합격

다음의 도표는 수험 기간 동안 시기별 공부 내용을 나타낸 것이다. 파란색 글씨의 것은 강의를 병행한 것들이고, 이용한 교재는 괄호 속에 적어 두었다.

	11월	12월	1월	2월	3월	4월	5월	6월
국어		한자강의 (강원배 국명한자)	기본강의 (이선재 선재국어2017)	기본서 회독			국어 전범위 스터디	
				기출 회독(선재국어 기출실록)			단권화 (선재국어마무리)	동형모의고사 (선재국어 내첨모v2)
영어		영단어 암기 (보카바이블)		이동기 하프모의고사				동형모의고사 (이동기 실전동형모v2.7)
			영문법 강의 (손진숙 kiss영문법)	kiss 영문법 회독	ebs 수능특강 영어독해연습			이동기 기적의 특강
				손진숙 영문법 900제				
한국사			기본강의 (문동균 한국사)	기본서 회독		필기노트 강해 (전한길)	필노회독	문동균 1/4 압축강의
			문동균 핵저층 강의 (핵심기출지문총정리)	기출 회독 (문동균 한국사 기출 1600제)				기출 회독 & 단권화(전한길 필기노트)
행정법			기본강의 (김중석 행정법)	기본서 회독		파이널 (김중석 행정법총론 Final)		
				기출 회독(김중석 행정법 기출)				
사회			기본강의 (민준호 사회)	기본서 회독		단권화 (민준호 필기 노트)		동형모의고사 (민준호 실전동형모고)
				기출 회독(민준호 사회 기출-확장과 숙련)				

1) 단기 합격을 위해 본격 시작 전 미리 준비하면 좋은 것들

본격적으로 글을 시작하기에 앞서, 내가 공무원 시험을 준비하게 된 계기에 대해서 이야기해 보겠다.

19살의 나는 단지 생물 과목을 좋아한다는 이유로 생명공학과로 진학했다. 학과 생활도 꽤 적성에 맞아 4년 내내 재밌게 학교를 (놀러) 다녔다. 어느 날 정신을 차려 보니 졸업을 코앞에 두고 있었는데 참으로 막막했다. 석사 진학을 할 정도로 전공에 큰 흥미를 가진 건 아니었다. 물론 실험실 생활도 연구직도 성향상 나와 맞지 않다고 느꼈다.

생명공학과 학생이 대학원 진학을 안 하고 학부 출신으로 취업을 하자니, 전공 살려 취업하는 길은 그야말로 바늘구멍이었다. 나와 같은 상황에 있었던 과 선배들은 대부분 생명공학과가 우대받는 제약 회사의 영업직으로 취업했다. 높은 학점, 스펙, 실험실 경험으로 무장된 '준비된 인재'인 선배들은 품질관리, 품질보증 등의 직무로 가기도 했다.

제약 영업일 또한 내 천직이라곤 생각하지 않았고 업무 강도, 직장에서의 수명 등의 측면에서 걱정도 많았다. 그렇지만 그게 내 능력치로 당장 도전해 볼 수 있는 것 중 가장 가능성 있고 무난한 직무라는 사실에는 이의를 제기할 수 없었다.

상반기 채용 공고가 뜨고 자기소개서(일명 자소설)를 써 영업 직무로 원서를 넣었더니 운 좋게 서류전형을 통과했다. 도서관에서 매일 문제집을 풀며 준비한 인적성 시험까지 통과하고 마침내 면접 절차까지 갔다. 생애 첫 면접이었고 열심히 공부하고 스터디도 참여하며 호기롭게 준비했다. 실전에서 긴장을 조금 하긴 했지만, 면접장 분위기도 나쁘지 않았다.

그러나 결과 발표날, 떨리는 손으로 발표 확인 버튼을 누른 내가 봐야 했던 것은, '보내 주신 관심과 애정은 감사하나, 다음 단계로 모시지 못해 진심으로 안타깝게 생각합니다'라는 위로가 전혀 되지 않는 위로의 메시지이었다. 첫 취준이니 가벼운 마음으로 준비하자고 했으면서도, 내심 기대하고 있었던 것 같다. 평가 기준은 다양하고 분명 내가 다른 지원자들보다 부족했으니 떨어진 게 당연하겠지만, 무엇이 부족해서 탈락인지 모르니 답답해서 미칠 것 같았다. 다음 도전 때 어떤 점을 중점적으로 보완해야 할지 힌트라도 주면 좋을 텐데 하는 생각을 많이 했다.

이후로는 전공과 관계없는 정부 출연 연구소, 공공기업의 행정직 직무에 도전했다. 어차피 사기업에서도 전공 살려 할 수 있는 직무가 마땅치 않으니, 그럴 바에는 공기업이나 공공기관에서 찾을 수 있는 안정성을 바라봐야겠다는 생각이었다. 몇 군데 원서를 넣었으나 모두 서류 전형에서부터 탈락이었다. 그러다 어느새 여름방학이 되었다. 좀 더 현실적이고 구체적인 목표, 대안을 찾을 필요가 있었다. 하반기에도 이런 식으로 '개중에 그나마 가능성 있어 보이는 곳'을 몇 군데 찔러보다간 또 망할 것 같았다. 앞으로 어떤 직업을 가져야 좋을지 생각하며 '나'를 돌아보는 시간을 가졌다.

1. 결혼하고 아이를 낳고도 내 자리를 위협받지 않는 안정적인 직장이라야 한다.
2. 중년이 되어서도 꾸준히 경제활동을 할 수 있어야 한다.

3. 연봉보다는 워라밸(Work and Life Balance)이 중요하다. 적당히 벌고 삶의 질을 높이고 싶다. 내가 내 젊음을 바쳐 하고 싶은 일이 있지 않은 이상, 진정한 행복은 일터 밖에서 찾을 수 있는 것이다.
4. 적당한 명예도 필요하다.
5. 전문 자격증을 위해 다시 공부를 하거나 가 보지 않은 새로운 길에 도전하기에는 내게 그만한 열정이 없다.

이상의 것들을 고려해 본 결과, 교집합에 있는 것 중 가장 현실적이고 도전해 볼 법한 것은 공무원이었다. 사기업에 취업하면 내가 1순위로 중요하게 여기는 '안정성'을 기대하기 어려울 것 같았다. 무스펙인 내가 그때부터 공기업을 준비하자니 그 또한 막막했다. 내 전공과 관련된 직렬이 거의 없을뿐더러 있다 해도 최소한 석사학위가 요구됐고, 전공과 무관한 새로운 분야에 도전하기 위해서는 기사 자격증, 전공 공부, NCS 등 모두 제로에서부터 시작해야 했기 때문이다.

부모님께 말씀 드리니, 공무원은 언제든 준비해도 되지만 취업 시장에선 나이도 중요한 요소 중 하나인 만큼 공기업 위주로 취업 준비를 먼저 해 보라고 말씀하셨다. 그러나 나는 내키지 않았다.

'공기업 행정직 vs. 공무원 일반행정직'을 두고 고민해야 한다면 나는 당연히 공무원을 택한다. 우선 공기업 입사를 노리기엔 학점이 좋지 않았고, 자격증, 봉사활동, 인턴 경험 등 나에게 없는 스펙들을 준비해야할 것을 생각하면 합격까지 소요되는 시간은 공기업이나 공무원이나 크게 다르지 않을 것이라 생각했다. 그리고 공기업은 취업에 실패했을 때 무엇이 패인인지 알 수 없지만 적어도 공무원 시험에서는 무엇이 부족해서 불합격인지 알 수 있다는 점도 중요하게 다가왔다.

그리고 부모님은 7급 시험을 보는 건 어떠냐 권하셨지만, 지구력이 약하고 멘탈까지 유리멘탈인 나는, 수험 기간이 오래되면 좋을 게 없을 것 같았다. 차라리 1년이라도 빨리 일하며 돈도 모으고 열심히 일해서 승진하자는 생각으로 9급 공무원에 도전해 보기로 했다.

모든 고민을 마치고 마침내 공무원 시험을 보는 것으로 마음을 굳혔을 때가 바로 2016년 9월이었다. 당시 나는 졸업을 앞둔 마지막 학기 대학생이었고, 학교 생활과 공시는 병행하지 않는 것이 좋다는 조언을 바탕으로 종강 후 그해 겨울부터 본격적으로 시작하기로 했다.

그렇다고 해서 겨울이 될 때까지 마냥 고민 없이 놀자니 후회하게 될 것이란 확신이 들었다. 마지막이라 생각하고 '놀아야지', '이때 안 놀면 언제 놀아'와 같은 말을 하고 최후의 휴식을 취하던 동기들 중 아직까지 합격한 이가 아무도 없다는 것은, 내가 그때 한 결정이 틀리지 않았다는 방증이 아닐까 싶다. 마치 다이어트를 할 때 '오늘까지만 먹고 내일부터 열심히 다이어트 할 거야'와 같은 큰 의미 없는 말과 비슷하다고 생각한다.

본격적 수험이 시작되는 11월 중순까지 내가 할 수 있는 일이 무엇일까를 고민하며, 내가 현재 부족한 것은 무엇인가를 역으로 자문해 보았다. 아마 모두가 그렇겠지만 첫 번째로 꼽히는 것은 '정보의 부족'. 공무원이 되어야겠다고 막연하게 다짐하긴 했으나 무엇을 해야 하는지, 어떻게 해야 하는지 아무도 알려 주지 않았고, 그렇다고 학원에 무작정 상담을 받으러 가자니 무지 상태의 나는 그들의 가이드에 속절없이 끌려갈 것 같아 불안했다.

그래서 약 일주일간은 구꿈사, 공드림 등 포털마다 검색해서 나오는 모든 커뮤니티에 가입하여 조금씩 꾸준히 조회수가 많은 글들을 중심으로 닥치는 대로 읽어 나가기 시작했다. 그때까지는 여유가 좀 있었기 때문에, 정보의 질을 따지기보다는 일단 최대한 많은 양의 정보를 습득해야겠다고 생각했고, 구꿈사에 올라와 있는 초보 수험생 FAQ(이 글은 너무 오래되어 좀 별로였다)는 물론 '별별선생'에서 올린 주요 카드 뉴스, 지인 추천으로 중고나라에서 구입한 『공무원 단기합격 설명서』를 구입하여 시간이 날 때마다 읽었다.

공드림과 구꿈사에 '올 겨울부터 본격적으로 공부를 시작할 계획인데 그 전에 무엇을 준비하면 좋을까요?'라고 글을 올리니 많은 수험생들이 영단어 암기와 한자 공부를 하라고 조언해 주었다. 지금 생각해 보면 단기간에 완성되기 어려우면서도 시간을 매우 많이 투자하기엔 부담스러운 것들이어서 미리 준비되어 있으면 확실히 좀 편한 것 같았다. 그래서 11월 중순부터 『보카 바이블』을 구매해 단어를 조금씩 외우고 인강으로 한자 강의를 신청해 수강했다.

영어 공부는 어릴 때부터 꾸준히 해 왔고, 토익·토플 시험도 준비해 봤으나 공무원 영단어는 그와 약간 동떨어져 있다고 느꼈다. 일상에서 잘 쓰이지 않아 생소하게 느껴지는 단어들이 많았다. 단어 책 선택에 있어서 가독성, 수록 단어 수, 어플 활용 가능 여부 등 여러 기준이 있었지만, 나는 우선 가장 무난한 것이 무엇인지, 다시 말해 가장 많은 수험생들이 보는 것이 무엇인지를 파악했고, 그건 그때에도 어렵지 않게 할 수 있었다. 모두가 본다는 건 바꿔 말하면 실패 확률이 가장 적다는 것이기도 하니까. 그래서 구한 『보카 바이블』을 천천히 읽기 시작했는데 아무래도 본격적인 공부가 아닌 워밍업 단계에서의 '선행학습'이라 생각하니 자꾸 미루게 되고 제대로 진전이 되지 않아서 구꿈사에서 밴드 스터디를 구해 약간의 강제성을 부여하여 단어를 외웠다.

같은 시기에 한자도 단과 강의로 신청하여 듣기 시작했다. 당시 내 한자 실력은, 초등학생 때 학교에서 제공하는 프로그램을 이수하여 취득한 준6급 수준에서 멈춰 있었고 매일매일 무지함과 막막함을 느끼며 강의를 들어야 했다. 대학 생활과 병행하다 보니, 사실 완강은 1월에나 했다. 이후로는 역시나 밴드로 한자 스터디를 구해 6월까지 매일 꾸준히 복습했다.

한자의 비중은 점점 높아지고 있고 심지어 최근에는 아예 한자 문제로 국어 과목의 변별을 가리는 추세가 되어 가는 것 같다. 따라서 이제 한자는 선택이 아닌 필수이며, 미리미리 잡아 놓을 필요가 있다고 생각한다. 만약 내가 이 시기에 한자 공부를 시작하지 않고 나중으로 미뤘더라면 선택과 집중이라는 명목하에 한자를 포기하고 말았을 것이다.

이 시기에 내가 가장 중요하게 생각했던 것은, 최단의 수험 기간을 목표로 설정한 만큼 발 빠르게 움직여야 한다는 것이었다. 거창하게 생각하지 않고 조금씩 정보를 모으되, 이미 노량진에 가 있는 사람들과 같은 시험에서 경쟁하기 위해서는 주어진 시간을 최대한 효율적으로 활용해야 함을 생각하며 적극적인 자세로 임했다. 그렇지 않으면, 차일피일 미루면서 의욕과 텐션이 떨어질 수 있고, 또 수험 생활을 시작하고도 공부 패턴에 적응하거나 혹은 시행착오를 겪는 과정으로 아까운 시간을 날릴 확률이 크다. 실제 그런 사례들을 많이 보기도 했다. 따라서 본격적인 공부 시작에 앞서 기출문제를 반드시 한 번은 풀어보는 것이 좋다고 생각한다. 공통과목인 국어·영어·한국사의 국가직 9급 최신 것을 구해다가 시간 제한 없이 한 번 해 보면 된다. 지피지기면 백전백승이라고, 그러면 내가 마주해야 하는 막연한 '적'들이 조금 더 구체화된 형태로 보일 것이다.

단, 목적은 실력 체크가 아닌 문제 스타일을 확인하는 정도로 해야 함을 명심해야 한다. 점수가 높든 낮든, 공부를 시작하기 전에 얻은 점수는 아무런 의미가 없으므로 괜히 이에 어깨를 으쓱이거나 낙담할 필요가 전혀 없다.

이외에도 각오를 다지며 머리를 단발로 자르고, 교재들을 미리 구매해 놓고(의욕이 앞서 모든 커리큘럼의 교재를 한 번에 구입하는 일은 없도록 하자. 필요할 때마다 그때그때 준비하면 된다), 독서실 책상에 놓아 둘 책꽂이 및 필기도구, 플래너 등 장비들을 구매하였지만 솔직히 이 부분은 어차피 하루면 될 것이라 굳이 신경 쓰지 않아도 될 부분인 것 같다.

단, 스톱워치의 경우에는 미리 준비해 두면 좋을 것 같다. 다른 이유가 아니라 본격적인 공부를 시작하기 전, 내가 앉아서 몇 시간 정도 집중할 수 있는지를 알기 위함이다. 스톱워치를 통해 체감상의 공부 시간과 실제 스톱워치를 이용해 체크한 순 공부 시간 사이의 괴리를 눈으로 직접 확인할 수 있을 것이다. 이를 대략적으로라도 파악해 두어야 앞으로 몇 시간 정도가 내가 노력한 것이고, 몇 시간 정도 해야 내가 정말로 발전했는지를 눈으로 확인할 수 있기 때문이다.

11월 중순부터는 미리 예약 대기를 걸어 두었던 독서실에서 연락이 와서 책상 앞에 앉아 있는 연습을 하기 시작했다. 가서 학교 과제를 하고, 한자 강의를 겨우 한두 강 수강하더라도 독서실에 있는 시간을 최대한 늘리는 연습을 했다.

공무원 시험을 염두에 두고 했던 건 아니긴 하지만, 마침 이 시기에 봉사 활동을 했었고 이를 경기도 지방직 면접을 준비하며 봉사활동 리포트 작성 시 써먹을 수 있었다. 원서 접수일 기준으로 2년 이내의 봉사활동 내역만 제출이 가능한 만큼, 대부분의 수험생들이 공부하느라 봉사활동을 하지 못하는데 이를 미리 해 둘 수 있으면 더할 나위 없이 좋을 것이다. 합불에 큰 영향을 끼치진 않지만, 굳이 느끼지 않아도 될 불안감으로부터 벗어날 수 있다.

가산점을 얻을 수 있는 자격증도 이 시기에 따야 한다고 일러 주고 싶다. 나는 0.5%짜리 가산점이 컴활 2급 자격증이 있어서 새로이 도전하지 않았지만, 과거로 되돌아간다면 1% 가산점 자격증 공부를 했을 것이다. 시험을 보고 나서야 느낀 것인데, 1점, 1점이 너무 소중하다.

마지막으로 어떻게 공부할지에 대해 고민하는 데 많은 시간을 쏟았다. 목표로 잡은 6월 시험까지의 대략적인 타임라인을 그려 보고, 각 시기마다 어떻게 공부해야 할지에 대한 계획을 구상하는 것이다. 물론 이를 위해서는 위에 설명한 많은 것들(예: 기출문제를 한번 풀어 보기, 구꿈사에서 합격 수기 많이 읽어 보기 등)이 선행되어야 할 것이다.

나는 매일 스스로에게 할 일을 정해 주고, '계획 완수, 일부 수행, 시작도 안 함' 세 단계로 나누어 'O, △, ✕'로 표기를 하는 형태로 그날그날의 공부를 진행하기로 하였다. 이와 관련해서는 4편에서 다시 한 번 언급할 예정이다.

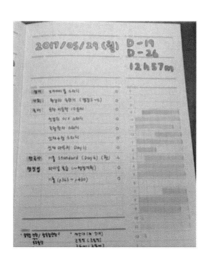

합격을 하고 수기를 작성하며 지난 기간을 되돌아보면, 본격적인 수험 생활이 시작되기 전인 이 시기에 어떻게 준비를 하는가에 따라 수험 기간을 확연하게 줄일 수 있는가 없는가가 갈리는 것 같다. 사람들

을 인터뷰하는 것을 직업으로 삼고 있는 아는 오빠에게서 들은 것인데, 1시간짜리 인터뷰를 하기 전에 20분간 준비하며 생각을 정리하는가 안 하는가에 따라 그 인터뷰로 얻어 낼 수 있는 결과물이 20배가량 차이 난다고 한다. 자료 수집이 아니라, 단지 생각의 정리인데도 말이다. 돌이켜보면 공무원 수험 생활 또한 위의 사례와 일맥상통하다고 생각한다.

마무리하면, 나중에 할 고민은 미리 하자. 그러면 10배의 효과는 분명히 있다.

다음 글에서는 내가 인강과 실강 사이에서 고민했던 과정과 고민 끝에 결정을 내린 근거에 대해 공유하도록 하겠다.

2) 인강 vs. 실강, 그 결정의 기준은?

(1) 강의 수강 방법 - 인강 vs. 실강

친구들, 친척들에게 공무원 시험을 준비해 보기로 했다고 이야기를 할 때면, 늘 돌아오는 질문이 있었다. "그럼 노량진으로 가는 거야?" 그만큼 노량진은 공공연하게 '공시생'과 직관적으로 연관 지어지는 곳, 수험생들의 열망이 밀집된 곳, 많은 수험생들이 답을 찾으러 가는 곳이었다.

공시에 발을 들이기로 막 마음을 먹은 그 시점, 나 또한 생각이 크게 다르지 않았고, 이왕 공부를 하기로 한 거 노량진으로 가야 할 것 같았다. 새벽부터 강의실 앞에 길게 늘어선 줄에 합류하고, 사람들의 열정으로 후끈한 강의실에서 강의를 들으면서, 그 치열한 분위기를 온몸으로 느껴 가며 독하게 공부해야 합격할 것만 같았다.

그러던 중 설상가상으로, 공무원 시험 정보를 찾다가 어느 블로그에서 '시험 입문자라면 처음부터 독학을 하지 말고 종합반 강의를 듣는 것이 좋다. 종합반의 커리큘럼은 2개월 동안 전 과목을 한 번 돌려 주는 것을 목표로 하는 것이며, 사실상 머리에 남는 건 없지만 공부 습관을 잡을 수 있고 학습 방법과 계획에 대한 윤곽을 그릴 수 있다'라는 글을 보았다. 종합반 강의를 입문자가 거치는 일반적인 루트인 듯 소개하는 글을 읽으니 혹해서, 나도 노량진으로 짐 싸들고 가서 종합반 강의부터 들어야겠다고 다짐하고 다이어리에 정성스레 그 내용을 옮겨 적었다.

그런데 내가 만약 그 글을 보고 노량진으로 달려가서 패기 넘치게 종합반 강의부터 신청했다면? 그것만큼 아까운 시간은 없었을 것 같다. 나는 2개월씩이나 시간을 투자하며 공시에 대한 밑그림을 그려야 할 필요도, 여유도 없었다.

공무원 시험에 대해 알아보며 이곳저곳에 산재된 정보를 수집하는 일은 꽤나 성가시다. 그리고 그보다 더 어려운 것은 그러한 정보의 호수 속에서 본인에게 필요한 정보, 그것도 신뢰도 높은 정보만을 선별해서 보는 일이다.

목표로 잡은 수험 기간이 얼마인가, 개인의 베이스, 실력, 역량이 어느 정도인가에 따라 공부 장소, 방법 등 모든 게 천차만별일 것이다.

그리고 그 이후로 꾸준한 조사 과정을 거친 결과, 합격생 중 실강을 들으며 공부한 학생의 비율이, 인강으로 공부한 학생의 비율보다 많다고 결코 단정지어 말할 수 없다는 사실을 알게 되었고, 꼭 노량진이 정답은 아님을 깨달았다. 노량진으로 가서 공부할 때와 집에서 공부할 때의 장단점, 기회비용 등을 꼼꼼히 살펴보고 경제적 요건, 본인의 베이스, 다짐, 커리큘럼 등을 고려하며 신중하게 결정해야 했다. 물론 나는 컴퓨터 앞에서 계산기를 두드린 후 결정 내린 것이긴 하지만, 가장 확실한 방법은 직접 그곳으로 찾아가 느껴 보는 것일 테고 과거로 되돌아간다면 그렇게 할 것이다.

내가 인강 vs. 실강을 고민하며 떠올려 본 장단점은 다음과 같다.

	인강	실강
장점	- 3가지 경우의 수가 존재(집에서 강의 듣기/왕복 40분 거리 도서관 다니기/집 앞 5분 거리 독서실 다니기) → 최대 15만 원(독서실)의 비용 발생 - 가족들과 함께 지낼 수 있으므로 정서적으로 안정되며 외로움을 느낄 일이 없음 - 빠른 배속으로 듣는 등 유동적으로 시간 조절을 하며 강의를 들을 수 있음 - 이동하거나 줄서서 대기하는 데 불필요한 시간을 낭비하지 않을 수 있음	- 노량진 생활을 하고 실강을 들으며 치열함을 느끼면서 공부할 수 있음 - 실강 진도대로 따라가면 되므로, 진도에서 뒤처질 걱정이 없음 - 인강에서만 보던 강사분들을 직접 볼 수 있음
단점	- 매일 동일한 스케줄을 스스로 지켜야 하므로 그 과정에서 나태해지기 쉬움 - 하루 종일 자제력을 발휘하며 공부에 집중하는 일이 꽤 힘듦 - 강사님에게 질문하고 싶은 게 있을 때 즉각적인 피드백을 받기 어려움	- 짐을 싸고 노량진 고시원으로 들어가거나(고시원만 월 35만 원의 비용 발생), 통학을 하더라도 왕복 2시간 지하철 2번 환승의 압박을 견뎌야 함(체력, 통학 시간 낭비의 문제 발생) - 고시원 비용뿐만 아니라 식비, 독서실 등록비, 기타 생활비까지 고려하면 돈이 많이 듦 - 수강 시 강의실 자리 선점을 위해 줄을 서야 하고 밥 먹으러 식당에 가서도 줄을 서야 하는 등 낭 시간이 낭비됨

이렇듯 인강과 실강 각각의 장단점을 따져보고 내가 어떤 사람인가에 대해 고민을 해 보니 선택의 근거가 보다 명확해졌다.

첫 번째, 나는 소위 말해 '그래도 공부를 좀 해 본 축'에 속했다. 책상 앞에 오래 엉덩이 붙이고 앉아 있을 줄도 알고, 스스로 공부 계획을 짜고 이를 이행하여 목표한 것을 성취한 경험도 꽤 있다.

두 번째, 고민하던 시점인 2016년 9월, 나는 사기업 취준 활동을 하며 지쳐 있었다. 10년, 20년 후 미래의 내 모습 혹은 전반적인 인생 계획에 대해 고민하고 또 고민하다 공무원으로 진로를 확 틀어 버린 상황이었고 그래서 공무원 시험 합격, 특히 단기 합격에 대한 열망이 충만한 상태였다. 고작 몇 개월 만에 열정이 사그라들만큼 얄팍한 마음이 아님을 스스로 잘 알고 있었다. 내 인생을 좌우할 6개월이라고 생각하면 얼마든지 반년 정도 죽었다 생각하고 몰입할 수 있겠다는 자신감이 있었다.

세 번째, 금전적 측면에서도 무시하지 못할 큰 차이가 난다. 내가 조사한 결과, 한 달간 노량진에서 생활했을 때의 최소 생활비와 집에서 생활했을 때의 최소 생활비를 비교해 보면 다음과 같다.

	노량진 라이프	집순이
공단기 프리패스	890,000/6개월 149,000/월	
교재비	491,520/6개월 82,000/월	
독서실	100,000	155,000
고시원	350,000	-
식비	200,000	-
용돈	200,000	300,000
합계(1개월)	1,081,000	686,000
합계(6개월)	6,481,520	4,111,520

- 내가 노량진 생활비로 잡은 금액은 그야말로 '최소한의' 생활비다. 대부분의 수험생이 생활비로만 매 달 100만 원을 잡는다고 한다.
- 나는 11월 중순~12월 중순에 독서실을 한 달 먼저 등록해 앉아 있는 연습을 했으므로 상기 금액에 한 달 독서실 비용을 추가하면, 실제 총 비용은 426만 6,520원이다.

이렇게만 보아도, 수험 기간 6개월의 총 비용을 비교했을 때 200만 원 이상 차이가 난다. 부모님의 지원을 받아 공부하는 만큼 수험 생활을 하며 드는 비용 또한 중요 고려 요소 중 하나였다. 정리하자면, 나는 노량진 생활 시 감안해야 하는 적지 않은 금전적, 시간적 비용을 지불하면서까지 강력한 통제가 필요한 학생은 아니었고 스스로도 충분한 각오가 되어 있었다.

만약 2017년 6월 시험에서 낙방하여 그다음 해 시험을 준비한다면 그때 다시 노량진 생활을 진지하게 고민해 보기로 하고, 일단 위의 이유를 바탕으로 노량진 실강이 아닌 인강을 듣기로 결심했다. 그리고 1타 강사들이 가장 많이 모여 있다는 공단기에서 수강하기로 했고, 그리고 그런 공단기에서 '단과 과목으로 수강할 때보다 엄청난 금액을 절약할 수 있다!'라며 적극 홍보하는 프리패스를 구매해야겠다고 생각했다.

그리고 집에서 공부할 때의 단점을 보완하기 위해서 온라인 스터디를 적극적으로 활용한 편이다. 하나는 매일 아침 본인이 정한 시간에, 외출한 것을 인증할 수 있는 사진을 찍어 올리는 '기상 인증 스터디'이고, 다른 하나는 출석 체크하며 0:00으로 표시된 스톱워치 사진, 그리고 하루가 끝나고 퇴실 체크하며 순공부시간이 기록된 스톱워치 사진을 재인증하는 '기상, 공부시간 인증' 스터디이다. 이러한 스터디에 참여하며 늘 긴장감있는 생활을 할 수 있었고 생활 습관을 유지할 수 있었다.

집에서 공부하는 만큼 내가 열심히 하고 있는 건지 아닌지에 대한 척도가 불분명했고, 유일한 비교 대상이 스터디원들이었는데 고맙게도 내가 만난 스터디원들은 다들 열심히 하는 수험생이었다. 주말이면 스터디장이 모든 스터디원의 일주일간 상벌점 기록을 보기 좋게 엑셀로 정리하고 순위를 매겨주었는데 그게 다음 한 주를 열심히 보낼 자극제가 되기도 했다.

오른쪽 사진은 스터디 가입 후 처음으로 명예로운 1등을 하고 뿌듯해서 캡처해 두었던 것이다.

또한 공부하다 질문하고 싶은 내용이 있을 때, 강사나 조교로부터 즉각적인 피드백을 받기가 어렵다는 단점은 나는 사실 그다지 문제 삼지 않았었고, 실제로 공단기 질문 게시판 혹은 강사님 개인 카페를 통해 질문하거나 정 안 되면 구

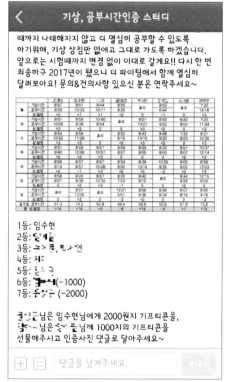

꿈사, 공단기 등 커뮤니티에서 다른 수험생들의 의견을 구할 수도 있었다. 이렇듯 다양한 채널이 있고 답변을 받기까지 그리 오랜 시간이 소요되지도 않으므로 이 점은 크게 고민하지 않아도 될 것 같다.

(2) 공부 장소

인강을 이용해 공부하는 것까지는 결정했으니 이제는 공부 장소를 고민해 보아야 했다. 선택지는 세 가지였다.

① 집

나는 중고등학교 때부터 집에서 공부하는 게 힘들었다. 나에게 있어 집의 의미는, 학교 야자실, 학원, 학원 자습실, 독서실 등의 공간에서 하루 종일 공부하다 마감하고서 들어와 휴식을 취하는 곳이었다. 게다가 우리 집에는 짖는 걸 좋아하는 귀여운 강아지가 있어서 시끄러워서 혹은 강아지와 놀고 싶어서 제대로 집중할 수 없을 것이 분명했다.

② 도서관

동네 주민이면 무료로 이용할 수 있으므로 비용을 절약할 수 있어 좋지만, 우선적으로 점심과 저녁 식사 문제가 신경 쓰였다. 매일 도시락을 싸서 다니자니 내키지 않았고 사 먹자니 그 비용 또한 누적된다면 만만치 않을 것 같았다. 그리고 또 하나의 치명적인 단점은, 도서관 사물함은 늘 꽉 차 있고 언제 이용할 수 있을지 기약할 수 없어서 무거운 책과 노트북, 필기구 등을 들고 왔다갔다해야 하므로 체력이 많이 소모될 것이라는 점이었다.

③ 독서실

아파트 단지에 인접한 독서실이 있는 것은 축복이었다. 몇 년 전 수능을 준비할 때도 그 독서실에 다녔었는데, 마침 얼마 전 리모델링을 하고 깔끔한 1인 독서실로 재단장했다. 덕분에 월별 이용료는 인상되긴 했지만, '시설이 깔끔한', '1인 독서실'이라는 점이 마음에 들었다. 매달 독서실 비용이 드는 대신에 점심 저녁 식사를 집에서 해결할 수 있으니 식비는 절약할 수 있을 것이고, 무엇보다도 집에서 공부 장소까지 이동 시간이 크게 소요되지 않는 점이 가장 큰 메리트였다. 소탐대실을 떠올린다면, 당장의 독서실 비용을 아까워할 것이 아니라 이동 시간을 절약하고 능률적인 공부를 해서 단기 합격의 목표를 이루는 것이 옳다는 생각에, 독서실에서 공부하기로 마음먹었다.

이번 편에서는 강의를 듣는 방법과 공부하는 장소에 있어 내가 고민한 흔적을 기록해 보았다.

이 글은 철저히 내 위주로 작성한 것이고 각자의 상황마다 선택의 기준은 얼마든지 달라질 것이다. 합격으로 가는 길은 너무도 다양하므로 굳이 다른 사람의 뒤를 따를 필요가 없다. 자신이 어떤 사람인지 스스로 면밀히 살펴보고 파악하는 과정이 우선시되어야 한다. 또한 번 말하지만 느낌이 잘 오지 않는다면 노량진으로 가서 학원 무료 강의를 듣든, 그저 복도를 돌아다니고 자습실을 기웃거리든 그 분위기를 '직접' 겪어 보길 바란다.

특히나 그 누구도 무시할 수 없는 금액적 차이를 명시해 둔 만큼 괜한 노파심이 드는데, 노량진만의 치열함, 절실함, 어느 정도의 강제력이 꼭 필요한 사람도 있을 것이고 또는 집이 공부 장소로 적합하지 않은 사람도 있을 것이다. 그들에게는 노량진에서 공부하는 것이 훨씬 더 효율적이고 경제적인 방법일 것임은 당연하다. 이 글은 전적으로 참고용으로 봐 주었으면 하며, 나와 같은 고민을 겪을 사람들이 적절한 판단을 내리는 데 작게나마 도움이 될 수 있다면 그걸로 행복할 것 같다.

3) 직렬과 선택과목은 최대한 신속하게, 강사는 최대한 신중하게 선택

(1) 직렬, 선택과목

나는 직렬과 선택과목 선택에 있어서는 깊은 고민을 거치지 않고 신속하게 결정 내린 편이다. 사실 필기 합격 후 나름의 수기 형태의 글을 쓰고 있는 현재까지도 관련 지식이 그렇게 많지 않을 정도이니 말 다 했다.

우선 직렬부터 얘기해보자. 내 주변을 보면, 공무원 합격이라는 목표를 세우며 직렬을 정할 때 일행직이 아닌 다른 직렬에 지원하는 경우는 두 가지로 갈리는 것 같았다. 첫 번째는 목표 직렬에 대한 열정이 있는 경우, 두 번째는 우선 선택과목 중 자신 있는 과목(대학 전공과목과 같다든지 남다른 흥미가 있다든지)을 두고서 그에 맞춰서 그 과목으로 시험 볼 수 있는 직렬 중 하나를 선택하는 경우다. 원서 접수가 다가옴에 따라 경쟁률과 선발 인원, 합격 예상 컷을 이유로 직렬을 선택하는 것은 차후의 문제가 아닐까 싶다.

나는 그중 어느 쪽에도 해당되지 않았다. 공무원 직렬 중 내 대학 전공과 관련된 직렬이 따로 없고 그렇다고 해서 내가 특정한 직렬에 뜻을 지니고 있는 것도 아니었으므로, 많은 인원을 뽑고 가장 무난하게 도전 가능한 일반 행정직에 지원하기로 했다.

선택과목을 선택할 때는, 행정학개론·행정법총론·사회·과학·수학 다섯 과목 중, 우선 과학·수학은 무늬만 이과인 나에게 빠른 시간 안에 20문제를 푸는 게 어려울 것으로 판단하여 과감히 제외시켰다. 다음으로는 그나마 접근하기 수월해 보이는 사회를 하나 선택하고, 행정학과 행정법 사이에서 고민의 시간을 가졌다.

행정학의 장점으로는, '숙련되면 20문제를 빠른 시간에 풀 수 있다, 조정 점수가 잘 나오는 편이다' 등이 있지만 무엇보다도 최대 메리트는 단연코 직렬 선택의 폭이 넓다는 점일 것이다. 행정학과 사회·과학·수학 중 하나를 선택하면 웬만한 직렬은 다 지원할 수 있다. 그렇지만 나는 일반행정을 바라보기로 한 만큼 그 점에 큰 매력을 못 느꼈다.

반면 단점으로는, '공부하고 암기해야 할 양이 너무 많다', '열심히 암기해도 휘발성이 심하다', '문제가 난해하여 안정적인 점수대를 얻기가 힘들다' 등이 있었다.

이에 반해 행정법은 내용은 어려우나 양은 행정학에 비해 적은 편이고, 어느 정도 점수대에 올라가면 쉽게 떨어지지 않아 '효자 과목'으로 불린다고 들었다. 대신, 점수 간 편차가 적어서 행정학에 비해 상대적으로 조정 점수가 낮게 나오고 문제 푸는 데 시간이 오래 걸린다는 단점이 있었다.

나는 전략상 선택과목보다 공통과목에 좀 더 공을 들여야 하는 입장으로서, 공부할 양도 많고 문제가 난해하게 출제된다는 행정학에 거부감이 들었다. 조정 점수가 타 과목에 비해 잘 나오는 것도 내가 고득점을 했을 때에나 의미가 있을 텐데, 그렇지 않아도 안정적인 점수를 얻기 힘들다는 과목을 짧은 기간 공부하여 고득점을 기대하는 것은 무리일 수 있다는 생각이 들었다. 이러한 이유로 행정법을 선택하게 되었다.

(2) 강사 선택

'강사를 바꾸고서 점수가 상승했다는 후기가 많은데, 강사 변경이 큰 의미를 가지는가? 본인의 몫이 훨씬 큰 것이 아닌가?' 이는 수험생들 사이에서도 자주 논의되는 주제이다.

이에 나는 'Yes'라고 생각한다. 다들 그 분야에서 공부를 오래 하신 능력

	기본심화	파이널
국어	김병태 / 이선재	이선재
영어	이동기 / 손진숙	이동기
한국사	문동균	전한길
행정법	김종석	
사회	민준호	

있는 분들이니, 전달해 주는 '지식'이나 '강의의 질' 자체에는 큰 차이가 없을 것이다. 그러나 본인과 잘 맞는 강사는 분명 따로 있다. 전달 방식, 강사님 성향, 개그 코드 등이 중요할 것이다. 같은 파트, 내용의 수업을 들어도 어떤 강사님의 강의는 시간 가는 줄 모르고 듣는데, 어떤 강사님의 강의는 듣고 나면 너무도 피로하다. 이 또한 분명히 공부를 시작할 때 신경 써야 하는 부분 중 하나일 것이다.

당연한 이야기지만, 일단 맛보기 강의나 무료 개설 강의를 들어 보는 것이 기본이다. 만약 이 과정조차 거치지 않는다면, 당신은 운이 좋아 얻어걸리지 않으면 6개월 뒤에도 정착하지 못하고 헤매다 다른 강사의 같은 내용의 수업을 다시 듣고 있을 가능성이 크다.

그렇지만 수험 기간 내내 함께할 강사님을 고르는 데 더욱 신중을 기해야 하지 않겠는가. 맛보기 강의만으로 파악할 수 없는 강사님의

장단점까지 미리 조사해 보면 좋은데, 이럴 때 필요한 게 수강생들의 경험에서 나온 강사 평가이다. 예를 들면 모 강사는 담당 과목에서 1타 강사로 불리지만 감정 기복이 좀 있으신 편이고, 기분에 따라 강의의 분위기가 크게 좌우되며, 수업 진행에 있어서 강사님의 급격한 완급 조절 탓에 강의 말미가 되면 수업을 쫓아가기가 벅차다는 의견이 종종 보였다. 물론 그 강사님은, 귀에 쏙쏙 들어오는 강의력과 귀여움이 큰 매력이자 강점으로 열성팬들도 많지만, 개인적으로는 강사님의 장단을 놓고 비교했을 때 단점이 치명적으로 다가와서 다른 강사님을 택했다.

이는, 내가 생각하기에, 강사 선택에 있어 고려해 보아야 할 중요 사항 중 하나이기도 하다. 수험생이 수험 생활 내내, 가장 오랜 시간을 대면하는 사람이 강사님이다. 그분들도 똑같은 사람이고 개인 사정이 왜 없으시겠느냐마는, 어느 커리큘럼 어느 회차의 강의를 틀어도 일관된 톤, 속도, 표정을 유지하시는 분이 있다! 기복 없이 늘 한결같은 강의에 학생들도 덩달아 안정감을 느낄 수 있는 것 같다. 그리고 그런 분은 실강도 휴강 없이, 실수 없이 항상 완벽을 유지하며 진행하시는 듯하다.

추가적으로 질의응답과 피드백이 원활하게 이루어질 수 있는 강사님이면 더 좋다. 간단하게는 '공단기-선생님 홈페이지'에서 질문답변게시판의 답변률을 통해 확인할 수 있다. 또, 선생님 개인 카페가 활성화되어 있을수록, 선생님과 함께하는 조교들이 많을수록 좋다.

공단기 선생님들로 예를 들면 김병태 선생님은 공단기 질문 게시판에 질문을 올리면 오래 지나도 답변을 받기가 힘들어 불편했고, 손진숙 선생님은 개인 카페에서 활동하실 여력이 없으시지만 질문 게시판에 글을 올려 놓으면 선생님의 애제자분들이 1차적으로 답댓글을 달아 주시고 그 이후에 2차적으로 선생님께서 확인하시며 틀린 내용이 있다면 정정해 주시는 방법을 통해 피드백 받을 수 있었다.

이선재 선생님, 문동균 선생님 카페는 답변 속도가 아주 빠르진 않으나 연구원님들의 친절한 답댓글을 받을 수 있었고, 민준호 사회 카페에서는 법과 정치, 경제, 사회문화 각각의 말머리를 달아 질문하면 각 전문 연구원님들의 빠른 답변을 받아 볼 수 있었다. 최고다!

이런 식으로 꼼꼼히 비교하고 고민한 과정을 거친 덕택인지 나는 내가 선택한 모든 강사님과의 합이 잘 맞았고 '강사 변경'이라는, 수험 생활에서 치명적으로 작용하는 시행착오를 최소한으로 할 수 있었다. 다시 한 번 강조하지만 이 단계에서 10일을 쓰면 10개월도 아낄 수 있다.

나는 한국사 강사님을 고르는 데 가장 치열한 고민을 했다. 내가 구매한 프리패스가 국어와 영어 과목은 여러 강사님의 수업을 들을 수 있지만 한국사와 선택과목은 강사님 한 분밖에 선택하지 못한다는 제약이 있었기 때문이다.

나는 한국사에 콤플렉스가 있다. 고등학교 시절 문·이과를 선택할 때도 한국사가 싫어 이과를 선택했다고 말해도 과언이 아닐 정도로 싫어하기도 했고, 한국사능력검정시험에 도전했다가 두 번이나 낙방한 경험도 있다. 이런 한국사 포기자에게, 방대하고 지엽적인 공무원 한국사는 정말이지 두려운 존재가 아닐 수 없었다.

시험까지 남은 6개월여의 기간 동안 내가 과연 한국사를 정복할 수 있을지에 대한 의문도 컸다. 그러한 상황이었기에 러닝 타임이 짧고 강의 수가 적으며 강의 내용 또한 컴팩트하면서도 높은 수험 적합성을 자랑하신다는 문동균 강사님이 가장 끌렸다.

여타 과목들도 마찬가지겠지만, 한국사만큼은 최소 2분 이상의 수업을 들어 보는 것을 추천 받았고, 나 또한 추천한다.

한국사 춘추전국시대라 불릴 만큼 다양한 선생님들이 쟁쟁하게 경쟁 중이시고 그 스타일이나 추구하시는 노선에 있어서도 확연한 차이가 있기 때문이다.

공무원 수험의 방향성은, '남들보다 하나라도 더 맞히자'가 아닌, '남들이 아는 것만큼은 틀리지 말자'라는 방어적인 공부가 되어야 한다고 생각한다.

한국사 과목의 인기 강사 전한길 강사님은 감사하게도 가장 유명한 강의인 필기 노트 강해를 한번씩 무료로 개방해 주신다. 4월은 강의를 무료로 들을 수 있는 시기였고 교재를 따로 구매하여 강의를 들었다. 전한길 강사님의 수업은 신선했고 재밌었다. 확실히 문동균 강사님의 강의와는 다른, 새로운 느낌이었다. 그리고 최근 몇 년간 공무원 수험서 판매량에서 톱을 유지 중이라는 필기 노트를 이용해 '필기 노트 강의'를 들었다는 사실만으로도 괜스레 안심이 되기도 했다.

그러나 내가 전한길 선생님과 잘 안 맞는 탓인지, 아니면 전한길 선생님의 올인원 기본 강의부터 듣지 않아 적응하기 어려워서 그런 것인지 몰라도, 강의를 들을 때 집중도 잘 안 되고 내용이 쏙쏙 흡수된다는 느낌이 들지 않았다. 좋은 강의를 좀 더 밀도 있게 들으며 활용하지 못했던 점이 아쉬웠다. 대신 필기 노트 교재는 최대한 활용하려 노력했다. 시험 직전, 문동균 선생님의 '1/4 특강' 강의를 전한길 선생님의 필기 노트를 가지고 수강하며 구석구석에 필기하고, 기출문세를 풀면서 틀린 문제 또한 그 책에 메모하며 얇은 책 한 권에 방대한 한국사 내용을 단권화할 수 있었다.

　마무리하며, 이번 편의 타이틀을 다시 한번 읊고 싶다. 직렬과 선택 과목을 정하는 것은 최대한 신속하게, 강사 선택은 최대한 신중하게 해야 한다!

　합격 수기에서 가장 강조하고 싶은 파트가 바로 여기다. 내가 단기간에 목표를 달성할 수 있었던 것은 이 시기를 보람차게 보냄으로써 시행착오를 줄일 수 있었던 덕분이라고 자신 있게 말할 수 있다.

　이어질 4편에서는 내 수험 생활 전반에 걸친 소소한 얘기를 해 보겠다.

4) 공부, 지치지 않기 위해 할 수 있는 것, 해야 하는 것, 하면 안 되는 것

(1) 생활 패턴

　　08:20 기상

　　09:00-00:30 독서실에서 공부(점심 12:30~13:30, 저녁 18:00~19:00)

　　00:40-01:00 씻고 머리 말리기

　　01:00-2:00 남자친구와 통화

　　02:00 취침

언젠가 전효진 선생님의 공부 비법을 읽은 적이 있는데 그중에서 특히 하나 인상 깊었던 대목이 있다. "공격적으로 공부해라. 6시 45분에 기상해서 7시에 셔틀을 탔다. 15분 만에 모든 준비를 끝냈다. 그 전날 다 씻고 옷까지 다 입고 가방끈을 붙잡고 자서 그다음 날 일어나자마자 바로 튀어나갔다. 아침에 아무 생각 안 들 때 반사적으로 일어나서 책상에 앉을 때가 가장 덜 힘들다".

이 방법은 나에게 꼭 필요한 것이었다. 아침잠이 많아서 '5분만 더', '10분만 더' 하며 더 자기 일쑤였고 외출하기까지 준비 시간도 많이 소요되는 편이라 거기서 낭비하는 시간이 많을 것으로 예상됐기 때문이다. 옷까지 다 입은 채로 가방끈을 붙잡고 자는 정도까지는 아니었지만, 전날 다 씻고 머리도 잘 말린 뒤 잠자리에 들었다. 독서실이 9시부터 문을 열었는데, 8시 20분까지 푹 자다가 일어나서 간단히 아침을 먹고 세수랑 양치질만 하고 옷을 갈아입고 8시 50분에 집에서 나갔다.

(2) SNS

나는 공부를 시작하며 카톡부터 정리했다. 초라한 모습으로 독서실에서 공부를 하는 동안 친구들은 예쁜 옷을 입고 데이트하고 여행 다니는 모습을 보아도 괜찮을 정도로 멘탈이 튼튼하지 못했기 때문이다. 굳이 계정까지 삭제할 필요는 없을 것 같아서 폰에서 어플만 지웠다. 프로필 메시지에 급한 연락은 문자나 전화로 남겨 달라고 해 두었는데 실제로 문자로 연락받은 일은 많지 않았다.

남자친구와는 비트윈이라는 커플 앱을 이용해 연락했다.

나는 유혹에 정말 약한 편이고 특히 평소에 거의 폰 중독 수준이라 공부하면서도 이 점 때문에 힘들었다.

카톡을 지우고 나면 폰을 쳐다보지 않을 줄 알았는데 오산이었다. 카톡을 지우고 나니 유튜브 중독이 되어 있었다. 뷰티 유튜버들의 영상을 하나둘 보며 대리만족을 하다가 어느새 거기에 푹 빠져 공부에 방해가 되는 지경까지 이르렀다. 문득 심각성을 깨닫고 어플을 삭제하려 했는데 유튜브 어플은 삭제가 따로 되지 않아서 어플 숨기기를 해 두었다. 유튜브 영상을 보려면 의식적으로 '숨김 어플 보기'라는 점검 과정을 거쳐야 했기에 그 횟수를 확연히 줄일 수 있었다.

여기서 끝이 아니다. 유튜브까지 멀리하니 이번에는 네이버 뉴스 중독이 됐다. 이건 앞의 것에 비해 비교적 괜찮은 중독이긴 하다. 쉬는 시간마다 습관적으로 네이버 뉴스에 들어가서 모든 분야의 뉴스를 훑었다. 댓글은 보지 않는 게 정신 건강에 좋다는 걸 알면서도 굳이 댓글창을 열어 보고 혼자 욕하고 열내곤 했다.

(3) 운동·건강

나는 체력이 정말 좋지 않은 편이다. 원체 게으르고 운동을 싫어한다. 그래도 공부를 함에 있어 체력의 중요성을 충분히 알고 있었고 내나름대로 꾸준히 무언가를 하려는 노력을 했다.

초봄까지는 강아지와 아침에 30분씩 꼭꼭 동네 산책을 하며 운동삼아 돌아다녔다. 그런데 그마저도 나중에 가서는 아침잠 30분이 너무도 소중해 못 나가는 날이 하루 이틀 이어졌고 그러다 보니 어느새 흐지부지되고 말았다.

귀가 약한 편인데, 수험 기간 초반부에 기본 심화 강의를 들을 때 이어폰을 이용해 하루 10시간 이상씩 강의를 듣다 보니 귀에 심한 염증이 생겨 병원 치료를 받기도 했다. 며칠 집에서 강의를 들어 보다가 역시나 집중도 잘 안 되고 효율이 떨어지는 것 같아서 헤드폰을 구했다. 아무래도 이어폰보다는 귀에 직접적인 영향을 덜 주는 것 같았다.

바르지 않은 자세로 인해 골반, 허리, 어깨 통증에 시달렸다. 물리치료를 받거나 침을 맞을 정도는 아니어서 집에서 스트레칭을 꾸준히 해 주었다. 친구들에게 생일 선물로 받은 폼롤러를 이용해 밤마다 몸을 풀어 주었는데 강력 추천한다! 우두둑 소리가 나면서 뼈 마디마디가 맞춰지는 느낌이고 하루 동안 뭉친 근육이 사르르 풀린다.

그리고 독서실 의자에는 자세교정용 방석을 얹었다. 골반이 비뚤어진 자세로 앉지 않게 교정해 주는 쿠션인데 이걸 쓴 이후로 통증을 호소하는 일이 줄었던 것 같다.

(4) 밥

아침은 시리얼이나 과일로 간단히 먹었다(시리얼을 먹을 때, 나처럼 우유를 마시면 속이 불편한 유당불내증이 있는 분들은 소화가 잘되는 락토프리 우유를 먹거나 해야 한다. 안 그러면 고생한다).

점심, 저녁은 5분 거리에 위치한 집으로 와서 먹었는데 덕분에 식비를 절약할 수 있다는 장점이 있었지만, 매일 메뉴 선택하는 게 또 하나의 일이었다. 부모님께서 두 분 다 일을 하시고 집에 아무도 없어서 나 혼자 끼니를 챙겨야 했는데 내가 요리를 즐기는 편도 아니었고, 능숙해서 금방 뚝딱 만들어 낼 수 있는 것도 아니었던 탓에 인스턴트

음식도 많이 먹었고 특히 점심 때는 라면을 많이 먹었다. 시험이 가까워져서는, 공부하다 그날 일정이 빠듯하게 돌아가 마음에 여유가 안 날 때면 독서실 건물 1층에 있는 편의점에 가서 도시락을 후다닥 먹고 올라오곤 했다.

(5) 간식

공부하다 졸음이 몰려오거나 집중이 잘 안 될 때면 리프레시가 필요하다는 명목으로 1층 편의점으로 내려갔다. 간식거리를 들고 올라와서 독서실 휴게실에서 먹으며 공부하면 잠도 깨고 기분도 좋아졌다. 내 용돈의 7~8할은 편의점에서 간식비로 지출한 것 같다. 주로 과자나 젤리류를 즐겨 먹었고 음료수도 자주 사 마셨다.

공부하는 동안 밥 먹고 식곤증이 오는 게 싫어 식사량을 현저히 줄였다. 하지만 원래 스트레스를 받으면 살이 빠지는 편인데 간식을 엄청 먹어대서 살이 빠지지는 않았다.

(6) 휴식

일주일에 한 번쯤은 제대로 휴식을 취하려 했다. 장거리 연애 중인 남자친구를 만나는 주말엔 토요일 오후부터 밤까지, 그리고 일요일 오전부터 점심 때까지 합쳐서 만 하루를 비웠고, 그렇지 않은 주말에는 일요일을 깔끔하게 비웠다. 일요일을 통째로 쉬는 주말이면 토요일부터 설레었다. 토요일 저녁에 공부를 마감하고 편의점에 들러 맥주와 안줏거리를 사서 들어와 밤늦게까지 영화를 보며 먹는 것도 취미 중 하나였다.

공부하는 동안 친구들을 만나는 일은 거의 없었다. 내가 공부하는 걸 아는 가까운 친구 몇 명이 가끔씩 응원 문자를 보내 주면 그때 안부를 주고받는 정도였다. 2주에 한 번 정도 남자친구를 만날 때도 체력적으로 부담이 갈 정도로 먼 거리까지는 안 나갔다. 주로 맛집 탐방 위주로 데이트를 했다.

사실 내가 좋아하는 것은 하루 종일 집에서 뒹구는 것이다. 워낙 잠이 많은 터라, 공부하면서 늘 잠이 부족했고 집순이 체질이라 밖에 나가 노는 것보다 집에서 혼자 노는 게 더 좋았다. 체력 소모 없이 침대 위에서 낮잠도 자고 맛있는 것도 먹으면 세상 제일 행복했다.

(7) 머리

공부를 시작하기 전에 머리를 잘랐다. 내 기억이 맞다면 미취학 아동 시절 이후로 가장 짧은 머리였다. 파마까지 해서 시간 들여 관리할 필요가 없게 했다. 머리 감고 말리는 시간이 엄청 줄어들었다. 최소 10분 이상의 추가 수면 시간을 확보할 수 있었다. 아예 머리카락을 빡빡 깎고 통가발을 사서 쓰고 다닐까 하는 생각을 잠깐 해 보았다.

(8) 옷

내 옷장엔 편한 옷들이 많지 않다. 공부를 시작하면 매일 편한 복장으로 다닐 텐데 어쩌지 하는 고민이 있었다. 친구들에게 생일 선물로 아디다스 트레이닝복을 부탁하여 받았고 정말 잘 입었다.

게다가 타이밍 좋게, (동생에겐 미안하지만) 마침 내가 공부를 시작할 즈음에 동생이 군에 입대해서 동생의 옷을 마음껏 빌려 입을 수 있었다. 동생은 옷에 관심이 많아서 나보다 옷이 많다. 특히 겨울에 후드를 많이 뺏어 입었다. 사이즈도 넉넉해서 더 좋았다.

내가 쇼핑을 엄청 좋아하는 편은 아니지만 그래도 계절마다 예쁜 옷을 사 입는 편인데 6개월 동안 옷 쇼핑은 한 번도 하지 않았다. 대신 그 돈으로 비싼 필기구를 사서 썼다.

(9) 필기구

필기구에만큼은 돈을 아끼지 않았다. 쓸데없는 것이긴 한데 괜히 집착했다. 이건 수능을 준비하던 고등학교 때도 그랬다. 가지각색의 필기구로 꽉 채운 큰 필통을 2개씩 들고 다녔다.

공부를 하면서 시각적으로 보기 좋게 정리하는 데서 큰 즐거움을 느꼈다. 플래너 작성 시 지워지는 볼펜을 이용했다. 매일의 계획은 크고 작은 범위 내에서 유동적으로 바뀔 수 있는데 그럴 때마다 화이트로 지우고 그 위에 쓰기엔 지저분해 보였기 때문이다. 여러 색의 지워지는 형광펜도 사서 과목별로 색을 부여하고 플래너에 공부 시간을 체크했다.

(10) 연애

가장 할 말이 많은 주제이기도 하다.

앞의 **(1) 생활 패턴**에서도 잠깐 언급했지만, 하루 공부를 마치고 집에 와서 취침 준비를 마치고 새벽 1시부터 30분~1시간 동안 남자친구와 통화를 했다. 원래 장거리 커플이라 밤에 통화를 꽤 오래 하는 편이기도 했고, 공부를 시작하고서는 내게 더 소중한 시간이 됐다. 나도 다음 날 공부를 해야 하고 남자친구도 출근을 해야 해서 다소 무리가 될 수 있는 시간대였지만 이때가 하루 중 가장 힐링되는 시간이었다.

밤에 통화를 할 때 나는 늘 잠긴 목소리로 전화를 받았다. 하루 중 말을 하는 일이 기껏해야 독서실 총무들이나 편의점 주인 아주머니께 인사를 드리는 게 전부였기 때문이다. 안 그래도 말 많은 내가 하루 동안 쌓인 생각들을 보가 터지듯 쏟아낼 수 있었던 시간이었고 공부가 힘들다며 하소연할 수 있는 시간, 따뜻하고 진정 어린 위로를 받을 수 있는 시간이었다.

본격적인 공부 시작을 앞둔 10월까지만 해도, 연애를 하게 되면 공부에 방해될 테니 시작하기 전에 미리 헤어져야 하나 하고 진지하게 고민했다. '공부하며 있는 남친 없애지 말고 없는 남친 만들지 마라'라는 명언이 있다. 이별이나 연애로 인한 감정 소모를 최대한 배제해야 한다는 의미일 것이다.

아무래도 남자친구가 있으면 필연적으로 감정 소모를 할 수밖에 없을 것이고 최악의 경우엔 공부하던 중 헤어져 멘탈이 바스라지는 일이 있을 수도 있을 것이라 생각했다. 그러니 차라리 공부하기 전에 미리 관계를 정리해서 충분히 마음을 가다듬고 어느 정도 안정된 후에 공부를 시작해야 할 것 같았다.

지금 생각하면 좀 웃기긴 한데 당시로서는 정말 큰 고민이었고 남자친구와 심각하게 대화도 많이 했다. 남자친구는 내 인생을 위해서면 얼마든지 한 발짝 떨어져서 기다려 줄 수 있다고 했다. 좋아하는데 생이별을 하는 게 더 마음 아픈 일인 것 같아서 결국 헤어지지 못했고 서로 조금씩 더 노력해 보기로 했다.

공부하는 동안 남자친구는 그야말로 물심양면으로 도와주었다. 정서석으로 안정감을 느낄 수 있게 언제나 곁에서 응원해 주었을 뿐 아니라, 귀가 아파 병원 다니는 걸 알고 좋은 헤드폰을 선물해 주고, 자주 간식거리와 식사 대용의 식품들을 챙겨 주고 책상 위에 두고 우울할 때 보라며 내가 좋아하는 스노우볼을 선물해 주고 수험 생활 막바지에 체력이 급격히 떨어지니 영양제도 선물해 주었다.

물론 연애와 공부를 병행하는 과정에서 트러블이 아예 없을 수는 없었고, '역시 그때 헤어질 걸 그랬어!' 하고 후회했던 적도 분명 있다. 내가 위에서 합격하기까지 남자친구 덕을 많이 보았다고 한참 말했는데 팩트만 두고 본다면 맞는 얘기이지만, 이 또한 다 합격했으니 할 수 있는 얘기다.

시험을 앞두곤 극도로 예민해져서 남자친구에게 괜히 신경질적으로 대하기도 했다. 남자친구는 우리가 만나지 않는 주말이면 밖에 나가서 축구도 하고 친구과 늦은 시간까지 술도 마시곤 했는데, 남자친구가 하루종일 연락도 잘 안 될 정도로 바쁘게 지내고, 그래서 유일한 낙이었던 통화도 못하게 되니 괜히 심술이 났다. "오빠는 회사 일로 힘들어도 축구도 하고 게임도 하고 친구들이랑도 놀고 동기랑 상사 뒷담도 하면서 풀지? 나는 스트레스를 풀 수 있는 게 오빠랑 대화하는거 밖에 없어!"라고 말했던 기억이 난다. 지금 생각하면 정말 부끄럽다.

그리고 늘 내게 다 잘될 거라고 응원해 주는 남자친구에게, "난 그 말이 듣고 싶은 게 아니야. 날 아는 모든 사람들은 '넌 할 수 있어. 잘될 거야'라고 말해 줘. 근데 아무도 나에게 '좀 못해도 괜찮아', '이번에 떨어져도 괜찮아'라는 말은 안 해 줘. 내가 진짜 듣고 싶은 말은 그건데 왜 오빠마저 내 맘을 몰라주는 거야!" 하며 히스테리를 부리기도 했다.

지금 보니 내 남자친구가 새삼 대단해 보인다. 밑도 끝도 없는 투정을 다 받아 줬다니 극한 직업이 따로 없는 것 같다. 살짝 자기 변호를 해 보자면 내가 평소에도 이렇게 막무가내는 아닌데 시험 앞두고 심적으로 많이 힘들었던 모양이다.

다행히 내 남자친구는 태평양 같은 마음씨를 가진 사람이고 내가 공부하며 힘들었던 동안, 남자친구도 회사 생활로 많이 힘든 시기였어서 오히려 서로 힘든 얘기를 주고받으며 위로가 되어 줄 수 있었던 것 같다.

공부와 연애를 병행하려면, 나와 애인의 성향 그리고 처한 상황을 충분히 고려해 보아야 덜 힘들 것 같다.

덧붙이자면 나에게 장거리 연애는 신의 한 수였다고 말할 수 있다. 나는 공부를 하며 이것저것 끊으면서 남자친구에게 정신적으로 많이 의지한 편인데, 만약 가까운 거리에 살았더라면 (데이트는 못하더라도) 얼굴이라도 잠깐 보고 싶은 그 마음을 다스리는 것 또한 하나의 고민이었을 것 같다.

5) 6개월 내에 승부를 보기 위한 공부 순서

- '기본-심화-문풀-파이널'은 진리가 아니다

(1) 시기별

① 12월 중순~1월

한 달간의 워밍업을 마치고, 마지막 학기 종강일에 프리패스를 구매했다.

카톡을 비롯한 일체의 SNS 어플을 삭제했다. 한 달 전부터 미리 책상 앞에 오래 앉아 있는 연습을 한 덕분인지, 초반부터 하루 10시간 이상의 공부를 너끈하게 할 수 있었다. 밴드로 기상, 플래너, 순공 시간을 인증하는 스터디를 했는데 이때 다들 열심히 하는 스터디원들을 만나서 덕을 많이 봤다. 공부를 막 시작하는 입장이고, 혼자 독서실에서 하다 보니 비교 대상이 이 사람들밖에 없었는데 나의 훌륭한 준거집단이 되어 주었다.

이 시기에는 하루 종일 강의를 들었다. 하루에 10시간씩 강의를 들으니 귀에 이상이 생겨 이비인후과를 다니기도 했다. 공통과목은 매일, 선택과목 두 과목은 격일로 번갈아 가며 공부했다. 유치하지만 수강 진도표를 만들고 뽑아 벽에 붙인 뒤 강의를 들을 때마다 스티커를 붙였다. 목표치를 설정하고 시각적으로 확인하며 스스로에게 동기를 부여할 수 있었고, 벽면을 차츰 채워 가는 스티커를 모습을 보며 성취감을 맛볼 수 있었다.

의욕이 넘칠 때 최대한 진도를 많이 빼 두어야 한다고 생각해서 이 시기에 여유 부리지 않고 열심히 달렸다.

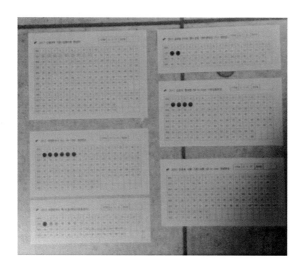

② 2월~3월

1월까지 공통과목 기본심화강의를 완강했고, 2월부터는 혼자서 기본서를 읽으며 2회독 한 후 해당 범위만큼 기출문제를 푸는 식으로 공부했다.

이때 한국사의 경우만 예외적으로 기출 강의까지 함께 수강했는데, 이는 순전히 문동균 선생님의 기출 교재를 선택했기 때문이다. 문쌤의 기출 해설은 상당히 불친절한 편이다. 따라서 기본 강의를 한 번 듣고 바로 기출로 넘어온 나로서는 기출 강의 병행이 선택이 아닌 필수였다. 이 때문에 다른 과목에 비해 한국사에 훨씬 더 많은 시간을 투자해야만 했으므로 기본 심화 강의는 문동균 선생님 수업을 들었어도 기출 교재는 다른 선생님의 것을 선택할걸 하고 후회하기도 했으나, 당시 나는 시행착오를 겪을 만한 시간적, 정신적 여유는 없다고 판단했고, 그것을 깨달은 이후로 정신승리를 위해 힘을 쏟았다. '문 선생님은 기출 강의 도입부에서 매번 진도에 맞춰 필요한 개념 설명을 해주시므로, 반복 설명에 익숙해지며 개념을 재정립할 수 있는 기회다. 갑자기 선생님을 바꾸면 더 적응이 안 될 것이다' 하는 식의….

이때쯤부터 벌써 체력의 문제를 슬슬 느껴서 비타민, 오메가3, 루테인, 홍삼 복용을 시작했다. 운동할 시간은 도저히 나지 않으니 영양제의 힘을 빌리자는 생각이었다.

2월 말~3월 초에는 슬럼프를 겪으며 앉아 있는 시간 대비 효율적인 공부를 하지 못했다. 핑계 댈 만한 것을 찾아보자면, 2월 말에 내 생일도 있었고 며칠 차이로 학교 졸업식에도 참여하느라 마음이 들떠 있었던 탓이라고 해 두자. 불충분하게 보낸 하루하루가 모이면 그게 몇 주가 되고 한 달이 되는 건 금방이었다.

이 시기에 선택과목 기출을 막 풀기 시작했는데 마음이 붕 떠 공부가 잘 안 되니 그나마 좋아하는 과목이라도 해서 마음을 다잡아야겠다고 생각했다. 그러다 보니 어느새 공통과목에 지나치게 비중을 둔, 편향된 공부를 하고 있었다. 이때부터였을까, 행정법이 저 뒤로 밀려나게 된 건.

3월 말부터는 스터디를 활용하여 선재국어 4권의 내용을 암기하기 시작했다.

③ 4월

4월은 전한길 선생님의 강의가 무료로 개방되는 시기여서 그걸 들었다. 전한길 선생님의 수업은 신선하고 만족스러웠으나, 내가 강의를 좀 더 밀도 있게 들으며 활용하지 못했어서 아쉬웠다.

'기본-심화-기출'의 커리큘럼을 타며 최대한 끌어올릴 만큼 끌어올린 한국사 감이, 필기 노트 강의를 루즈하게 들으면서 오히려 하락하는 상황이 발생했다.

국가직 시험 한국사 점수는 참담했고, 마음이 조급해져서 다시 5월 중순부터 문동균 선생님 커리큘럼으로 돌아가서 압축 강의를 들으며 '전한길의 필기 노트'에 단권화했다.

나는 애초부터 목표가 지방직과 서울시였음에도 불구하고 국가직 시험 전후로 마음을 잡지 못하고 괜히 싱숭생숭했던 것 같다. 국가직 시험을 앞두고는, 6월 시험에 맞게 계획한 진도대로 밀고 가야 할지 아니면 시험장에서 조금 진지하게 풀어 볼 수 있도록 남은 시간 동안 지금까지 배운 내용을 전반적으로 훑어야 할지 갈팡질팡했다.

시험이 끝나고는, 나는 합격권과 터무니없이 먼데도 불구하고 괜히 공단기 합격 예측 사이트에 기웃거려 보고 시험 후 어수선한 공무원 커뮤니티의 분위기에 동조되어 괜히 싱숭생숭했던 것 같다. 커뮤니티의 분위기로 미루어보아 노량진 학원도 그와 비슷할 것 같다고 예상한다. 나는 컴퓨터를 끄면 그 분위기에서 빠져나올 수 있는 상황이었지만 실강을 듣는 학생들이면 같이 흔들리지 않게 더욱 조심하여야 할 것 같다.

4월 국가직 시험 이후가 수험생들이 가장 많이 주저앉는 시기 중 하나이고 힘든 수험 생활도 꿋꿋이 잘 버티던 수험생들도 예외없이 흔들리는 시기라고 들었다. 절대, 그 분위기에 휩쓸리면 안 된다. 나의 경쟁자들이 주춤하는 좋은 기회라고 생각하고 이때 정신 차리고 앞서 나가야 한다!

4월 말부터는 국어 전 범위 스터디를 시작했다. 문법 전 범위를 6파트로 나누고, 스터디원 6명이 월~토 각기 다른 파트를 맡으면서 문제를 매일 출제하고 그와 동시에 다른 사람들이 낸 문제들을 풀면서, 꾸준히 조금씩 전 범위의 문제를 풀고 문법 감을 잃지 않는 것을 목표로 하는 스터디였다. 수험 기간 말미에 국어에 투자하는 비중을 줄이고 다른 과목의 비중을 높여야 했는데, 이 스터디 덕에 국어 감은 꾸준히 유지할 수 있었다. 그리고 한글맞춤법, 외래어표기, 띄어쓰기, 발음 문제를 풀 수 있는 유료 어플을 구매하여 밥 먹을 때, 휴식을 취할 때마다 풀었다. 이 스터디와 앱을 활용하고 나서는 국어 공부에 투자하는 시간이 많이 줄어들었다. 그날그날 틀린 문제만 플래너 하단에 적어 두었는데 나중에는 그것을 위주로 복습했고 시험 직전에 선재마무리만 2회독 하고 시험장에 들어갔다.

이 시기에 행정법은 지지부진하게 기출문제를 붙잡고 있다가, 도무지 실력 향상이 되는 느낌이 들지 않아서 김종석 선생님이 계시는 네이버 카페를 찾아가 상담글을 올렸다. 종석쌤이 답변으로 조언을 주신 대로, 기출을 집어치우고 파이널 강의를 수강하며 파이널 교재에 단권화했다. 이때가 불안감 최고조의 시기였던 것 같다.

진작 선생님께 여쭤볼걸! 고민하느라 버린 시간이 너무 아깝다! 공부를 하다가 이 방법이 아니다 싶으면 빨리 돌아서는 용기도 필요하다.

④ 5-6월

이맘때쯤이면 점점 과목마다 윤곽이 잡혀 간다는 느낌이 들어야 하는데 나는 전혀 아니었다. 공통과목인 한국사마저 머릿속에 든 게 없는 것 같았고 불안한 마음에 필기 노트 스터디를 새로 구했다. 필기 노트를 일정 범위만큼 공부하고 문제를 출제하는 식이었는데, 다른 스터디원에게 민폐를 끼칠 순 없으니 참여는 열심히 했지만 그게 그 시기의 나에게 효과적인 방법은 전혀 아니었다. 왠지 다른 수험생들이 하는 것은 다 해야 할 것 같은 마음에 괜한 욕심을 부린 셈이었다.

결국 스터디에서 하차한 후 5월 중순부터 문동균 1/4 특강을 전한길 필기 노트 교재를 이용해 들으며, 필기 노트에 단권화하기 시작했다. 그 이후로는 한국사 기출 교재의 홀수 문제만 다시 풀어 빠르게 전 범위를 훑기 시작했다. 그리고 점점 어려워지는 독해 문제에 대비하기 위해 EBS 영어독해연습을 사서 풀기 시작했고, 사회, 행정법도 기출을 풀면서 각각 필기 노트와 파이널 교재에 단권화하기 시작했다.

5월에는 불안감과 초조함으로 한 달을 보냈다면 6월은 요동치는 감정기복으로 정말 피곤한 시간을 보냈다.

이때부터는 선택과 집중을 할 타이밍이다.

영어는 외우던 『보카 바이블』 대신 적중률이 높다는 이동기 선생님의 기적의 특강을 수강하며 반의어, 유의어, 이디엄을 정리했다. 5월쯤부터 꾸준히 카페에 '기적의 특강 지금 들으면 너무 늦나요?'란 글이 많이 올라왔던 것으로 기억하는데 결론을 말하자면 전혀 늦지 않았다. 시험 전날, 심지어 시험 당일 아침 본 내용이 시험에 나올 수 있다는 사실을 떠올린다면 조금 늦었다는 이유로 포기할 수는 없다. 영어 시험지의 단어 문제가 마지막까지 본 단어장에서 나온다면 얼마나 좋을까? 끝까지 붙들고 봐야 한다. 국어, 영어, 사회는 동형 모의고사를 풀기 시작했고 한국사는 문동균 선생님 공티비 강의로 동형 모의고사를 대체했다.

이때부터 행정법은 슬슬 놓아야겠다는 생각을 했던 것 같다. 겁쟁이라 결단력 있게 바로 놓진 못했지만, 마음속으로는 이미 각오하고 있었다. 빈출되는 단원만 반복해서 보고, 봐도 이해하기 힘들거나 난해한 부분은 과감히 버렸다. 풀 수 있는 것만 풀고 나오자는 생각이었던 것 같다.

국어, 영어, 사회는 동형 점수가 생각보단 안정적으로 나오기 시작했으나 스스로 부족함이 크다는 것은 너무도 잘 알고 있었고, 시험 당일에 내가 아는 문제가 얼마나 나오느냐가 관건일 것이라 느꼈다. 물론 그에 앞서 행정법에서 얼마나 찍신이 내리느냐가 승부를 가릴 것이라 생각했다.

하루하루 멘탈 관리하는 일이 너무 힘들었다. '시험까지 하루가 더 주어지는 것은 싫지만 하루가 30시간이었으면 좋겠다'고 생각했다. 하루하루가 너무 괴롭지만, 이런 식으로 부족한 상태로 시험장에 가면 안 될 것 같다고 절실히 느꼈기에, 운에 많이 기대야 했기 때문에 어느 정도는 체념한 상태로 시험장에 들어갔던 것 같다.

(2) 과목별

① 국어

국어 과목은 처음부터 끝까지 이선재 선생님의 커리큘럼을 따랐다. 공무원 시험의 범위는 꽤 방대하기 때문에, 본인이 부족한 파트별로 강의를 골라 들으며 보완하는 방식으로 하면 효율적인 공부를 할 수 있다.

이선재 선생님 커리큘럼에서도 문법 강의, 독해 강의, 문학 강의가 따로 있었고 전부 평도 좋았지만 나는 시간이 없었어서 굵직굵직한 필수 커리큘럼만 따라갔다. 시간이 더 있었으면 이선재 선생님의 '문학은 나의 힘' 강의를 듣고, PDF 자료로 넘치도록 제공해 주시는 '독해야 산다'라고 하는 독해 문제들을 뽑아서 꾸준히 풀며 문학과 독해 문제에 더욱 철저히 대비했을 것 같다. 해당 파트에 있어서 스스로 부족함을 잘 알아서 시험을 앞두고 불안했던 기억이 있다.

기본 심화 강의를 한 번 듣고서 기본서를 회독하며 기출을 풀기 시작했다. 다회독 할 생각으로 책에 직접 답 표시를 하지 않고 눈으로 풀었다. 책에 맞은 문제, 틀린 문제 표시만 살짝 하고 넘어갔다.

처음에는 기출 교재에 수록된 모든 문제를 3회독씩 하는 게 목표였으나, 가장 중요한 문법, 규범 파트만 2회독 하고 나머지 어휘, 한자, 문학, 독해는 1회독씩밖에 못했다. 대신 한 번 풀 때 틀린 문제를 확실히 잡고 넘어간 편이었다. 틀린 문제나 헷갈린 선택지는 메모지에 따로 메모하고 반복해서 읽었다.

그리고 4월부터는 앞에서도 언급한 전 범위 스터디와 학습 어플을 꾸준히 활용하며 그 덕을 많이 봤다. 문법, 규범 기출을 2번밖에 안 풀었지만 매일 스터디원들이 출제하는 기출 기반의 문제, 그밖의 새로운 문제를 풀며 감을 유지하는 방법으로써 부족함을 보완할 수 있었다.

5월이 되었을 땐 기본서 3회독, 기출(문법, 규범 파트) 2회독을 한 상태였고, 다시 한 번 기본서를 보면서 『선재국어 한 권으로 정리하는 마무리』 책을 함께 봤다. 기본서에 있지만 마무리 책에 없는 내용들을 옮겨 적었다. 이런 식으로 단권화하고 시험 전까지 마무리 책을 2번 보고 시험 보러 갔다.

- 김병태 국왕한자

내게 시험날까지 주어진 시간이 많지 않았지만, 점점 비중이 커져가는 한자를 포기할 수는 없었다. 프리패스를 구매하기 전 김병태 선생님의 '국왕 한자' 강의를 단과로 구매해 편한 마음으로 듣기 시작했다. 한자성어 강의, 한자 강의를 연달아 쭉 듣고 나니 생각보다 머리에 남은 게 없어서 당황스러웠다. 복습을 꾸준히 안 했으니 당연했다. 한자 공부도 밴드 스터디를 활용했다. 국왕한자 교재를 쪼개 범위를 나누고 매일매일 해당 범위만큼 공부하고, 출제자가 문제를 내면 댓글로 답을 다는 식이었다.

내가 가장 오래 한 스터디가 한자 스터디다. 처음에는 하루에 30분 이상씩 투자하다가 점차적으로 그 시간이 줄었고, 막판에는 머리에 있는 지식으로만 문제를 풀었다. 비록 이번 지방직에서 한자 문제 중 하나를 틀렸지만 그래도 한자에 있어서는 까막눈이던 내가 공무원 시험을 준비하며 이 정도로 성장한 것에 만족한다. 한자 문제는 범위가 따로 없다. 한자 문제를 틈 없이 완벽 대비하기 위해서는 옥편 한 권을 다 보아야겠지? 그렇지만 내가 최소한 할 수 있는 것만큼은 해야 한다고 생각한다. 부담이 될 정도로 매일 엄청난 시간을 투자할 필요도 없고, 매일 조금씩 투자하면 손해 보지 않는다.

- 선재 4권 스터디

3월부터 선재 4권(어휘, 고유어, 한자 파트) 스터디를 시작하며 감을 유지했다. 어휘나 고유어는 일상생활에서 잘 쓰이지 않는 만큼 생소한 데다가 그 양도 워낙 많아서 마지막까지 다 외우지는 못했다. 이 스터디를 조금 더 일찍부터 했더라면 더 좋았을 것 같다.

한자는 어쩌다 보니 국왕한자 스터디에서도, 선재 4권 스터디에서도 하게 되었다. 두 분의 교재를 모두 보고 암기해서 더 안심됐다. 실제로 교재에 수록된 한자성어 수만 해도 이선재 선생님 책의 것이 더 많기 때문에, 더 폭 넓은 범위를 공부할 수 있었다.

② 영어

공부를 시작함과 동시에 매일 이동기 선생님 하프 모의고사를 풀었다. 맞은 개수가 7개일 때도 있고 10개 다 맞을 때도 있고 들쑥날쑥했지만 일회일비하지 않았다. 틀린 어휘 문제와 문법 포인트는 따로 노트를 만들어 차근차근 정리했다. 문법 강의는 손진숙 선생님의 KISS 영문법을 들었다. 40강 정도로 그렇게 길지 않으면서도 짚고 넘어가야할 내용은 다 들어 있었다. 책도 깔끔해서 가독성이 좋았다.

문법 강의를 한 번 다 듣고는 교재를 회독하면서 손진숙 선생님의 영문법 900제 문제집을 회독했다. 책에 답을 체크하기 싫어서 따로 답안지를 제작하고 프린트하여 사용했다. 책이 너덜너덜해질 때까지 볼 줄 알고 그러한 수고까지 한 것인데 2번밖에 안 봤다.

국가직 시험이 끝나고는 EBS 영어독해연습 책을 샀다. 독해 문제의 비중이 점점 더 커지고 지문의 길이도 길어지는 추세에 있다고 하여 좀 더 대비를 할 필요성을 느꼈는데, 손진숙 선생님이 EBS 교재로 연습하는 것이 괜찮다며 권해 주셨기 때문이다. 많은 수험생들이 영어독해연습 교재는 난도가 너무 높다는 후기를 남겼는데 나는 하프 모의고사나 영어독해연습이나 틀린 개수가 비슷했다. 생각해 보면 나는 암기 위주, 직관적으로 빠르게 푸는 공무원 시험의 유형보다는 이해를 기반으로 한 추론형인 수능형 문제에 강한 것 같았다. 교행직 시험을 봤어도 좋았겠다는 생각을 했다.

6월부터는 이동기 지방직 대비 실전 동형 모의고사를 풀고 기적의 특강 강의를 들었다. 모의고사 책을 고를 때 손진숙 선생님과 이동기 선생님 사이에서 많이 고민했으나 해설도 친절하고, 독해 지문의 길이도 좀 더 길고 고난도 문제가 상당수 수록되어 있다는 이동기 선생님을 택하여 스스로를 호되게 단련해야겠다고 생각했다.

이동기 선생님의 기적의 특강 강의는 2016년 시험 합격 수기를 읽었을 때 찬양하는 사람들을 너무 많이 봐서 꼭 들어 보고 싶었던 강의다. 각자 보는 영단어책으로 달달 외운 단어들을, 시험을 앞두고 막바지에 빈출 단어 위주로 정리하며 빈출 동의어, 반의어까지 한 번에 정리하는 강의이다. 강의에서도 계속 반복해 주셔서 기억에 많이 남았다. 시험장에서 마지막까지 본 책이 기적의 특강이다. 영어 단어 문제에서 아는 게 나와 3~4문제를 순식간에 찍고 넘어가면 그것만큼 시간을 버는 일이 없다.

이번 지방직 시험은 영어 단어 문제나 국어 고유어, 한자 문제, 학생들이 많이 들었던 강의, 많이 봤던 교재에서 조금 빗나간 부분에서 많이 출제되긴 했지만, 늘 말했듯이 남들이 하는 만큼은 했고 내가 할 수 있는 걸 다 했다는 만족감과 안도감을 느낄 수 있었던 것으로 충분했다.

③ 한국사

한국사 기본 심화 강의를 듣고 기본서를 읽으며 기출을 풀었다. 국가직 직전에, 시험장에서 한국사는 어느 정도 풀 수 있겠다는 오만한 마음으로 한국사 공부비중을 줄이고 선택과목에 치중했다. 한국사 점수는 처참했다. 기껏해야 열흘 남짓한 시간만에 공부한 한국사 내용이 다 섞이고 무너졌다.

뒤죽박죽되고 많이 잊어버린 내용을 새로운 방식으로 정리를 해보면 어떨까 하는 생각으로 당시 무료로 개방되어 있던 전한길 선생님의 필기 노트 강의를 들었다.

익숙한 방식으로 빠르게 회복해도 모자랄 판에 완전 낯선 방향으로 접근하니 더 헷갈렸다. 시간을 한달쯤 날리고 5월 중순이 되어 절망에 빠져있다가, 문동균 선생님 카페에 상담 글을 남기니 지금이라도 1/4강의를 빠르게 들으며 감을 회복하라고 조언해주셨다. 시간이 한달밖에 안남았는데 가능할까 하는 생각이 들었지만, 하루에 5강씩 들으며 동시에 해당 범위만큼 기출 홀수 문제만 풀며 4일 만에 완강했다. 같은 강의를 또 늘으며 이번엔 기출 짝수 문제만 풀었다.

그러고 나서는 전과 같은 실수를 반복하지 위해 끌어올린 감을 유지하려 노력했다. 머릿속에 내용이 있는 채로 전한길 필기 노트 교재를 보니 훨씬 보기 좋았다.

문동균 선생님의 기본서, 기출문제와 비교해 가며 필기 노트에 없는 내용을 채워넣어 단권화했다. 그리고 나니 벌써 시험이 코앞이었다. 단권화한 필기 노트를 열심히 보며 마무리했다. 역시 공부는 투자한 시간과 노력만큼 결과를 얻을 수 있는 것 같다. 그리고 이해보다는 암기가 훨씬 중요한 공무원 시험의 특성상, 어느 정도의 수준에 올려놨으면 꾸준한 반복과 암기로 감이 떨어지지 않게 유지해 주어야 한다.

④ 사회

전 커리큘럼을 민준호 선생님의 것으로 따랐다. 민준호 선생님은 단순한 공무원 사회 강사 그 이상으로 수험 기간 내내 나의 정신적 지주 역할을 해 주셨다. 민 선생님의 카페는 공시생 커뮤니티 중 어느 방면으로 보아도 최고라고 할 수 있다. 회원들끼리 '민팸'이라 부르며 소속감을 가지고 활동한다. 거의 매일 올라오는 민준호 선생님의 일기를 읽고 그 안에 담긴 인생의 진리와 명언을 되새기며 힐링이 되는 기분까지 들었다. 시험에 합격하여 현직에 있으면서도 가끔씩 민 선생님 카페를 찾아오는 민팸들이 있던데, 아마 카페에서 활동했던 추억이나 민 선생님의 일기를 잊지 못해 들르는 것 같았고 나도 왠지 그럴 것 같다.

선생님을 좋아했던 만큼 사회 공부도 늘 기분 좋게 할 수 있었다. 민준호 선생님의 모토는 낙오되는 학생 없게 모두 이끌어 가자는 것이었고 그만큼 이론 설명도 쉽고 재미있게 해 주셨다. 그러고도 이해가 잘 안 되는 부분은 민준호 사회 카페에 들어가 질문 게시판에 글을 올리면 전문 연구원께서 매우 친절한 답을 달아 주셔서 의문을 금방 해결할 수 있었다.

모든 교재에서 민준호 선생님과 민준호 연구소 연구원분들의 노고와 정성이 느껴졌고 기출문제나 모의고사의 경우에도 해설이 너무도 상세해서 강의를 따로 들을 필요가 없었다. 사회도 역시나 기본서, 기출 내용과 필기 노트를 함께 펼쳐 놓고서 부족한 내용을 필기 노트에 옮겨 적는 단권화 작업을 했다.

경제는 들을 땐 재밌는데 막상 문제가 조금만 어렵게 나오면 힘들었다. 문제에 접근하는 데 있어서, 아무래도 기본적인 수학 머리가 아주 조금은 필요한 것 같다. 그러나 이 또한 숙련되면 문제가 되지 않고, 만약 시험장에서 정말 어려운 경제 문제 혹은 계산이 복잡한 사회문화 문제를 마주쳤다면 과감히 넘어가 다른 문제부터 풀 용기가 필요할 것이다. 어차피 다른 수험생들에게도 어려울 것이므로 안 그래도 푸는 데 시간이 좀 걸리는 사회에서 불필요한 시간을 낭비할 필요가 없다.

민준호 선생님 커리큘럼 중 하나인 진도별 모의고사나 시험 앞두고서 한 특강인 공티브이강의도 퀄리티가 엄청나다고 들었는데 시간 관계로 모두 듣지 못해 아쉬웠다. 민준호 선생님 커리큘럼만 성실히 따른다면 사회 100점은 어려운 일이 아닐 것 같다.

⑤ 행정법

행정법은 내게 가장 아쉬운 과목이다. 점수도 좋지 않아서 공부법을 적기에도 민망하다. 기본 심화 강의를 다 듣고 나니 3월이었다. 이후로 기본서 회독과 기출을 깨작깨작 풀고 나니 국가직 시험을 치러야 했다. 기출을 깨작깨작 풀었다는 것이 일부러 그런 것은 아니었고 하루 계획 중 행정법을 가장 마지막 순서로 하여 공부했는데, 공통과목이 2월부터 기출단계에 들어가면서 공부량이 많아졌고 그에 따라 자연스럽게 선택과목에 투자하는 비중이 줄어들었기 때문이다.

국가직에서 시원하게 말아먹고 이후로도 계속해서 꾸역꾸역 기본서 회독과 기출을 병행했다. 공부하는 동안 너무 어려워서 괴로웠고 그럼에도 공부하고 나서 머리에 남는 것도 없었지만 고통을 감내하면 곧 답이 보일 것이라는 희망을 갖고 미련하고 고집스럽게 행동했던 것 같다. 정신을 차려 보니 어느새 4월 말이었고 이런 식으로 하다간 행정법 과목 과락을 받을 것 같은 불안감이 들어 김종석 선생님에게 상담을 신청했다. 선생님께서는 행정법 과목은 모르는 채로 독학하는 게 가장 위험하고 무의미한 것이라 하시며 제발 강의를 들으라고 하셨다.

또 지금 상태에서 필기 노트를 보는 것보다는 기본 개념, 판례, ○× 문제가 골고루 들어 있는 파이널 교재를 보고 강의를 듣는 것을 권해 주셨다. 답변을 받자마자 파이널 교재를 주문하고, 새 필기 노트 교재는 중고로 팔아넘겼다. 파이널 강의를 열흘 동안 들어 완강하고 파이널 복습과 기출 홀수 문제 풀이를 병행했다. 어느 정도 빛이 보이는 것 같았다! 그 시점이 이미 6월이라는 것만 빼면. 설상가상으로 시험이 가까워지면서 작은 슬럼프를 겪었다. 지금부터 아무리 해도 현실적으론 합격할 수 없을 것 같으니 더욱 힘이 빠졌다.

시험 일주일 전부터는 힘을 내서 파이널 교재를 부분적으로 회독했다. 중요하다고 알려진 행정 작용법, 행정 쟁송 위주로 공부하고 나머지는 빠르게 훑으며 할 만하다 싶은 부분은 ○× 문제를 간단히 풀며 암기하고, 이해하기 어렵거나 암기할 내용이 많은 부분은 패스했다. 정말 최소한의 것만 공부한 채로 시험장에 들어섰고 사실 나는 행정법 때문에 내년을 기약해야 할 것으로 예상했다. 실제 시험에서도, 공통과목과 사회에서 시간을 빼앗겨 마지막으로 행정법을 풀며 멘붕을 겪었기 때문에 더욱 암담했다. 그러나 침착하고 풀 수 있는 것만 선별적으로 풀며 최선을 다했고 나머지 공통 과목과 사회 과목에서 그나마 실수를 하지 않았기에 필기 합격이라는 감사한 선물을 받을 수 있었던 것 같다.

다음 편 주제는 '모두가 고민하지만 내가 고민하지 않았던 것들'이다. 6개월의 레이스를 정신 없이 달리면서 아무래도 후회되거나 아쉬운 점들이 적지 않다. 가 보지 못한 길에 대한 아쉬움들을 털어놓아 보려 한다.

6) 모두가 고민하지만 내가 고민하지 않았던 것들
- 나는 무엇을 얻고 무엇을 잃었나

(1) 다른 학원

공단기 프리패스권을 구매하긴 했지만 다른 학원에도 훌륭한 강사님들이 많이 계신데 들어 보지 못해 아쉬웠다. 특히 박문각 남부고시학원의 국어 담당 고혜원 선생님은 서울시 시험을 대비하며 무료로 제공되는 짧은 문학사 특강을 들어 보았는데 나에게 내년이 있다면 고혜원 선생님 수업을 들어 보고 싶다는 생각을 할 정도로 나와 잘 맞았다.

같은 학원 행정법 과목의 써니 선생님은, 단어부터 어려운 행정법을 아기 걸음마 가르치듯 이해하기 쉽게 설명해 주신다는 강의평을 듣고 혹한 적이 있었다. 비싼 돈을 주고 프리패스를 구매하긴 했지만, 자신에게 맞는 최상의 강사를 찾는 일이라고 생각하면 그에 너무 얽매이지 않고 더욱 적극적으로 여러 선생님을 알아보는 것이 좋을 것 같다.

(2) 한 과목씩 클리어 vs. 전 과목 동시에?

나는 5과목을 동시에 돌리고, 매일매일 모든 과목을 조금씩이라도 보려고 했던 편이다. 전 과목의 감을 잃지 않고 모두 챙길 수 있다는 장점이 있지만, 한 과목 끝내고 어느 정도 수준까지 끌어올려 놓은 후 다른 과목을 새로 시작하는 방식의 공부도 좋은 것 같다.

매일 5과목을 공부하긴 했지만, 시간과 집중도의 한계가 있으니 모든 과목을 골고루 공부하기는 힘들었다. 마지막 순서의 과목은 계획한 만큼 공부하지 못하는 날도 많았다. 그러다 보면 뒤처지는 과목이 생기고, 진도가 잘 안 나가니 흥미가 떨어지고 결국 공부하기 싫은 과목이 되어 버린다. 내 경우에는 그게 행정법이었고 결국 마지막엔 포기 단계에 이르렀다.

(3) 휴학하고 공부할걸

나는 대학교 마지막 학기까지 전부 마치고 공부를 시작했다. 공시에 도전해 볼 생각을 뒤늦게 했기 때문이기도 하지만 최악의 경우를 생각했을 때, 휴학 후 수험 기간이 매우 길어진다면 그때 다시 복학해야 할 일이 더 암울하게 느껴졌기 때문이다.

필기 합격 후 면접 스터디를 하면서 또래의 친구들을 많이 만났는데 내 생각보다 많은 친구들이 휴학하고서 공부를 했고, 최종 합격을 하게 된다면 임용 유예를 하고 1~2학기는 마저 학교를 다니고서 일을 하게 될 계획이라는 것을 알았다. 최종 합격 후 남은 학기 동안, 학점조차도 신경 쓰지 않아도 되고 오로지 편한 마음가짐으로 마지막 캠퍼스 라이프를 즐기다 일을 한다고 생각을 하니 참 부러웠다!

(4) 스트레스 관리

공부를 하면서 받는 스트레스를 풀 수 있는 나만의 방법 한두 가지쯤은 필요한 것 같다. 나는 수험생이 아닐 때 코인 노래방에 가서 혼자 실컷 놀다 오면 제일 쉽고 빠르게 스트레스를 해소할 수 있었고 그게 아니면 맛있는 걸 먹으러 가거나 잠을 푹 자는 방법으로 나름대로 정신 건강을 유지했는데, 공부를 시작하고 나서는 여건상 그러기가 좀 힘들었다. 뭘 하든 주말로 미뤄 뒀다가 한 번에 터뜨려야 했다.

처음엔 쌓여 가는 스트레스를 계속 참으며 다스리기가 힘들었는데 나중엔 그마저도 요령이 생겼다. 나는 공부가 뜻대로 되지 않아 힘들 때 폰을 켜서 걸그룹 뮤직비디오를 한 편씩 봤다. 시청각으로 자극받아서 뇌도 깨어나는 듯한 기분이고, 걸그룹들이 내뿜는 밝은 에너지를 한껏 얻어 갈 수 있었다. 가끔 한 곡에서 그치지 못할 때도 있었지만 아무튼 3분이라는 짧은 시간을 투자하여 리프레시할 수 있는 좋은 방법이었다.

이것도 먹히지 않으면 동네를 조용히 산책하거나, 그래도 별로면 아예 짐을 싸들고 집 근처 카페로 가서 달달한 커피를 마시며 카공을 했다.

(5) 운동

나에게 내년이 있다면 나는 무조건 체력 관리를 열심히 할 것이다. 헬스장을 가든, 수영장을 가든, 조깅을 하든, 실내 자전거를 타든 꾸준히! 체력이 떨어지면 의자에 오래 앉아 있는 것 자체가 힘들다. 공부를 '잘'함에 있어 가장 중요한 것 중 하나일 것이다.

영양제로 시험 날까지만 버텨 보려 했지만 어느 정도까지만 효과를 볼 뿐 역시나 한계가 있었다. 6개월이니 버틸 수 있었던 것이지 그 이상으로 공부를 해야 했다면 시험 보기도 전에 무너졌을지도 모른다.

(6) 시간 분배

이번 시험에서 시간 분배를 제대로 못해 진땀을 흘렸다. 동형 모의고사를 풀 때, 과목별로는 적정 시간 안에 푸는 연습을 했는데 5과목 전체를 시간을 재고 풀어 본 적은 없었다.

지방직 시험일, 여느 때처럼 국어부터 시험지 순서대로 푸는데, 생각보다 난도가 있어서 겨우 20분 안에 풀었다.

다음으로 영어를 푸는데 또 어려웠다. 당황스러웠지만 몇 문제는 일단 별 표시 한 채로 25분을 채우고 넘어갔다. 한국사는 최대한 빠르게 풀고 15분을 소요했다. 여기까지 풀고 우선 공통과목 3과목부터 OMR 카드에 마킹했다. 그러고 보니 시험 시간 100분 중 70분이 흘러 있었고 이제 선택과목 두 과목을 35분 동안 풀면 됐다. 평소에 사회 동형 모의고사를 15~20분을 잡고 연습하며 풀었다. 빠듯하긴 해도 대략 사회 18분, 행정법 12분으로 잡고 빠르게 풀면 될 것 같았는데 사회마저도 내 생각보다 어렵고 경제 문제에서 끙끙대느라 20분 이상 걸렸다. 결국 마지막 행정법은 눈에 불을 켜고 초집중하여 벌벌 떨리는 손으로 아는 문제부터 빠르게 풀었고, 시험지에 답 체크할 시간도 없어 OMR 카드에 다이렉트로 체크할 수밖에 없었다. 시험 난도에 따라 시간 분배도 내 마음대로 되지 않음을 깨달았다.

일단 다섯 과목을 모두 접하기 전까지는 최대한 신속하게 풀고서 그다음에 2차적으로 검토를 하는 연습을 해 봐야겠다고 생각했다. 그리고 시험을 푸는 순서에 있어서도, 가장 자신 있는 과목부터 풀고, 시간이 가장 오래 걸리는 영어는 두 번째나 세 번째 순서로 풀기 등 나름의 전략을 세워서 시간 단축을 위한 대비를 해 봐도 좋을 것 같다.

끝으로, 참 부족한 점이 많은데도 끝까지 읽어준 이들에게 모두 감사드린다.

공무원 시험을 준비하면서 어떤 날은, 왠지 시험 날 하늘이 내 손을 들어줄 것만 같은 기분이 들다가도, 또 어떤 날은 노력 없이 요행만 바라는 스스로가 너무너무 한심하기도 하고 합격은 나와는 너무 먼 얘기처럼 느껴져서 한없이 우울했다.

지금 이 수기를 작성하고 있는 집 근처 카페에서도 마음고생했던 기억들이 있다. 도무지 공부가 안 되거나 답답한 독서실에서 우울함을 느끼는 날이면 카페로 와서 조금 가벼운 공부를 하곤 했다.

그래도 지금은 그 카페에서 이렇듯 기분 좋게 노트북을 두드릴 수 있어서 행복하다. 글을 작성하다 보니 수기라고 하기 민망할 정도로 형편없는 수험 생활이었던 것 같다.

그리고 왠지 글의 마무리는 '여러분 휴대폰 바탕화면에 부적 꼭꼭 깔아 두시고요, 매일 밤 기도 잘하시고 착한 일 많이 많이 하셔야 합니다!'로 끝나야 할 것만 같은 기분이다.

물론 노력의 크기를 수치화할 수 없지만, 다른 수험생들이 합격하기까지의 노력을 나는 6개월의 기간으로 압축한 것이라고 말할 수 있을 정도로 농축된 노력을 했는지도 잘 모르겠다.

한 가지 자신 있게 이야기할 수 있는 것은, 수험 기간 내내 수험생의 본분을 늘 잊지 않고 그에 어긋나는 행동은 일절 하지 않으려 노력했다는 점뿐이다.

공부에 왕도는 없지만 정도는 있다고 생각한다. 방법이야 어떻든 절실한 마음으로 내딛는 한 발 한 발에 진심을 담는다면 어느새 합격이란 명예의 전당에 올라 서 있을 것이라 장담한다.

이 글을 읽는 수험생들이 모두 행복했으면 좋겠다.

6년 장수생 합격 수기

- 나처럼 하지 마라

　세상에 장수생이 많다고 하지만, 장수 끝에 합격한 사람은 생각보다 많지 않다고 한다. 2011년 8월부터 근 6년간의 수험 생활 끝에, 국가직 일행 병무청 합격을 2017년에서야 맛보았으니, 나는 그 흔치 않은 사례 중 한 명이라 할 수 있겠다.

　모든 사람에게는 그들에게 맞는 학습의 방법이 있다. 이건 이견의 여지 없이 확실하다.

　하지만, 수많은 시간을 할애하면서 내가 느낀 것은, 여러 정답 중 하나를 찾기 전에 오답이 무엇인지를 찾아야 한다는 것이다. 즉, 무엇이 나에게 맞지 않는지, 어떤 것을 절대로 하면 안 되는지에 대한 생각을 뚜렷하게 하지 못한 채 시간을 허비하는 사람이 너무나도 많다. 나 또한 물론 그런 사람들 중 한 명이었다. 6년의 수험 기간은 — 비록 중간에 방황한 기간도, 경찰직, 세무직을 합격한 경험도 있지만 — 어디가서 딱히 자랑할 수 있는 성질의 것이 아니다. 따라서, 내 경험의 공유를 통해 보다 많은 사람들이 잘못된 방법을 더듬어 가며 쏟을 수고를 덜어 주고자 한다.

　거기에 한 가지 욕심이 있다면 약간의 차이로 최종 합격에 이르지 못해 멘붕해 버리는 사람들이, 몇 번의 낙담과 포기를 딛고 질기게 공부했던 나의 슬럼프 탈출기를 보고 조금이라도 위로를 얻었으면 좋겠다.

1) 성공에는 너무나 많은 이유가 있지만, 실패에는 너무나 명확한 이유가 있다

군을 전역하고 본격적으로 진로에 대한 걱정을 하게 되었다. '취업 준비를 위한 공부를 또 다시 해야 하나?' 그러던 찰나에 공무원 시험에 대해 우연히 듣게 되었고, 취업 준비하는 친구들과 선배들의 조언을 듣고 생각보다 괜찮은 직업이란 생각이 들어서 준비하게 되었다.

한 달 동안 시험에 대해 자료를 모았다. 주위에 공무원 준비하는 친구들은 없었고 인터넷 검색에는 광고글만 잔뜩 있었다. 그래서 공무원 카페에 가입하고 천천히 둘러보았다. 합격 수기라든가 경쟁률 및 전반적인 시스템 등을 알아보고 공부할 방법을 계획하게 되었다.

2011년 당시에는 공무원 시장에서 단과, 실강 위주의 커리큘럼이 많았고, 인터넷으로 수강하기에는 비용이 만만치 않았다. 당시 에x윌에서 89만 원에 평생 회원반이라는 인터넷 강의 서비스를 진행하는 것을 보고, 인강 무제한에 원한다면 1년간 실강을 듣고 교재도 준다는 말에 혹해서 상담을 신청했다.

돌이켜보면 에x윌이 확장을 하며 노원에 새로이 오픈한 곳이라, 특별한 것 없이 시설만 깔끔한 학원이었지만 그냥 등록하고 다니게 되었다(노량진에서 듣는 것보다 금전적으로 많이 저렴했던 게 에x윌을 선택한 이유였다). 새로 오픈했기에 시설 면에서는 좋았다. 학생도 아직 홍보가 덜 되어 70명 정도 수준에 불과했다. 적은 인원에 모두 초시생이었고, 덕분에 과외를 시켜 주는 느낌을 받았다(만약 다시 시작한다면 초시생만 있는 곳에 등록을 안 했을 것이다. 게임으로 비유하면 초보들만 잔뜩 있는 헬파티

이므로).

태생부터 이과생이다 보니 공무원 시험 과목이 모두 생소하여, 특히 행정법 행정학은 정말 무슨 소리인지 몰라 국어 사전을 놓고 용어를 찾아 가며 읽었다(요즘은 행정학 용어집 이런 것도 나오더라).

모두가 초시생이었기에 남들이 하는 것을 따라 하지 않았고(서로 잘 모르는 걸 아니까 따라할 이유도 없었다), 누구 책이 좋으니 사자는 제안도 아예 없었다. 나는 그저 강사분들과 담배 피우는 시간에 물어보고 친해지며 지속적으로 질문할 수 있게 시간을 가졌다(강의할 때랑 완전 다른 사람도 있었다. 강사도 이미지로 먹고 사는 직업이니까).

최초 두 달 정도는 아침 9시부터 18시까지는 수업, 이후 21시까지는 혼자 자습을 하는 형태로 진행을 했는데, 처음에는 자습 때마다 그날 배운 내용을 회독하고 (그냥 그날 배운 부분을 정독했고 따로 문제는 풀지 않았다.) 영단어와 국어 어휘를 복습하였으나, 매일 반복되는 일상 속에서 학원 사람들과 친해지게 되었고, 초시생들이다 보니 '어떻게 공부를 더 잘할까'가 아닌 '집에 갈 때 술 한잔 하고 가자'의 분위기가 되어 버렸다. 과음은 하지 않았지만 일주일에 1~2번은 치맥을 하게 되었고, 형들과는 당구까지 치면서, 점점 수업 외에 나의 공부 시간이 줄어들게 되었다.

수업은 지각하지 않았지만 전날 후폭풍으로 중간중간 조는 시간이 늘어났고 특별하게 따로 하는 것 없이 학원 수업만 열심히 듣고, 복습 위주로 공부를 진행했는데, 결과적으로는 첫 시험에서 대차게 망했다.

수동적으로 시키는 공부만 하게 되었고, 학원에 초시생들만 있다 보니 다 망하고(망하지 않으면 이상한 거지만), 그때 당시에는 왜 망했는지도 몰랐다.

물론 그때와 지금은 시간적인 차이가 좀 있겠지만, 지금도 크게 달라지지 않았을 실패의 원인을 꼽아 본다.

1. 수동적으로 공부: 학원 말만 믿고 강사 말만 믿고 하라는 것만 했는데 가장 중요한 사실은 결국 공부는 내가 하는 것이란 점이었다.
2. 안이함: 잘 모르고 덤볐다. 수험 기간을 위한 준비 기간이 짧았다. 모든 정보를 학원에서 알려 줄 때까지 기다렸다. 내가 볼 시험인데 시험이 어떤 놈인지도 잘 몰랐다.
3. 친목: 결국 나의 경쟁자들이다. 그들과 친해질 필요가 없다. 그냥 같이 망하는 거다. 친목질은 내가 보는 책이랑 인강 속 강사랑 하는 거다(광신도는 되지 말고).
4. 게으름 - 결국 꾸준히 할 거 하면서 오래 버티는 놈이 합격에 조금이나마 가까워지는 거다. 이 시험은 하루 이틀 벼락치기로 붙는 시험이 아니다. 1년, 생각보다 길다. 중간에 나태해지지 말고 꾸준히 공부해야 한다.

2) 돌이켜보면 절대로 하지 않았을 것들 Top 3

1편에서는 내가 실패한 이유에 대해서 이야기를 해 보았다. 2편도 어찌 보면 1편에서 말한 실패 이유의 연장선이라 볼 수 있다. 1편에서는 실패의 원인에 대해 이야기했다면 이번에 말할 내용들은 수험 기간을 절대적으로 줄여 줄 수 있는 것에 대한 이야기를 하고자 한다.

(1) 연애

내가 다시 공시생으로 돌아간다면 연애만큼은 진짜 진짜 안 했을 것이다. 이거 보고 발끈하는 사람들도 있겠지만 자랑이 아니다. 정말이다. 공시뿐만 아니라 수험가에 유명한 말이 있다. 한번쯤은 들어 봤을 거라 생각된다.

'있는 애인 없애지 말고 없는 애인 만들지 말라'. 나 역시 이 말을 학원 강사들에게 들었다.

그리고 나조차 학원에서 연애질하고 다니는 아이들을 별로 좋게 보지 않았다(물론 그들 대부분은 시험에서 망한다). 학원 분위기도 흐리고 괜한 상대적 박탈감을 느끼게 하기 때문이다.

나에게는 정말 연애할 기회도 안 오고 공부만 할 줄 알았었다. 근데 웃긴 건 누구나(적어도 6년간 봐 왔던 내 주위 사람들) 수험 생활을 하면서 공부하다가 1번쯤은 썸을 타는 것을 보았다.

잘나고 못나고를 떠나 이 생활이 외롭고 힘들고 자괴감과 자존감이 바닥을 치게 하는 생활이기에 누구 하나 나에게 조그마한 호의를 배풀면 착각을 하게 되고 썸에서 연애까지 발전하는 것 같다(막말로 애인 만들려면 노량진으로 가라는 소리가 있었다).

나도 그 조그마한 호의에 착각을 해서 연애를 했다. 물론 연애 좋다. 안 좋은 연애가 어디 있겠는가? (헤어지면 지우고 싶은 기억이 되지만.)

그러나 정말 공시 준비할 때는 안 하는 게 맞는 것 같다(지금 생각해 보면 죽는 걸 알면서도 불속으로 뛰어드는 나방 같은 존재가 나였던 것이다). 남들은 공부에만 쏟는 정력을 공부와 연애에 쏟는데 내가 무슨 백만

돌이도 아니고 나가 떨어지는 건 정해진 일이었다(체력적 정신적으로). 절대 공부 시간이 줄어들게 된다.

집에 가서 씻고 기절하듯 자던 사람이 전화로 늦게까지 잠을 못자고 다음 날 학원에서 공부하면서 졸고….

밥도 혼자 먹을 땐 10분 걸릴 것을 1시간 동안 먹게 되고, 내 스케줄이 아닌 여자친구 스케줄에 맞추다 보니 점점 내 페이스를 잃게 되고 나 같은 경우는 결국 최악의 시나리오로 갔다. 난 떨어지고 여친은 붙어 버리고. 남자가 붙으면 여자 기다리는데 그 반대의 경우는 거의 없다는 말이 있다.

나 역시 대차게 차였다. 더 화나는 건 차인 것도 화나는데 그 화 때문에 다음 시험까지 영향을 받았다는 사실이다(공부가 되겠는가?). 시험 2번 시원하게 말아 먹었다. 이러다 보면 장수생 되는 건 한순간이다. 진짜 빨리 붙은 뒤 연수원에서 짝을 찾는 게 정신 건강에도 좋고 연애도 더 재미있게 즐길 수 있는 방법이다. 진짜 후회되는 것 중에 1위가 연애다. '있는 애인 없애지 말고 없는 애인 만들지 말라'. 이 말 명심하자. 괜히 나온 말들이 아니니까.

(2) 음주

나는 술을 좋아해 인류가 만든 최고의 발명품이 술이라고 생각하는 사람 중 하나다. 근데 당신이 이 시험을 준비한다면 술을 조심하라고 말해 두겠다. 노량진에 밤에 와 보면 여기가 진짜 학원가인가 유흥가인가 구분 안 될 정도로 술집이 많다. 상대적으로 가격도 저렴하고 같이 공부하는 청춘남녀들도 많고 딱이다. 술 마시기 좋은 동네이다.

신기한 동네다. 공부하기도 좋고, 술 먹기도 좋은 동네라니.

나도 사람인지라 중간중간 가서 술도 마시고 놀았다. 근데 그게 중요한 게 아니다(안 중요한 게 아니라 상대적으로 중요하지 않다는 말이다). 마시는 건 좋은데 다음 날이 없어지는 마법을 보게 될 것이다. 공부만 해서 체력이 바닥인데 술을 마시면 다음 날 공부가 되겠는가? 숙취에 몽롱해서 컨디션 좋을 때도 잘 안 되는 공부가 잘될 리가 없다.

특히 연말연초에 조심하자. 술 마시다 보면 일주일, 한 달은 금방 날아가 버리니까.

독서실에 혼자 독학할 때 있었던 일도 술의 무서움을 일깨워 줬다.

학원은 그래도 사람들 구경도 하고 말할 사람들도 있고 같이 공부하는 사람들을 보면서 기운을 얻었는데 독서실에서 혼자 공부하니까 (일반실 기준 50명 방에 나 포함 4명이 있었다. 3명은 잘 나오지 않았다) 진짜 말도 안 하고 공부만 하다 보니 스트레스가 쌓이는 것이었다.

그 스트레스를 뭘로 풀겠는가. 돈도 없지, 친구들 만나면 '넌 아직도 공부하냐', '때려치워라' 이런 소리만 듣지, 그러니 혼술을 하게 되었다. 집에 오는 길에 이마트가 있는데 11시에 독서실을 나와서 가면 떨이 상품으로 나온 닭꼬치 같은 것 하나를 사서 맥주 한 캔으로 혼술을 했다. 그런데 술이 술을 먹는다고 나중엔 맥주를 먹어도 취기가 느껴지지 않으니까 빨간 두꺼비를 들고 가고 있었다.

처음엔 나에게 주는 하루의 보상 느낌으로 먹었다면 나중엔 의무적으로 먹게 되고 다음 날이 너무 힘들어졌다. 말한 것처럼 맑은 정신으로 공부를 한 적이 없었다. 더욱더 충격적인 건 어느 순간 내 방 구석에 소주병이 30병이 쌓였다. 그걸 보고 정신을 차렸다. 빨리 붙어서 재미있게 술 마시자고 생각했다.

술로 스트레스 푸는 게 하나의 방법이긴 하다. 하지만 술 마시지 말고 차라리 맛있는 것 먹으면서 스트레스를 푸는 걸 추천한다. 특히 혼자 노량진 나와서 고시원 사는 애들을 조심하자. 내 주위에 나처럼 술 먹다가 폐인 된 사람 3명 봤다(결국 포기하고 고향에 내려가더라).

술은 필기 합격하고 나라 잃은 백성처럼 엄청 퍼마실 수 있으니까 조금만 참고 맑은 정신으로 버티면서 공부하자.

(3) 운동

'운동이 뭐가 나빠서 하지 말라는 걸까?'라는 생각을 할 것이다. 하지만 나는 다시 돌아가면 운동을 안 할 거다. 그 체력으로 공부하는 게 맞기 때문이다. 1년짜리 시험이라 체력적으로 힘들어하는 사람이 있다. 그래서 운동하면 좋다는데 나는 운동이 양날의 검 같다.

운동한다 → 체력이 좋아진다 → 공부를 지치지 않고 오래 할 수 있다

이게 이상적인 운동이다.

그런데 난 운동이 이런 것 같다. 적어도 공시 준비할 땐.

운동을 한다 → 몸이 힘들다 → 다음 날 일어나기 힘들다 → 공부할 때 자꾸 졸게 된다 → 내 시간을 빼앗긴다

나도 2년 넘어갔을 때 운동을 했었다. 근데 운동으로 얻는 것보단

잃는 게 많다고 느껴서 때려치웠다. 시간과 돈이 너무 아까웠다. 그리고 다음 날 일어날 때 너무 힘들었고 공부할 때 피곤해서 운동을 그만뒀다.

뭐 나중에 체력이 붙으면 괜찮다고들 하는데 난 하면 할수록 다음 날 공부할 때 더 졸게 됐다. 이건 뭐 케바케이겠지만 적어도 난 돌아가면 운동을 안 할 것이다.

뭐 경찰이나 소방 같은 경우는 시험에서 체력을 보니까 논외고, 일단 생각나는 건 이 정도이다. 다시 한번 말하지만 연애는 진짜 하지 말자. 득보단 실이 어마어마하게 많으니까.

다음 글에선 '슬럼프는 누구나 온다'에 대해 이야기하겠다.

3) 슬럼프는 누구나 온다

지금 현재 슬럼프에 빠지지 않았더라도 공시 준비를 한다면 언젠간 슬럼프에 빠지게 될 것이다. 나 또한 긴 기간 동안 슬럼프를 겪었는데 매년 반복되었던 슬럼프도 있고 별것 아닌 슬럼프도 있었다.

이 글을 쓰는 이유는 적어도 나처럼 슬럼프에 빠졌을 때 이렇게는 행동 하지말라는 이야기를 해 주고 싶어서가 첫 번째, 대부분 공시생들이 비슷한 시기에 슬럼프에 빠진다는 점과 그 시기를 잘 넘기라는 이야기를 해 주고 싶은 것이 두 번째다.

난 6년간의 공시 생활을 하면서 매해 같은 시기에 슬럼프가 찾아왔었다. 그리고 이 슬럼프는 내가 특별해서 그런 게 아니라 공시생이라면 누구가 겪게 되는 슬럼프였다. 매년 슬럼프에 빠지면서 별별 방법을 다 써 봤지만 결국 내가 찾은 답은 공부였다. 공부로 인해 생긴 슬럼프가 하기 싫은 공부로 극복이 된다니 참 웃긴 일이다.

첫 번째 슬럼프는 기출 문풀과 압축 강의 시기 12월~1월
두 번째 슬럼프는 4월 국가직이 끝난 뒤

기출 문풀과 압축 강의 시기인 12월~1월, 난 항상 이맘때가 되면 슬럼프가 찾아왔다.

분명 호기롭게 7월부터 열심히 공부를 했고, '올해는 다르겠지. 올해는 더 열심히 해야지'라는 마음을 가지고 연말까지 공부를 열심히 했다. 그러나 기출문제를 풀고 오르지 않은 점수를 보면서 자괴감이 들고 '이번에도 안 되는 건가? 다음 시험을 준비해야 되는 건가? 해도 안 되는 건가?' 별별 생각이 다 들면서 이때부터 조금씩 나도 모르게 시험에 대한 압박 때문에 무기력해졌다. 또 여기에 연말연초라는 시기상 유혹들이 많아져서 더욱더 공부가 손이 잡히지 않았다.

그런데 이러한 생각은 누구나 하게 되어 있다. 공부를 잘하고 점수가 나오는 사람들도 이러한 생각이 드는데 우리같은 범인들은 당연한 거다. 하지만 그 당연한 것을 극복해야 이 시험에서 합격이란 놈한테 가까워지는거다.

난 바보같이 이 슬럼프를 극복하려고 술도 마시고 친구들도 만나서 수다도 떨고 1~2주 아무것도 안 하고 숨만 쉬면서 공부 안 하고 아주 그냥 어떻게 하면 떨어질까 생각하는 놈처럼 행동했었다(극복이 아닌

전격 슬럼프의 늪 탐험). 결과적으로 내가 장수를 할 수밖에 없는 상황이 되어 버린 것이다. 결국 이 슬럼프의 극복 방법은 공부였던 것이다. 슬럼프인데 공부를 어떻게 하냐고? 이 시기엔 진짜 사람이길 포기하자. 공부 기계가 되어서(적어도 이 시기에만) 사람의 감정을 버린 채 공부에만 몰두한다면 '이것 또한 지나가리라'가 되어 버린다.

너희들이 믿지 않을 수도 있겠지만 나는 매일같이 하루에 500문제씩 풀었다(각 과목당 100문제씩). 기본서도 읽어 보려 했지만 기본서는 자꾸 잡생각이 떠오르고 이해하지 않은 채로 익숙함 때문에 그냥 넘어가는 경우가 많았다. 그래서 그냥 '문제 + 지문'을 모조리 외워 버린다는 생각으로 문제만 진짜 엄청 풀었다. 기출뿐만 아니라 그냥 닥치는 대로 문제들을 풀었는데 기출도 내가 만날 틀리는 부분을 집중적으로 풀었다.

오답 노트는 만들지 않았고 틀리면 틀리는 대로 맞으면 맞는 대로 해설만 보고 넘어가는 식으로 문제를 풀었다. 그 많은 문제들을 어디서 구했을까 궁금할 수 있을 것이다. 나는 공××프리×스를 이용해서 문제를 얻었다. 올해 것 말고 과년도 동형 실전 그냥 모든 강사들 PDF로 올라오는 모든 문제를 다 뽑아서 풀고 모자르면 또 다시 뽑아서 풀었다.

처음에는 진짜 너무 많이 틀리고 문제도 많아서 짜증이 났는데 이게 신기하게도 어느 순간 기본서를 봐도 이해가 안 되었던 것들(내 경우에 특히 띄어쓰기랑 형태소 분석 영어 문법) 그냥 '이게 답이네', '나 답이에요, 내가 답이에요' 이러면서 보이는 때가 왔다(이해는 되지 않았다).

그다음 단계에는 강사들처럼 그냥 문제를 봐도 딱 분석이 되어 버렸다(해 보면 정말이라는 것을 알 수 있을 것이다. 문제 양치기는 이 정도는 해야 양치기라고 할 수 있을 것 같다).

그렇게 공부를 해서 점수가 오르는 걸 느낀다면? 점수가 오르는데 슬럼프에 빠져 있겠는가? 자신도 모르게 슬럼프의 늪에서 나와 있을 것이다. 난 6년이란 시간 속에서 누가 말해 주지 않아서 실패를 통해 알게 되었다(말해 줘도 솔직히 본인이 느끼지 못하면 힘들다).

남들은 뭐 12월 25일이네, 크리스마스네, 놀자, 뭐 하자 그럴 때 난 하루하루를 이런 식으로 멀리 안 보고 앞만 보고 공부했고 그렇게 극복했다. 물론 힘들겠지만 한번만 미친 척하고 해 보길 바란다.

두 번째 4월 국가직이 끝나고도 항상 슬럼프가 왔다. 우리가 목표로 하는 3개 중에 가장 첫 번째로 치르는 시험이라는 타이틀 때문에 더욱 시험 보고 난 뒤 슬럼프가 찾아오는 것 같다.

대부분 제대로 준비했다면 첫 시험을 위해 칼날을 세워 놨을 것이다. 학원 강사들도 이때가 학생들이 본인들보다 더 날카롭고 점수가 높은 시기라고 한다.

동형도 점수가 잘 나오고 어느 정도 합격권이라는 느낌이 드는 상태에서 시험장에 들어갔는데 시험이 내가 원하는 대로 풀리지 않고 탈탈탈 털린다면 허망함을 느끼는 것이다(아… 내가 이러려고 공부를 했나 자괴감이 든다).

분명 잘 본 사람들도 있을 것이다. 근데 그 사람들도 슬럼프에 빠지는 건 똑같다. 왜냐고?

잘 봐서 국가직은 붙을 것 같은데 지방직이랑 서울시 시험이 남아서 공부는 해야 하고, 근데 공부하기 싫고, 서울시 가고 싶은데 다시

하려니까 하기 싫은 감정이 무한 반복되는 탓이다.

안전빵이 생기니까 뒤에 시험을 필사적으로 볼 생각을 안 하게 되는 것이다. 난 매번 국가직 시험을 망했지만 잘 본 사람들처럼 '공부하기 싫다'는 생각이 들어서 뒤에 남은 시험은 모두 다 탈탈 털렸었다.

모든 일은 끝 마무리 시기가 제일 중요한 시기라고 한다. 국가직 보고 난 뒤 슬럼프에 빠져 버리면 그동안 7월부터 공부해 온 게 물거품이 되어 버린다. 조금만 더 열심히 하면 되는데 정신 차려야 되지 않겠는가?

그러니까 '내년 공부를 준비해야 되나? 국가직 안전빵이니까 좀 널널하게 해 볼까?' 이런 생각은 집어치우고 그동안 해 왔던 것을 그대로 계속 유지하자. 진짜 앞에 말했던 것처럼 나는 문제를 풀면서 잡생각을 버렸다. 이 시기에도 올해 동형 실전 모의고사 등등 문제들은 엄청나게 많으니까 문제를 풀면서 버티자.

그리고 난 채점하면 오히려 나에게 독이 되는 것 같아서 채점을 서울시 끝나고 몰아서 했었다. 이건 어디까지나 개인차가 있으니까 참고만 하고 끝날 때까지 끝난 게 아니니까 조금만 더 힘을 내자. 동트기 전이 가장 어둡다는 말이 있지 않은가.

생활 패턴을 유지하고 조급해하지 않으며 그 누구도 당신을 믿지 않을 때 스스로만이라도 자신을 믿어 보자.

4) 다잡아라. 그 누구도 너를 도와주지 않는다

그 누구도 너를 도와주지 않는다. 적어도 이 공시 바닥에선 말이다. 부모님, 친구들, 학원 강사들, 학원 친구들, 심지어 애인까지도 당신을 도와주지 않는다(표면적으론 도와주는 것 같지만). 결론적으로 시험은 내 자신이 스스로 이겨 나가는 것이다.

처음에 부모님, 친구들 주위 사람들 모두 당신을 응원하고 도와주려고 할 것이다. 그러나 당신이 장수의 길로 접어들었을 때 과연 그때도 그럴까? 내가 말하고 싶은 이야기는 너의 주변 사람들이 도와주지 않는다는 게 아니다. 더 중요한 것이 있다. 그건 공무원 강사들이 결코 너희들을 도와주지 않는다는 것이다.

나도 그랬지만 대다수의 사람들이 학원 강사들과 강의를 절대적으로 믿고 공부한다. '이것만 보면 된다. 나만 믿고 따라오면 붙는다'라는 말에 혹해서 하지만 대부분은 떨어지는 게 현실이다. 왜 그런 줄 아는가?

강사들은 단지 공부 방법만 알려 주기 때문이다. 공부 방법만 알면 뭐 하겠는가. 직접 공부를 해야지. 여러 가지 시행착오도 겪어 보고 이런저런 시도를 해 봐야 되는데 떨어진 우리는 강사들이 알려 준 공부 방법만 알고 있는 것이다.

대부분 공시생들이 착각하는 게 있다. 1타 강사한테 강의 들으면 붙을 것 같지만 그렇지 않다. 그 강사의 강의를 보고 떨어진 사람 또한 어마어마하다. 붙은 사람들이 많은 만큼 1타 강사들의 공부 방법이 맞지 않는 사람들이 많다는 말이다.

강사들의 공부 방법은 그냥 '이런 것도 있구나' 하면서 참고하고 나만의 길을 걷는 것이 제일 중요하다고 생각한다. 난 그래서 1타 강사뿐만 아니라 많은 강사들 강의를 들어보고(6년 동안 들었으니 엄청 많은 게 당연하다) 각 강사들 강의 중에 나에게 맞는 공부 방법만 모으고 모아서 나만의 공부 방법을 만들고 공부를 했다. 그렇다고 꼭 많은 강사들을 들으란 소린 아니다. 필요한 부분만 취하고 혼자 공부하란 소리다.

그리고 그렇게 공부를 해서 붙었는데 왜 강사들한테 고맙다고 선물을 주고 찾아가서 인사하고 그러는지 모르겠다. 개인적으로 그 강사들이 공부해 준 게 아니고 당신들이 공부해서 붙은 것이라고 생각한다. 명심하자. 그들에게 선물을 줄 게 아니라 너 자신에게 보상을 해주자. 절대적으로 당신들이 붙은 건 당신들이 잘했기 때문이니까.

두 번째로 주위에 같이 공시 준비하는 친구들 역시 널 도와주지 않는다는 점을 기억하자. 그들은 경쟁자다. 정 없게 느낄지도 모르겠지만 이 시험 결코 만만한 시험이 아니다. 니가 죽고 내가 살아야 하는 전쟁터 같은 곳이지.

난 사람들이랑 어울리는 걸 좋아해서 많은 사람들을 사귀었고 만났지만 지금 결국 연락하는 사람은 아무도 없다. 엄청 서글픈 얘기다. 연락되는 사람은 그나마 올해 같이 붙은 사람이다. 붙었으니까 그나마 연락이 되는 거지, 당신이 떨어지고 그 친구만 붙으면 누가 연락을 하겠는가. 붙은 사람은 처음엔 미안하니까 연락 안 하지만 나중에 당신을 기억도 못하게 된다.

그리고 같이 공부 준비할 때 진짜 알맹이 정보만 쏙 빼먹고 필요한 건 다 가져가고 자기 것은 하나도 안 주는 사람들도 있다. 앞에선 하하호호 웃으면서 같이 있지만 정말 화날 때가 많았다.

결국 이 시험을 준비하면서 친구는 안 만드는 게 더 좋다고 본다. 괜히 시간 빼앗기고 기분 나빠하고 거의 다시 안 볼 사람들이니까 감정 소모하지 말고 나중에 붙어서 연수원 가서 너의 동기들이랑 재미있게 어울리길 바란다.

5) 해 본 게 없는 사람이 말하는 스스로에게 던져야 할 세 가지 질문

이번에 쓸 글은 공부를 시작하는 사람들 또는 다시 공부를 하는 사람들에게 묻고 싶은 질문들이다.

나는 이런 질문을 받아 본 적도 없고 생각해 본 적도 없었다. 그런데 어느 순간 슬럼프에 빠졌을 때 이러한 생각들이 들었다. 그리고 그 질문에 대한 대답이 얼마나 어려운가를 알게 되었고 내가 얼마나 생각이 없었는가 돌이켜보았다. 적어도 이 글을 읽은 사람은 한번쯤 자신을 돌아보고 명확한 방향으로 나아가길 바란다.

(1) 나는 이 시험에 대해 얼마나 아는가?

지금 준비하고 있는 이 공무원 시험에 대해 어디까지 알고 있는가? 나는 처음엔 학원에서만 알려 주었던 내용이 아는 전부였다('9급 일반 행정직을 제일 많이들 준비하고 행정법, 행정학을 많이 들어요'라는 소리ㄱ).

난 아직도 화나는 게 처음에 내가 조금만 더 자세히 알아보았다면,

이렇게 어렵게 공부하지 않았을 텐데 하는 후회가 생긴다. 지역 인재 7급 시험을 볼 수 있는 자격이 있었음에도 그런 걸 내가 알지 못하고 그냥 시험을 봤었다.

공무원이 되기 위해서 대부분 어려운 길로 힘들게 가지만 조금만 찾아보면 쉬운 길들도 분명 존재한다. 찾아보지 않아서 그런 것이다. 왜 닥치고 일행만 하겠다고 고집 부리는 건지 모르겠다.

전공을 살리든 자격증을 이용하든 경력채용을 하든 당신이 가지고 있는 검증된 능력을 발휘해서 좀 더 쉽게 공무원이 되는 방법이 존재하는데 왜 학원 상담만 받고 그냥 공부를 시작하는 걸까?

학원 상담 이야기하니까 생각나는 일이 있다. 데스크 직원이랑 조금 친했었는데 하루는 내가 로비에서 쉬고 있는데 그 직원은 상담 중이었다. 내가 빤히 쳐다보고 들으니까 상담 끝나고 나에게 자기도 모르니까 쳐다보지 말라고 민망하다고 했다. 그리고 일행 말고는 잘 모른다며 인터넷을 보면서 이야기해 줬다. 이게 상담일까?

그리고 정말 힘들게 필기 합격하고 면접장에 오지도 못한 사람들도 있다. 어떻게 아냐고? 이번 면접 볼 때 나는 지역구분인 곳이었다. 국가직과 지방직 지역 제한이 다르다는 걸 대부분 모른다.

지방직은 대부분 시험 보는 해 1월 1일을 포함한 기간에 살고 있거나 1월 1일 이전까지 3년 거주한 사실이 있으면 시험을 볼 수 있다.

그런데 국가직은 3년을 살건 5년을 살건 10년을 살건 1월 1일을 포함 현재 거주 중이어야 시험을 볼 수 있다(서인경 제외). 이걸 제대로 알아보지 못하고 그냥 지방직처럼 신청해 놓고 필기를 붙었는데(지역제한요건은 필기 이후 확인했다) 지역 요건이 맞지 않으니 면접에 갈 수가 있었겠는가? 바로 탈락이었다. 면접 번호도 못 받고 끝. 이런 걸 보면서 정말 필기 어렵게 공부해도 이런 걸 제대로 아는 사람이 없다는 게 안타까웠다.

또 시험 접수 날짜 까먹고 접수 못한 사람, 자격 요건도 안 되는데 신청했다가 시험 못 본 사람 등 진짜 실수 아닌 실수를 하는 사람들이 많으니까 조금만 시험에 대해 알아보자.

(2) 적어도 남들이 해 본 걸 다 해 보았나

난 남들이 해 본 걸 다 안 해 봐서 장수한 것 같다. 물론 남들이 안 해 본 것도 해봤다. 근데 남들이 해 본 걸 (공부에 관한 한) 다 해 본 사람이 얼마나 있을까? 기본, 심화, 기출, 핵심 요약, 동형까지가 기본적으로 남들이 다 하는 일반적인 학원가의 커리큘럼인데 정작 제대로 다 해 본 사람은 없을 것이다(장담한다).

그냥 학원에 앉아서 커리큘럼만 탄 것이다. 직접 공부를 다 한 사람이 얼마나 될까? 난 강사들 책 끝까지 다 안 읽었고 준 문제 끝까지 다 풀지 못했고 동형 또한 앞에 것을 하느라 끝까지 다 못 봤다.

그런 말이 있다. '평범한 게 제일 어렵다' 그 평범한 커리큘럼도 제대로 끝까지 하기가 어렵다(강사들은 시간상 중요 포인트만 강의하고 나머진 특강이나 알아서, 뒤에서, 문제도 짝수만 홀수만 해 준다. 정작 강의만 따라가기도 벅찬데).

기본서랑 기출문제만 붙잡고 있는 내가 한번쯤 남들처럼 해 보자 하고 관리형 반에 들어가서 진짜 남들처럼 해 보았다.

5시 반 기상, 7시 공부 시작, 22시 공부 끝, 순공 8시간 채우기. (10시간

채우고 싶었는데 통학하는 데 왕복 2시간이었다.) 그렇게 공부하면서 남들이 하는 건 모조리 다 따라 해 보았다(아침 영어 하프 단어, 인강, 1타 강사 강의 등등).

남들이 하는 만큼 하니까 합격권 점수가 보이긴 했다. 일단 합격권에서 멀리 있는 이들이라면 남들처럼 일단 해 보자. 그런데 절대적으로 남들이 하는 만큼만 해서는 합격 안 된다. 다음 질문에서 그 이야기를 하려고 한다.

(3) 내가 지금 열심히 하는 건가? 잘하고 있는 건가?

진짜 솔직히 까놓고 이 시험은 열심히 하는가 아닌가는 중요하지 않다. 잘하면 붙는 시험이다. 간단하다. 대부분 사람들이 잘하지 못하니까 문제인 것이지만. 대다수 사람들이 이 시험 뛰어들면서 단기 합격의 꿈을 안고 시작한다. 그런데 단기 합격은 극소수, 대부분 단기 합격을 하지 못한다. 왜? 못했으니까.

단기 합격한 사람들의 특징은 그 사람들은 시험 공부를 시작할 때부터 잘했던 사람들이라는 점이다. 내가 본 단기 합격생들은 영어 괴물들이었다. 그들과 같은 선상에 있다고 착각하는 사람들이 많은데 태생부터 그 사람들과 우리 같은 범인들은 다른 것이다.

우리 같은 평범한 사람들은 천천히 실력을 쌓는 것이 필요하다. 조급해하지 말고 단기 합격이란 말에 혹해서 오버페이스를 하면 안 된다. 꾸준히 열심히 하다 보면, 2번 질문처럼 남들 하는 것만큼 하면 그 합격이 보일 수 있는 점수가 나온다. 그런데 열심히만 해서는 결코 붙을 수 없다. 잘해야 한다. 잘! 이제 진짜 어려운 건데 어떻게 잘해야 하는가. 솔직히 답이 없다. 공부라는 것은 스스로 자기만의 방법을 찾아 하는 것이기에 남들보다 빠르게 스스로 터득하는 수밖에.

난 별별짓을 다 해 봤는데 문제 양치기로 시험에 나올 만한 지문들을 다 외워 버려서 나도 모르게 잘하게 된 것 같다(이게 내 공부 방법인 것 같다. 그리고 근성만 있다면 누구든 성공할 만한 방법인 것 같다). 엄청 무책임할 수 있지만 이게 사실이다. 열심히만 한다고 잘하는 건 아니니까. 하지만 열심히 꾸준히 자신에게 부끄럽지 않을 정도로 공부하는 사람들은 결국 자신만의 공부법을 터득하는 것 같다.

본인이 어떤 상황인지 한번 생각해 봐라. 열심히는 하는지, 열심히도 안 하는지.

어느덧 글을 쓰다 보니 이렇게 길어졌다. 말주변이 없어서 제대로 내 이야기가 전달되었을지 모르겠지만 내가 하고자 하는 말은 명확하다.

나 같은 사람도 해냈다.

당신도 나도 할 수 있다.

힘내자.

보건직 3관왕 합격 수기

- 효율성이 생명이다

나는 의료기사면허가 있어서 이미 가산점 5점이 확보되어 있었고, 컴퓨터 관련 자격증은 없었다. 공부 기간은 1년 6개월 정도로 작년에 6개월 만에 시험 보고, 조금 쉬었다가 다시 공부해서 올해 합격했다. 나보다 효율적으로 열심히 공부한 분들은 정말 많지만! 내 공부법에 약간 독특한 점이 있는 것 같아서 혹시 도움이 되지 않을까 해서 후기를 남기게 되었다. 그중 두 가지만 추려서 말하자면 다음과 같다.

1) 전체적인 틀과 세부 계획을 짜서 공부하지 않았다

사실 처음에 계획을 세우려고 여러 번 노력해 보았는데 번번이 실패했다. 일단 계획 짜는 데만 하루 종일 걸리고 계획을 짜고 나서도 이게 맞는 방법인가, 계속 이대로 진행해도 되는 건가 확신도 없고 또 힘들게 세운 계획을 며칠만 못 지켜도 아예 포기하게 되고…. 그럼 또 하루 종일 걸려서 새로 계획을 짜고…. 그래서 나는 아예 깔끔하게 포기했다.

물론 계획을 짜지 말라는 얘기는 절대 아니다. 당연히 계획을 세우면 시간도 절약되고 어떤 공부를 얼마만큼 했는지 한눈에 들어오고, 성취감도 느낄 수 있으니 계획을 짜는 게 안 짜는 것보다 훨씬 좋다.

그렇지만 나처럼 계획을 세우는 것 자체에 엄청나게 스트레스를 받거나, 계획을 잘 지키지 않고 시간만 낭비하는 사람들에게는 아예 포기하는 것도 하나의 방법이 될 수 있다는 걸 말하고 싶었다. 나와 같은 유형의 사람이 있다면 계획 짜는 게 너무너무 스트레스인 경우 이렇게 할 수도 있다는 정도로만 참고해 주길 바란다.

대신 공부 시작 전 하루에 어느 것을 공부할지는 대충 생각하고 공부했다.

〈예시〉

오전에 매일매일 해야 하는 것
- 영어 이동기 하프 모의고사, 영어 단어, 한자, 고유어 외우기 등
오후 4시까지 나갈 진도
- 한국사 모의고사 풀고 모르는 부분 기본서에 체크하고 회독하기
오후 4시 이후 나갈 진도
- 공중보건 뽀개기 3단원 기출 풀기

그리고 다들 하는 것처럼 타이머로 하루 공부 시간을 재서 기록도 했다. 계획을 세워 오늘은 얼마만큼 지켰다 하는 성취감이 없으니 시간이라도 재서 '오늘은 얼마만큼 했구나. 많이 해서 뿌듯하다', 아니면 '적게 했으니 분발해야겠다'를 느껴야 했기 때문이다.

과목을 어떻게 공부할지 전체적인 흐름은 잡혀 있어야 한다. 만약 국어를 예시로 든다면, '기본서 & 인강 → 기출 → 반쪽 모의고사 → 나침반 모의고사' 이런 식이다. 내가 계획을 안 짰다는 건 어떤 교재

나 어떤 진도를 몇 달 동안 끝낼 거고 하루에 몇 페이지씩 공부할 거고, 이런 계획을 안 짰다는 얘기다. 아무 흐름 없이 마구잡이로 공부한 건 아니다.

2) 기본에 충실하기

공시를 준비하다 보면 다들 알겠지만 공시는 정말 시험 범위가 광범위하고 애매한 시험이다. 공부하다 보면 이런 것도 외워야 하나 싶은 것(특히 보건행정이나 공중보건)들도 정말 많고 그냥 넘어가자니 찝찝하고 외우자니 나올 것 같지도 않은데 시간만 낭비하는 건 아닌가 싶고 딜레마에 빠지게 된다. 나는 일단 그냥 넘어갔다.

왜냐하면 나는 시험에 나올 확률이 큰 기본적인 것도 완벽히 외우지 못했기 때문이다. 당연한 얘기지만 나올지 안 나올지 모르는 세세한 내용보다는 그래도 자주 출제되는 부분을 먼저 외우는 게 맞으니 그걸 먼저 했다.

처음 공부할 때에는 아마 다들 그렇게 할 거라고 생각한다. 그런데 공부한 지 1년이 넘어가면 그렇게 잘 안 된다. 자주 봤던 부분이다 보니 완벽히 알고 있는 게 아닌데도 잘 알고 있다고 착각하고 넘어가고, 막상 문제를 풀면 틀리고. '아는데 왜 틀렸지?' 이렇게 생각하는데, 그건 내가 아는데 틀린 게 아니고 모르는 거였다. 그런데 시험이 닥쳐올수록 내가 이걸 모르고 있다는 걸 인정하는 게 힘들었다. 대충 아는 것 같은데 다시 외워야 하나 싶고, 시간 낭비 하는 것 같고, 얼른 저기 처음 보는 생소한 내용부터 외워야 할 것 같고. 그래도 꾹 참고 다시 한 번 정확히 외웠다.

시험을 보러 갔다. 난생 처음 보는 문제는 다른 사람들도 그럴 확률이 크다. 그런데 그런 문제를 맞히겠다고 기본기를 소홀히 하면 기본 문제도 틀리고 생소한 문제도 틀릴 수도 있다. 차라리 기본기를 빡세게 하고 생소한 부분을 넘어가면 적어도 기본 문제는 확실히 맞출 수 있으니까 확률적으로는 이렇게 공부하는 게 점수를 높이는 데에 도움이 될 거라고 생각한다.

물론 기본기도 충실히 하고 거기에 플러스 되는 내용도 공부하면 제일 좋겠지만 나는 그런 능력자가 아니라서 우선순위를 정하자면 당연히 기본인 것 같다. 심지어 시험이 내일모레라고 해도 말이다.

그리고 과목별 공부법에 대해서 쓰겠다. 내 글을 보는 분들은 아마 보건직을 준비하시는 분들일 거라고 생각한다. 그런데 보건직은 아무래도 일반행정직보다 정보 얻기가 힘드니까 공통과목보다는 전공과목 위주로 써 보려고 한다. 과목별 점수는 가산점 포함하지 않은 지방직 점수다.

(1) 국어: 공단기 이선재 선생님 / 90점

기본서로 인강 한 번 듣고, 혼자서 1회독 한 후 기출로 들어갔다. 그리고 기출을 풀면서 모르는 부분을 기본서에 체크하고 그 부분을 위주로 회독을 다시 했는데 이렇게 3회독 정도 했다. 그리고 『선재국어 반쪽 모의고사』를 풀고 또 모르는 부분은 기본서 체크 후 회독하고, 마지막으로 『나침반 모의고사』 vol.1과 vol.2를 풀면서 다시 기본서 회독을 했다.

한자는 '오랜 방황의 끝' 인강을 듣고 밴드 스터디로 매일매일 조금씩 공부했고, 고유어도 마찬가지로『선재국어 4권』밴드 스터디로 매일 공부했다.

(2) 영어: 공단기 이동기 선생님 / 85점

원래 처음 시작했을 때에는 조은정 선생님 강의로 공부해서 문법 기본서는『공기밥』으로 인강 듣고 공부했다. 그 후 이동기 선생님이 공단기에 오셨고 매일 아침『하프 모의고사』와『이동기 단어 3000』으로 공부했다. 다른 과목과 다르게 영어는 하루도 빠짐없이 매일 공부했다. 제일 시간이 오래 걸리는 과목이기도 하고, 제일 점수를 올리기 힘든 과목인 것 같았기 때문이다.

문법은 매일『하프 모의고사』를 푼 후, 몰랐던 문법을 기본서에서 찾아 그 부분을 다시 외우고 공부했다. 독해는 따로 공부하지 않고 하프에서 푸는 독해 문제로만 해결했다. 단어는 하프에서 틀린 단어와『이동기 단어 3000』단어집을 이용해 하루에 50개씩 외웠다. 영어 단어도 밴드 스터디로 외웠다.

(3) 한국사: 공단기 강민성 선생님 / 90점

한국사는 유일하게 기본서 인강을 두 번 들었다. 제가 이과여서 기본이 아예 없기도 했고, 휘발성이 강해서 6개월 만에 시험을 보고 다시 공부를 하려니 하나도 기억이 안 났다. 그래서 강민성 선생님의 기본 인강을 작년 시험 보기 전에 한 번, 시험 본 후 한 번 총 두 번 들었다. 그렇게 기본서 인강을 들은 후 기출을 풀면서 모르는 부분을 체크하며 기본서를 회독했다.

한국사는 조금 독특하게 회독한 게, 기출을 다 푼 후 체크한 부분을 중점으로 회독한 것이 아니고 만약 내가 기출에서 무신정권 부분을 틀렸다면 기본서에 무신정권 부분을 찾아서 그 파트 전체를 다시 회독하는 식으로 공부했다. 기출을 풀고 모의고사로 들어갔을 때에도 똑같이 공부했다. 사실상 한국사는 이런 단순한 방식으로 시험 직전까지 공부했다. 그렇게 공부하니까 아무래도 자주 출제되는 부분을 자주 다시 보게 되었다. 나중에 시간이 많이 촉박해졌을 때에는 기본서를 찾는 대신 『강민성 필기 노트』를 찾아서 회독했다. 주제별로 분류도 잘되어 있고, 가독성도 좋아서 많이 봤던 것 같다.

(4) 공중보건, 보건행정: 기단기 민경애 선생님 / 100점, 85점

정보 찾기가 제일 힘들어서 어떻게 공부해야 할지 난감했던 과목이다. 나는 아무것도 모르는 상태에서 일단 보건직에 맞춰 공부할 수 있는 기단기 1년 프리패스를 끊었고, 그것에 맞추어서 민경애 선생님 기본서를 사서 먼저 인강을 들었다. 그런데 선생님 강의랑은 잘 맞지 않았다. 일단 발음도 그렇고 과목 자체가 거의 순수 암기이다 보니 강의를 듣는다고 개념이 이해가 된다거나 하진 않았다. 그래서 두 과목 다 딱 한 번씩 빠른 배속으로 기본서 인강만 듣고 그 이외의 인강은 일절 듣지 않았다.

나중에 대방고시에 공중보건, 보건행정 과목이 있어 인강을 들을 수 있다는 걸 알게 되었지만 다시 인강을 들을 생각은 없었어서 더 자세하게 알아보진 않았다. 그래서 그곳 선생님들의 인강은 어떤지 모르겠다.

민경애 선생님 기본서는 만족스러웠다. 물론 시험 문제 총 40문제를 전부 커버하지는 못하지만 대부분 중요한 내용은 책에 다 담겨 있었다. 예전에 아무것도 모르고 서점에서 샀던 공중보건 교재에는 내용이 정말 많이 빠져 있었다. 아마 책은 다들 민경애 선생님 기본서와 기출 뽀개기를 많이 살 거라고 생각한다.

공중보건, 보건행정은 암기가 많은 과목인 만큼 휘발성이 정말 강하다. 그래서 나는 일부러 2월 전까지는 인강을 한 번 듣는 것 외에는 일절 공부하지 않았다. 그 이전에는 공통과목만 열심히 공부하고 2월 이후로 공중보건, 보건행정을 공부하기 시작했다.

공부는 '인강 + 1회독 → 기출 풀면서 몰랐던 부분 기본서에 체크하기 → 1단원 끝날 때마다 기본서에 체크했던 부분과 기출에만 있는 추가 내용 훑어보기 → 꼭 외워야 하는 부분 암기하기' 이렇게 진행했다.

보건행정, 특히 공중보건은 외워야 하는 범위가 정말 많고, 내용도 단순 암기가 많다. 그래서 그냥 기본서를 들고 회독하기가 너무 힘들었다. 그래서 나는 기출을 한 단원 풀고 몰랐던 부분을 기본서에 체크하고 그 부분만 중점으로 한 단원 훑듯이 회독, 그리고 꼭 외워야 하는 부분 따로 포스트잇으로 표시하여 외웠다. 그리고 다음 단원 기출 풀고 아까 했던 공부법 반복, 이런 식으로 진행했다.

앞에서도 말했듯 '이런 것도 외워야 하나?' 하는 부분은 전부 훑듯이 넘어갔다. 시험에 나오는 생소한 문제는 나뿐만 아니라 다른 사람들도 모를 거라고 생각했다. 게다가 아마 그런 생소한 문제는 기본서에 아예 없을 확률도 클 것이 뻔했다. 여러모로 기본서를 하나하나 꼼꼼히 보는 건 시간적으로도 불가능하고 불필요한 행동인 것 같다. 그래서 제일 자주 출제되는 부분만 달달 외우고, 나머지 부분은 그냥 훑듯이 읽고 넘어갔다. 그리고 기본서에는 없는데 기출에만 추가 설명 되어 있는 부분은 따로 포스트잇을 표시해서 한 번 읽는 식으로 해서 넘어갔다.

공중보건, 보건행정 모의고사는 따로 풀지 않았다. 위의 공부 방법으로 기출을 회독하는 것만으로도 시간이 많이 들었기 때문이다. 두 과목 전부 저 방법으로 3회독 정도 하고 시험을 보게 되었다. 제가 공중보건은 100점을 맞기는 했지만 전부 다 알고 푼 건 아니었고, 한두 문제는 아예 기본서에도 나와 있지 않았던 처음 보는 문제여서 운으로 맞힌 것이다. 그렇지만 앞서 말했던 기본기에 충실한 공부를 했다면 적어도 경기 지역 공중보건, 보건행정은 어느 정도 점수가 나왔을 것이라고 생각한다. 시험 문제가 기본 문제 17~18개 정도에 생소한 문제 두세 개가 섞여서 나왔기 때문이다.

내가 말하고 싶었던 공부법은 이 정도인 것 같다. 도움이 조금이라도 되었으면 좋겠다. 사실 공부법은 팁이지 정답은 아니니까 본인의 스타일이나 상황에 맞추어서 하는 게 가장 중요할 것이다. 그래도 맨 처음 공부를 시작해서, 특히 공중보건이나 보건행정을 어떻게 공부해야 할지 몰라 막막했던 사람들에게는 약간의 가이드가 될 수 있을 거라고 생각한다.

모두 열심히 해서 꼭 합격하길 바란다.

임업직 합격 수기

- 특별한 계획, 은밀한 비밀은 없다

2월	국어	사자성어, 비문학, 독해 + 3회독
	영어	해커스 voca, 문법 3회독(하루 5단원), 심우철 하프(하루 1회), 심우철 유형별강훈련(하루 1단원)
	한국사	해커스 서익환(근대~), 복습
	조림, 임경	~ 문제 풀이 실강(1~2월) / 각 과목 주 1회 3~4시간 / 단원별 복습(노트 정리 - 2회독) → 프린트 문제 풀기 → 오답 및 복습
3월	국어	~ 사자성어, 비문학, 3회독 → + 기출실록
	영어	~ 해커스 voca, 하프, 유형별 → + 심우철 동형(하루 1회)
	한국사	전체 단원 회독(해키스), 신영식 기출 홀수 번호
	조림, 임경	국가직 대비 모의고사반 - 예상 문제(하루 4회씩, 주1회), 오답 및 복습
4월	국어	~ 사자성어, + 나침판
	영어	~ 해커스 voca, 동형, 심우철 직전문법
	한국사	신영식 동형, 노트 복습
	조림, 임경	단원별 복습(3회독 - 3단원씩), 단원별 문제 풀이 프린트 복습
<< 국가직 직전 주력		
국가직		→ 10일간 휴식
		전 과목 해설 강의
	국어	~ 나침판
	영어	이동기 하프 4월(하루 2회), 이동기 voca(하루 3단원), 이동기 핵심문법(하루 2강)
	한국사	전한길 필기 노트(하루 3강),복습
	조림, 임경	지방, 서울직 대비 모의고사 반 - 예상문제(하루 4회씩, 주1회), 오답 및 복습
5-6월	국어	~ 나침판 + 이선재 반쪽 모의
		+ 이선재 암기 어플(매일 표준어, 어휘, 한자어, 성어 각각 3강씩)
	영어	~ 이동기 하프 5, 6월(하루 1회), voca, 핵심문법 + 기적의 특강
	한국사	~ 필기 노트 + 전한길 동형 / 한능검 시험
	조림, 임경	~ 지방, 서울직 대비 모의고사 반 - 예상문제(하루 4회씩, 주1회), 오답 및 복습, 모의고사 전체 복습
	지방직	
	국어	~ + SOS
	영어	~ 하프 ~ 기적의 특강
	한국사	필기 노트 복습 ~ 동형
	조림, 임경	모의고사 전체 복습
	서울직	

내 커리큘럼을 보면, 초반에 기본 개념을 잡을 때는 비교적 잘 알고 있는 영어를 복습 위주로만 진행하고, 대신 나머지 과목에 좀 더 주력했다는 게 보일 것이다. 외울 게 많은 전공과목의 경우 노트로 정리하며 머릿속에 정리하기도 하였다. 다만, 한국사의 경우 신영식 선생님이 너무 지엽적이고 세세하다 느껴져 60강 정도까지 꾸역꾸역 듣다가, 이전에 들었던 해커스 서익환 선생님 강의를 단과로 다시 신청하여 흐름을 다시 잡았다.

또 자세히 살펴보면, 국가직 시험을 기점으로 내 공부 방법에서 많은 것이 변화했다는 걸 알 수 있다.

그 이유는, 첫째로, 첫 시험을 치러 보고 올해의 경향과 나의 약점들을 확실히 알 수 있었기 때문이다. 동형 모의 등 아무리 많이 풀어 봐도, 연습 때 틀린 것과 실제 시험에서 틀린 체감의 차이는 커서 더 냉철하게 내 약점을 꿰뚫어 볼 수 있었다. 우선 내가 국어에서 한자와 어휘가 준비가 안 되어 있다는 것이 가장 컸다. 양도 많을뿐더러 꾸준히 해야만 했지만 처음 열정과는 달리 계속 미루다 보니 어느새 포기했었는데, 이는 시험에서 큰 후회로 다가왔다. 그래서 국가직 이후, 선재 암기 어플을 적극 활용하여, 그동안 안 한 만큼의 몇 배로 매일같이 암기했다. 그 결과 지방직과 서울직 시험 전까지 3회는 반복할 수 있었고, 국어 점수도 크게 올랐다.

두 번째 이유로는, 국가직 해설 강의를 듣고 영어(이동기 선생님)와 한국사(전한길 선생님)에게 매료되어 각 선생님의 커리큘럼으로 경로를 변경했기 때문이다. 우선 이동기 선생님 강의에서는 매일 하프 모의고사를 풀 수 있고, 내가 가장 약한 어휘 부분을 동의어와 반의어도 필기해 주셔서 반복할 수 있게 하였다. 또한 핵심 문법은 아주 단기간에 핵심만 요약되어 있어 빠르게 복습하는 데 도움이 되었다. 또, 내가 가장 방황했던 한국사도 전한길 선생님의 강의로 방향을 제대로 잡을 수 있었다. 기본 흐름은 해커스 강의로 잡아 왔으나, 필기 노트 강의로 전체 핵심 내용을 복습했다. 두문글자 암기 방식 또한 큰 도움이 되었다. 이러한 이유들로 국가직을 기점으로 공부 방향이 확실히 잡혔고, 이를 보완해 나가면서 지방직, 서울시 시험을 대비할 수 있었다.

1) 시간표를 적극 활용하라: 타임 체크, 계획

무슨 일이든 계획이 있어야 한다. 계획된 것을 이룰 때의 성취는 스스로를 더 자극하게 마련이다. 초반에 나도 각 과목별 계획들을 세우고 체크하던 식으로만 했는데, 친구에게 시간별 계획표를 추천받아 해 보니, 내 시간을 좀 더 체계적으로 관리할 수 있었고 어떻게든 형광펜으로 그 시간을 채워 보려는 의욕이 생기게도 해 주었다. 수기를 작성하는 지금, 쌓아 왔던 타임테이블을 보니 알록달록한 것이 이제 보니 뿌듯하기도 하다. 다음 사진 참고하기 바란다.

 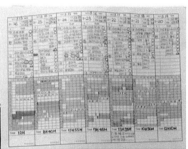

2) 자기에게 맞는 시간을 이용하라

나는 정말 완벽한 야행성이다. 수험 생활을 하면서 가장 힘들었던 것이 아침 일찍 일어나는 것이었다. 그래서 나는 오후 2~3시에 일어나 준비했고 독서실을 가면 항상 4시가 넘었다. 대신 언제나 독서실 마감시간인 새벽 2시까지 항상 자리를 지켜왔고, 최상의 컨디션으로 집중할 수 있었다. 집에 와서도 그날 계획한 것을 마저 다 하다 보면 어느새 해가 뜨고 나는 그제야 잠에 들곤 했다. 물론 실제 시험 시간에 생체 시간을 맞추는 것이 다들 중요하다고 말한다. 하지만 나는 시험 2~3주 전에 그렇게 적응하기만 한다면, 그 전까지는 내 최대한의 집중력을 발휘할 수 있는 시간을 충분히 이용하는 것 또한 나쁘지 않다고 생각한다. 이 조언은 언제까지나 나의 생각일 뿐이다.

3) 자기에게 맞는 선생님을 신중히 선택하라

수험 생활 동안 나는 각 과목별 여러 선생님 사이에서 방황했다. 사전에 많은 후기들을 접해 보고, 오티 영상을 보면서 가장 듣고 싶은, 자기에게 잘 맞는 선생님을 찾는 것이 중요하다고 생각한다. 아직 선생님을 찾지 못한 수험생이라면, 내가 선택한 선생님을 추천해 보겠다.

- **국어: 이선재**(공단기)
- **영어: 이동기**(공단기)
- **한국사-서익환**(해커스), **전한길**(공단기)
- **조림&임업경영: 김동이**(지안에듀)

4) 한자와 어휘는 매우 중요하다. 안 하려거든 어플이라도 적극 활용하라

국가직 때 내가 포기했지만, 절대 무시할 수 없다고 깨달은 것이다. 매일매일 어플을 켜고 시간날 때마다 반복하자. 이선재 선생님이 강조하는 데는 이유가 있다.

5) 수험 초반 방향 잡을 시기엔 실강을 추천

아직 아무것도 모를 시기엔 짧게나마 학원에 다녀 보는 것이 좋다. 적어도 나의 경우엔 그러했다. 초기에 방향을 잡을 수 있게 도와주고, 어느 정도 강제성을 부여하여 공부하는 습관을 기를 수 있을뿐더러 나에게 맞는 선생님을 만날 수도 있다. 또한 열심히 하는 주변인들에게 자극받아 동기부여가 될 수도 있다. 다만 친해지는 사람이 생겨 놀러 다니지 않을 각오가 필요하다.

6) 임업직 공무원을 준비한다면 전공과목은 지안에듀 추천

앞서 말했듯이 조림학과 임업경영은 김동이 선생님을 추천한다. 시행착오를 겪어 본 나로선 나와 같은 수험생이 더 없길 바란다. 많은 문제를 접해 볼 수 있고 이해 또한 쏙쏙 잘된다. 나의 경우엔 기본 강의는 인강으로 듣고, 문제 풀이부터 실강을 들었는데, 모의고사반은 실강을 추천한다. 매회 모의고사에서 자신의 등수를 확인해 볼 수 있고, 난 이것이 무척 자극이 되었다. 또 월마다 실제 시험처럼 모의 테스트를 진행하는데 이를 적극 활용하는 것이 실제 시험에서 긴장감을 줄이고 시간분배를 잘하는 데 큰 도움이 될 것이다.

7) 자격증

자격증은 딸 수 있을 때 따놓는 것이 절대적으로 좋다. 나의 경우에는 자격증을 하나도 따 놓지 않은 것이 너무나 후회됐다. 공무원 시험에서는 1점, 1점이 소중한데 왜 진작 하지 않았을까. 실제로 면접 준비할 때 스터디원들을 만나 보니, 기술 직렬은 전공자가 대부분이라, 대부분 자격증을 소유한 사람이 많았다.

8) 한국사능력검정시험

나는 35회(2017.5.27.) 한능검에 응시하였다. 그때는 지방, 서울직 보기 몇 주 전이었다. 한국사 개념을 잡고 복습 겸 바람 쐴 겸해서 봤는데, 시험 본 후 카페를 둘러보니 나와 같은 공시생 응시자들이 꽤 많았다. 공무원 시험과 직접적인 상관은 없으나 한능검 자격증 욕심이 있는 이들에게 추천한다.

나는 9월부터 6월까지 10개월의 수험 생활을 하였는데, 하루에 적게는 7시간에서 많게는 13시간까지 공부하였다. 하지만 너무 공부만 붙들고 있는다고 더 잘되는 것만은 아닌 것 같다. 실제로 나는 오래 같은 자세로 앉아 있어 허리 통증 때문에 병원까지 다닐 정도였다. 수험 생활을 하며 느낀 거지만 건강 관리 또한 중요하다. 나는 그래서 육체적으로는 필라테스를 다니며 체력을 관리하기도 하고, 정신적으로는 1~2주에 하루쯤은 나를 위한 시간을 가짐으로써 힐링하기도 했다. 이러한 시간조차 부담된다면, 하루 보상 같은 것은 어떨까. 하루 계획한 것들을 완료했을 때 맛있는 것을 먹는다든가. 나같은 경우엔 하루 끝엔 웹툰을 보며 마무리했다. 이렇게 한다면 스트레스도 줄 것이고, 지루함도 환기시킬 수 있을 것이다. 하지만 어쩌면 지금은 합격한 상태라 과거의 수험 생활을 여유롭게 미화시켜 보고 있는 것일지도 모른다. 그래도 하루에 약 10시간 이상의 노력이 있었고, 이로 인해 국가, 지방, 서울 모두 필기 합격할 수 있었다. 수기를 작성하는 현재에는 지방직에 최종 합격한 상태이다.

두서 없고 일정한 형식 또한 없는, 온전히 내 경험을 되돌아본 필력 없는 글이지만, 이 글을 읽고 공무원을 준비하는 누군가에게 조금이나마 도움이 되었으면 한다.